KB127131

미중 신냉전시대와 한반도 자유통일국가 전략

미중 패권전쟁과 문재인의 운명

목차

3부 김정은의 통일전쟁도발 가능성과 자유통일전략

미중 신냉전시대와
한반도 자유통일 국가 전략

머리말

– 어느 자유주의적 애국주의자의 이념투쟁과 통일전략

김구민족주의, 민족해방민족주의, 그리고 자유주의적 애국주의

    2011년 봄 '북한이 버린 천재음악가'로 알려진 정추 선생, 이
○○선생과 함께 카자흐스탄 알마티에 있는 천산산맥에 올랐었
다. 이○○선생의 부친은 임시정부 요원이자, 김규식 박사의 오
른팔이었고, 대한민국 공군 창설의 주역이었던 분으로 한국 전
쟁 때 김규식 박사와 함께 납북되어 고초를 겪다가 돌아가신 분
이었다. 이○○선생은 북한에서 미사일 전문가이자 차관급 고위
관리까지 지내셨는데 부모님의 유언을 따라 50여 년의 세월을
넘어 2006년 탈북하여 필자와 함께 북한선진화와 통일을 위해 일
하다가 2017년 사망하였다. 그리고 북한에 남아있는 가족들의 안
위를 걱정하여 익명의 삶을 살다가 돌아가셨다.
    이○○선생은 임시정부시절과 해방이후 생활과정에서 김구 선
생이 안아주는 등 귀여워했던 추억을 선생의 부친, 무장독립운

동의 대표적 인물로 알마티에서 최후를 맞이했던 홍범도 장군 등과 함께 알마티의 천산산맥에서 회고하였다. 필자는 1979년 중학교 3학년 때 『백범일지』를 읽고 감명을 받아 소위 '김구민족주의자'가 되어 김구 선생을 암살한 안두희를 응징하고자 안두희의 행적을 추적하다 실패하고 남산의 김구 선생 동상 앞에서 선생의 뜻을 받들어 통일조국의 달성을 위해 한평생 살겠다고 다짐했었다. 사회문제, 민족문제에 대한 인식을 김구민족주의로 시작한 셈이다. 그런데 30여 년의 세월이 흐른 뒤에 김구 선생의 체취를 이○○ 선생을 통하여 전해지는 것을 천산산맥의 정상에서 느끼게 되었던 것이다.

필자는 이후 1984년 대학에 입학하여 전두환 군사독재와 광주 시민학살 등에 분노하여 학생운동을 시작하면서 민주화와 통일을 위한 무기로 마르크스레닌주의 사회주의를 수용하였다. 또한 1985년 봄 대표적 북한법학자인 장명봉 교수의 '북한의 사회주의 헌법에 관한 연구'라는 논문을 읽은 이후 북한 관련 서적을 고려대 아시아문제연구소 등을 통해 읽다가 1986년부터는 북한방송과 북한관련 문서 등을 통해 주체사상을 수용하게 되었다. 반독재 투쟁의 무기라는 명분으로 시작하였으나 갈수록 사회주의 및 주체사상에 빠져들게 되었다. 결국 '자주민주통일'그룹이라는 주사파조직을 만들고 각종투쟁을 하게 되었다.(2장-2. 주사파, 무엇이 문제인가?) 개인적으로는 통일문제, 민족문제 해결과 관련한

미중 신냉전시대와
한반도 자유통일 국가 전략

무기라는 명분과 깊이 연관되어 본질적으로 민족해방민족주의가 되었다고 평가된다. 김구민족주의자에서 민족해방민족주의자로 전환되었다고 할 수 있을 것이다.

이후 1987년 6월 민주항쟁을 거쳐 민주주의는 점차 확대되어 나갔고, 다른 한편으로 세계현대사의 중대사건이었던 1980년대 말 1990년대 초의 소련, 동구사회주의권의 붕괴를 수배생활, 감옥생활 과정에서 지켜보게 되었다. 한국민주주의의 진전과 현실 사회주의권의 붕괴는 새로운 차원에서 이념적 고민을 깊게 만들었다. 앨빈 토플러, 제레미 리프킨 등의 미래학서적은 새로운 문제의식을 가지는데 도움을 주었고, 1994년 약 3주간의 중국사회주의 실상을 연구하기 위한 현장학습은 사회주의와 주체사상적 사고를 극복하는데 중요한 계기가 되었다.

그러나 약 10년 동안의 사회주의, 주체사상, 민족해방 민족주의라는 사상학습과 실천은 그 사상적 내용을 극복하는데 더 많은 시간을 요구하였다고 생각된다. 결국 그 이후 약 10년 동안의 변화되는 세계에 대한 지속적 연구, SK텔레콤 북한담당 상무로 일했던 기업 활동의 경험, 20세기 분명을 선도했던 미국에 대한 현장학습, 박세일 선생 등의 조언 등을 밑거름으로 하여 2004년 여름부터 민족해방민족주의자에서 자유주의적애국주의자로 전환할 수 있었다고 평가된다(Ⅰ. 12. 한국보수가 솔개에게 배울 것).

필자가 자유주의적 애국주의로 사상적 전환을 하게 된 것에는 개인의 자유, 인권, 시장경제에 기초한 자유민주주의의 중요성에 대한 이해와 함께 2003년부터 시작된 중국의 동북공정 즉 중국의 폭발적 경제성장에 기초한 중화민족 패권주의는(1-2. 중국 공산당과 중국특색의 사회주의의 문제점과 한국정당의 과제) 이후 대한민국과 한반도 통일의 미래에 가장 심각한 문제가 될 수밖에 없고 이에 대한 핵심대응전략은 한미 동맹의 강화라는 인식과 연관되어 있었다고 할 수 있다.

이에 따라 박세일 선생 등과 함께 2004년부터 시작하였던 선진화운동 과정에서 필자가 주요하게 활동했던 것은 한미 동맹의 물적 토대를 강화하여 한국과 통일한반도의 미래에 중국의 패권주의를 견제할 지렛대가 될 한미FTA지지 운동이었다. 이때 과거 80년대에 민주화운동을 함께 했던 대다수 선배, 동료, 후배들은 정치권, 시민단체, 노동운동단체 등이 총동원되어 '한미FTA 저지국민운동본부'를 결성하고 활동했다. 반면에 필자는 보수단체, 중도단체 등을 결집해서 '바른FTA실현국민운동본부'를 결성해서 이에 맞서는 활동을 전개했다.(1장, 1. 한미FTA와 한국의 안보) 이 과정은 개인적으로는 민족해방민족주의라는 사상을 철저히 극복하는 실천 활동이었을 뿐 만 아니라 80년대 운동권세대들과 인연을 재정립하는 이념투쟁이기도 하였다.

그리고 1998년부터 2008년까지 통일문제 해결을 위한 수단으로 정치활동에 참여하였으나 어느 선배의 지적처럼 정치를 부업처럼하고 통일운동과 미래전략연구원, 미래재단 등의 연구, 교육활동을 본업처럼 했던 활동방식과 평소 한반도의 통일과 미래를 위해서는 박정희와 김대중, 산업화세력과 민주화세력이 서로 인정하고 존중하는 것을 기초로 하여 상호 경쟁해야한다는 소신을 피력하면서 진영논리, 패거리주의가 강력하게 작동해온 우리나라의 진보좌파진영, 보수우파진영에서 공히 아웃사이더가 된 결과 정치활동의 현실적인 성취를 이루지는 못했다.

　최근의 조국사태는 민족해방민족주의, 사회주의와 정의를 앞세웠던 진보좌파 기득권세력의 이중성과 위선의 민낯을 드러냈고, 자기패거리이면 부끄러움도 모른 채 무조건 옹호하는 조직폭력배식 패거리주의를 적나라하게 보여주었다. 보수우파 역시 친박 갈등 등에서 확인되었듯이 기득권세력끼리의 패거리주의로부터 자유롭지 못하다. 한국사회와 정치에서 이러한 패거리주의 극복을 위해서는 생활혁신부터 필요하다. 패거리주의의 온상인 혈연, 지연, 학연, 운동권 인연 등을 매개로 한 경조사 문화부터 바꾸고 가치와 문화의 동질성에 기초한 모임을 발전시켜 나가는 것이 중요하다고 생각한다.

　2008년 봄 이후에는 약 10년 동안의 부분적 차원의 정치활동까지 중단하고 북한문제, 통일문제 해결에 집중하고자 노력하였다. 그 결과 2009년 북한의 개혁개방을 주제로 한 박사논문을 마무리 할 수 있었고,(『김정은체제와 북한의 개혁개방』, 나남출판사)

이후 이사야 벌린과 야엘 타미르가 발전시킨 자유주의적 민족주의에 대한 학습,(1장-13. 21세기 세계와 자유주의적 애국주의) 현대보수주의 정치철학의 원조라 할 수 있는 에드먼드 버크에 관한 공부는 필자의 자유주의적 애국주의와 이에 기초한 국가전략, 통일전략에 관한 생각을 정리하는 데 많은 도움을 주었다고 평가된다. 물론 북한문제, 통일전략에 관해 가장 큰 밑거름이 된 것은 2000년부터 시작한 기업차원, 민간차원, 정부차원의 각종 남북협상을 평양, 베이징, 마카오 등에서 20여 차례 해왔던 실천적 경험이었다고 할 수 있을 것이다.

자유주의적 애국주의에 기초한 통일전략

2004년 선진화운동을 시작한 이래로 자유주의적 애국주의에 기초한 국가전략, 통일전략을 고민해왔는데, 21세기 한반도 문제는 두 가지 중요한 축이 작동하고 있다고 생각된다. 첫 번째는 2003년 동북공정을 통해 표출된 중화민족 패권주의다. 한반도의 역사는 중국대륙이 강성해지면 항상 침략을 받아왔다. 한나라의 고조선 침략, 수나라, 당나라의 고구려 침략, 청나라의 조선 침략 등이 그 사례이다. 근대중국은 서구제국주의와 일본제국주의에 유린되었다가 1949년 중국공산당 주도로 현대중국을 건설하였고 등소평이 주도한 개혁개방의 성과를 기반으로 21세기에는 탈냉전시대 일극체제를 주도하던 미국에 맞서 경쟁할 수 있는 유일한 국가로 등장하였다.

이 같은 중국의 초강대국화는 우선적으로 아시아에서 중화민족 패권주의를 표출시켰고 그 출발점이 동북공정이었다. 이는 21세기 신냉전 질서가 동북아에서 시작된 것을 의미하며 한반도의 미래에 가장 강력한 영향력을 발휘할 요소다. 이에 따라 한국과 통일한반도 차원의 전략적 관점에서 한미 동맹의 강화는 해방이후 냉전시대 초기에 못지않게 새로운 차원에서 재정립, 발전시켜야 할 필요성이 절실하게 요청되고 있다.(1장-5. 트럼프 시대의 특징과 한반도 문제 등)

두 번째는 2002년 소위 2차 북핵위기로부터 시작된 북한의 핵무장의 본격화를 지렛대로 한 남북간 안보적 역학관계의 변동이다. 94년의 1차 북핵위기와 제네바합의는 추상적 수준의 북핵위협에 대한 추상적 봉합수준의 합의였다고 평가할 수 있다. 반면에 2002년의 북핵위기는 90년대 말 북한이 100만 명 내외의 아사자가 발생하는 최악의 체제위기 속에서도 핵무장 국가에 대한 집념을 포기하지 않고 지속적으로 추구해왔으며 북핵위협이 현실적으로 임박하고 있음을 알렸다고 할 수 있다. 이후 북한은 2017년 동북아정세의 게임 체인저가 된 6차핵실험과 대륙간탄도미사일 실험을 성공하게 된다.(1장-6. 남·북·미 오판이 한반도 전쟁 가능성을 높인다) 이에 기초하여 2018년 신년사를 기점으로 세 차례의 남·북 정상회담과 북·미 정상회담, 수시로 가지고 있는 북·중 정상회담, 올해의 북·러 정상회담 등을 통해 한반도 정치의 주인이 북한임을 내외에 과시하고 있는 상황까지 이어지고 있다.

결국 남북간의 체제경쟁의 관점에서 지난 30여년 동안 지속되어 왔던 한국 우세의 상황이 2018년을 계기로 북한 우위로 역전되었다고 평가할 수 있다. 구체적으로 한국입장에서는 군사적·외교적 차원에서는 역전되었고 경제적·문화적 차원에서 우위를 유지하고 있으며 종합적 파워의 측면에서 밀리는 상황이 된 것이다.(3장-4. 김정은시대, 대북전략의 대전환이 필요하다) 이 같은 한반도 정세의 근본적인 전환, 남북간 체제경쟁이 역전이 된 상황에서도 한국의 보수는 80년대식 냉전시대의 대결적 사고의 수준, 진보는 90년대 말의 햇볕정책 사고의 수준에 머물러 있는 한심한 상황에 놓여있는 상태이다.(2장-12. 80년대 보수, 90년대 진보, 21세기 북한 / 3장-7. 햇볕정책 도그마, 봉쇄정책 도그마)

향후 한국의 국가전략, 통일전략을 세우는데 있어서 위의 두 가지 핵심요소 즉 미국과 함께 G2로 세계 패권경쟁을 벌이면서 중화민족 패권주의를 아시아에서 본격화하고 있는 중국문제와 이로 인하여 형성되고 있는 21세기 신냉전질서에 대한 깊은 이해와 이에 대한 대응전략이 대단히 중요하다. 그리고 핵과 미사일 등의 무장에 기초하여 핵국가, 전략국가를 선언하면서 남북 체제경쟁을 역전시키고 있는 새로운 북한, 김정은 체제의 북한에 대한 대응전략을 세우지 못하면 한국의 미래, 통일의 미래는 암울하게 될 것이다.(2장-10. 북한의 파키스탄 모델에서 신베트남 모델로의 전환 / 2장-15. 김정일 체제와 김정은 체제의 차이)

특히 북한은 김정은 체제가 등장 이후 2017년 6차 핵실험과 대륙간탄도미사일 실험의 성공과 이를 지렛대로 한 2018년 6·12북·미 정상회담과 6·19북·중 정상회담의 성공을 기반으로 하여 현실적인 차원의 핵국가로 진입하고 있음을 냉철하게 이해할 필요가 있다. 나아가 트럼프대통령의 백악관 안보보좌관을 지낸 맥매스터의 지적처럼 북한은 핵을 체제수호 수단을 넘어서서 핵무기를 지렛대로 북한주도의 한반도 통일을 추진하고 있음을 분명히 인식해야 한다.

다시 말하여 북한은 파키스탄 모델에서 핵을 가진 채 한반도 통일을 주도하면서 친미비중 개혁·개방국가 모델을 지향하는 신베트남 모델로 전환을 추진하고 있는 것이다. (2장-10. 북한의 파키스탄 모델에서 신베트남 노델로의 전환) 북한의 개혁·개방과 친미 비중국가화를 뜻하는 '북한의 베트남 모델화'는 역사의 진보이지만, 핵을 가진 북한이 한반도 통일을 주도하는 '한반도 전체의 베트남 모델화'는 역사의 퇴보이다.(2장-9. 북핵, 북한문제 해법으로서 베트남 모델) 따라서 한국의 국가전략, 통일전략은 '북한의 베트남 모델화'를 추진하면서 '한반도 전체는 독일식 통일 모델'을 추진해야 한다.(3장-4. 김정은시대, 대북전략의 대전환이 필요하다) 즉 한반도 통일은 자유주의적 애국주의 즉 자유민주주의와 한미 동맹에 기초하여 실현해야 통일된 선진국, 자유통일국가를 건설해야 역사의 진보를 실현할 수 있을 것이다.

특히 현 정세는 북한이 북한주도의 한반도 통일을 실현시키기 위해 통일전쟁을 도발할 수 있는 가능성도 적지 않은 비상한 상황이다. 비상한 인식과 각오로 나라와 민족의 미래를 고민해야 할 때이다.

이 책은 이 같은 문제의식에 기초하여 신냉전시대의 미중 패권전쟁과 미국과 중국의 세계전략, 아시아전략을 분석하고 이에 기초하여 북한의 국가전략과 통일전략에 대한 정확한 이해를 밑바탕으로 한국의 국가전략과 자유통일전략을 어떻게 세울 것인지에 대한 고민과 생각을 모아본 것이다.

미중 신냉전시대와
한반도 자유통일 국가 전략

보수·진보 정부 18년, 대북 정책평가와 신대북전략
-신냉전시대, 신보수주의, 신국가 전략-

보수·진보 18년 대북정책평가의 의미는 2002년부터 시작하여 지난 18년 동안 즉 김대중정부 1년, 노무현정부 5년, 이명박정부 5년, 박근혜정부 4년, 문재인정부 3년 다시 말하여 진보좌파정부 9년, 보수우파 정부 9년 동안의 북핵정책·대북정책을 비교, 분석, 평가함을 뜻한다. 결과적으로 말하자면 진보좌파 정부 9년의 대북정책도 실패하였고, 보수우파 정부 9년의 대북정책도 실패하였다. 왜냐하면 지난 18년 동안 북한은 보수, 진보 정부를 번갈아 거치면서 6번의 핵실험과 수차례의 대륙간탄도미사일 실험을 성공시켰다. 결국 북한의 2017년 6차핵실험과 대륙간탄도미사일 실험의 성공은 동북아정세의 게임 체인저 역할을 하였다.

이에 따라 북한은 2018년부터 세 차례 남·북 정상회담과 북·

미 정상회담을 성사시키고, 수 차례의 북·중 정상회담과 올해 블라디보스톡 북·러 정상회담 등을 거치면서 김정은이 한반도 정치의 주인공인양 만들어 놓았다. 이 과정에서 한국의 보수, 진보정부는 공히 북핵 문제 해결에 대한 어떤 의미 있는 진전도 내놓지 못했으며, 북한체제의 어떤 의미 있는 변화도 만들어내지 못했다고 평가할 수 있다. 반면에 북한은 2016년 36년 만의 노동당대회 총괄보고서 조국통일에 관한 장에서 북한주도 한반도 통일에 대한 의지를 재천명하였다. 이후 핵무기, 대륙간탄도미사일 등 전략무기를 지렛대로 북한주도 한반도 통일에 대한 의지를 구체화시켜 나가고 있다. 한국은 한국전쟁 종전 이후 최악의 안보적 위기상황으로 몰리고 있는 것이다. 따라서 보수우파 정부, 진보좌파 정부 지난 18년 동안의 대북정책의 문제점을 냉철히 비판적으로 성찰하고 이에 기초하여 신대북전략 수립이 절실히 요청된 그런데 왜 2002년부터 평가해야 하는가?

그 이유는 현재의 한반도정세를 규정하고 있는 가장 중요한 두 가지 축이 2002년과 2003년에 시작되었기 때문이다. 이 두 가지 축은 보수진보 정부 18년 동안 공히 핵심적인 요소로 한반도 정세를 작동시켜왔다고 분석된다.

그 축의 첫 번째는 북한의 핵무장국가화이다. 2002년 소위 2차 북핵위기로부터 시작된 북한의 핵무장의 본격화를 지렛대로 하여 남북간 안보적역학관계가 근본적으로 변동하여 왔다. 1994년

미중 신냉전시대와
한반도 자유통일 국가 전략

의 1차 북핵위기와 제네바합의는 추상적 수준의 북핵위협에 대한 추상적 봉합수준의 합의였다고 평가할 수 있다. 반면에 2002년의 북핵위기는 1990년대 말 북한이 100만 명 내외의 아사자가 발생하는 최악의 체제위기 속에서도 핵무장국가에 대한 집념을 포기하지 않고 지속적으로 추구해왔으며 북핵위협이 현실적으로 임박하고 있음을 알렸다고 할 수 있다. 이후 북한은 2006년부터 1차핵실험과 중장거리 미사일을 지속적으로 발전시켰고 2016년 1월 4차핵실험과 2월 대륙간탄도미사일기술과 연관된 광명성 4호 발사 실험을 성공시키게 된다. 그리고 같은 해 2016년 북한이 그동안 체제불안 등으로 인해 유보해왔던 당대회를 36년만에 개최하면서 북한의 새로운 시대, 김정은 체제의 본격적인 출발을 선포하게 된다. 나아가 2017년의 6차핵실험과 대륙간탄도미사일 실험을 지렛대로 하여 성공시킨 6·12북미 정상회담과 6·19 북중 정상회담은 북한을 현실적인 핵국가로 만들어 주고 있는 상황이다. 이는 현재의 남북관계와 동북아정세를 근본적으로 변동시켜나가고 있는 핵심요소이다.

한반도성세를 근본적으로 규정하고 있는 두 번째 축은 2003년 동북공정을 통해 표출된 중화민족 패권주의다. 한반도의 역사는 중국이 강성해지면 항상 침략을 받아왔다. 한나라의 고조선 침략, 수나라, 당나라의 고구려침략, 청나라의 조선침략 등이 그 사례이다. 근대중국은 서구제국주의와 일본제국주의에 유린되었다가 1949년 중국공산당 주도로 현대중국을 건설하였고 등소평이 주도한 개혁·개방의 성과를 기반으로 21세기에는 탈냉전시대 일극체제를 주도하던 미국에 맞서 경쟁할 수 있는 유일한 국가로 등장하였다. 이 같은 중국의 초강대국화는 우선적으로 아시아에서 중화민족 패권주의를 표출시켰고 그 출발점이 동북공정이었다. 이는 한국의 미래, 북한의 미래, 나아가 한반도의 미래에 가장 강력한 영향력을 발휘할 요소다.

이와 같은 북한의 핵무장화와 중국의 패권주의의 확대는 지난 18년 동안 한반도 정세에 가장 강력하게 영향을 미쳐왔다고 할 수 있다. 본질적으로는 21세기 신냉전시대가 동북아시아에서 시작되고 있음을 표출시킨 것이다.

이 과정에서 한국의 보수우파와 진보좌파는 어떤 상황인식상의 문제, 어떤 대응 정책 또는 전략이 문제가 있었는가를 비판적으로 성찰, 분석해서 향후 어떤 변화가 필요한 것인가를 밝히는 것이 이 글의 목적이다.

북한체제의 특성과 북한의 대남전략에 대한 이해의 빈곤 문제

지피지기이면 백전불퇴이다. 그런데 한국의 보수와 진보는 공히 북한문제와 관련하여 자신들의 주관적 판단에 따라 자신들이 보고 싶은 것을 위주로 보면서 대북정책을 세운 결과 정책적 실

미중 신냉전시대와
한반도 자유통일 국가 전략

패는 필연적이었다고 할 수 있다. 북한에 대해 오판하게 만드는 대표적인 문제는

첫째, 진보좌파의 경우에 소위 '내재적 접근론'의 문제가 대표적이다. '내재적 접근론'은 80년대 친북학자 송두율 교수가 북한 이해와 관련해서 '내재적 이해에 기초한 내재적 비판'이 중요하다고 주장해서 시작된 것으로 햇볕정책을 지지하는 대부분의 진보좌파 학자, 전문가 진영에서 수용해왔다. 그런데 '내재적 접근론'은 결과적으로 북한의 책, 자료, 주장 등을 대부분 그대로 수용하게 되어 친북적 사고와 정책을 생산해왔다고 평가된다. 북한사회의 특성은 비밀이 많고, 대외적으로 공표되는 것과 내부적으로 실재하는 것 사이의 괴리가 큼에도 불구하고 이를 간과한 탓이다. 특히 한국의 진보좌파는 북한 노동당의 전략과 통일전선전술에 대한 이해가 빈곤하거나 인식이 나이브하다고 할 수 있다. 북한은 통일전선전술과 더불어 지하당 사업, 각종 정치공작, 군사전략 등을 종합하여 북한주도 한반도 통일을 추진하고 있음에도 불구하고 이에 대해 무지하거나 의도적 외면을 하는 경우가 내부분이다. 이는 필연적으로 진보좌파 정부 대북정책의 실패로 귀결되어 왔다. 예를 들면 북한의 한반도 비핵화주장을 북한의 비핵화로 과장, 홍보하는 것, 북핵은 북한의 체제안전 수단일 뿐이라고 주장하는 것, 핵, 경제병진노선의 승리와 경제건설 집중노선에 대한 발표를 비핵화 의지를 천명한 것이라고 강

변하는 것 등과 이와 연관된 정책들이다. '내재적 접근론'은 북한의 실제적 현실에 기초하지 않을 경우에 결과적으로 북한의 통일전선전술에 휩쓸리게 될 뿐이다.

둘째, 보수우파의 경우에 '미국 의존성' 문제가 대표적이다. '미국 의존성'이란 북한문제를 분석하고 정책을 수립하는 과정에서 미국적 사고방식, 분석방식에 지나치게 의존하고 미국의 역할을 과도하게 설정하는 경향을 말한다. 북한은 한국전쟁 때 미국의 융단폭격에 의해 거의 전국토가 잿더미가 된 경험 속에서 미국에게 그 어떤 정보도 있는 그대로 주지 않는 전통을 세워왔다. 군사정보 뿐만 아니라 경제정보도 마찬가지다. 외교 전략도 항상 미국이 예상하지 못하는 전략전술을 개발하여 왔다고 분석된다. 그런데 보수우파의 경우에 북한 노동당 간부들의 사고방식을 규정하는 마르크스레닌주의, 주체사상, 북한의 역사와 사회에 대한 학습은 대단히 빈곤한 상태에서 미국학계의 정치·사회·경제 분석에 관한 이론, 방법론 등을 북한분석에 대입하고 정책을 세우는 경우가 대부분이다. 그 결과는 또 다른 정책실패를 생산할 뿐이다. 예를 들면 전면봉쇄와 제재를 통한 정책변화 또는 체제변화 이론, 제재에 따른 경제 붕괴론, 북핵해결을 위한 미국의 북폭론, 미국 또는 이스라엘 정보기관의 김정은 제거론, 김정은 건강 이상설과 체제위기론 등과 이와 연관된 정책과 주장들이다.

미중 신냉전시대와
한반도 자유통일 국가 전략

한미 동맹은 중요하지만 지나친 미국 의존적 사고는 북한문제해결에 도움이 되지 못한다. 역사적으로 이승만 대통령이 미국의 반대를 무릅쓰고 반공포로를 석방하고 북진통일을 주장하는 것을 지렛대로 하여 한미상호방위조약을 체결하고 한미 동맹의 근간을 세웠던 사례, 박정희 대통령이 미국이 강력히 반대하였던 핵무장론을 제기한 것을 지렛대로 하여 한미연합사령부를 세워 다시금 한미 동맹을 튼튼히 구축한 사례 등을 통해서 미국 의존적 사고가 아니라 한국의 국가전략에 대한 통찰력과 배짱에 기초하여 결과적으로 한미 동맹을 건설하고 발전시켰던 교훈을 되새겨야 할 것이다.

셋째, 북한에 대한 객관적·정확한 이해를 왜곡시켜온 중요한 문제로 국정원의 '정치권력 오염화'를 지적할 수 있다. 1997년 수평적 정권교체 이래 여러 차례에 걸쳐 진보좌파와 보수우파가 권력교체를 이루어 왔다. 그런데 이 과정에서 국가정보기관인 국정원은 정치권력에 오염되는 심각한 문제를 안게 된다. 즉 햇볕정책을 중시하는 진보좌파정권과 봉쇄정책을 중시하는 보수우파정권이 서로 교체될 때마다 국정원 직원들은 극심한 인사파동을 경험하게 된다. 이에 따라 국정원 직원들은 교체된 권력의 입맛에 맞게 정보보고를 하고 대통령과 청와대의 의중을 집행, 지원하는 기관으로 전락하면서 정보기관 본연의 기능과 역할을 왜곡시키는 결과를 낳게 되었다. 결과적으로 국정원의 '정치권력 오염화'에 따라 북한 관련 객관적이고 정확하고 심층적인 정보 분석과 이에 기초한 공작임무가 심각하게 훼손되었다고 평가된다.

예를 들어 박근혜정부 초기 2013년 말의 경우 장성택 숙청사태 이후 청와대와 당시 원장의 의중에 따라 봉쇄정책과 북한체제붕괴 공작이 거의 성공에 이른 것처럼 보고되었다. 그러나 장성택 숙청사태는 결국 김정은체제가 친중파 장성택을 숙청함으로서 북한체제가 상대적으로 안정화된 것으로 평가되었다. 반면에 현재 문재인정부의 국정원은 봉쇄정책을 지원했던 기관에서 햇볕정책을 지원, 홍보하는 기관으로 바뀐 것 외에 달라진 것은 없다고 평가된다. 결국 국정원장과 대부분의 전, 현직 직원들은 공히 햇볕정책 권력의 논리와 도그마, 봉쇄정책 권력의 논리와 도그마라는 두 개의 사고틀에 갖혀서 정확한 정보 분석을 수행하지 못하고 있는 것으로 보인다.

이 같은 국가정보기관의 '정치권력 오염화'문제는 전문가 집단, 정치권, 언론, 국민 전체에게 까지 적지 않은 영향을 끼쳐서 북한에 대한 부정확한 이해를 확산시켰다고 평가된다.

결국 진보좌파의 '내재적 접근론'의 문제와 햇볕정책 도그마 및 그 아류, 보수우파의 '미국 의존성'문제와 봉쇄정책 도그마 및 그 아류, 국정원의 '정치권력 오염화' 문제 등이 지난 20여 년 동안 누적된 결과 북한체제의 특성과 북한의 대남전략, 외교전략,

미중 신냉전시대와
한반도 자유통일 국가 전략

핵국가전략 등에 대한 정확한 이해를 가로막아 왔다고 할 수 있다. 그리고 북한체제가 어떻게 작동하는가에 대한 이해에서도 중대한 실수를 범해온 것이 적지 않다. 그 대표적인 문제로 서기실의 역할에 대한 무지를 들 수 있다.

2016년 탈북하여 지난해 『3층 서기실의 암호』라는 책을 발간한 태영호 공사는 한국에서 거의 모르고 있었던 서기실의 존재와 역할에 대해 알린바 있다. 태 공사는 서기실에 대해 북한 주민들도 잘 모르는 조직인데, 김정은의 사업을 가장 근접해서 보좌하고 수령의 통치를 유지하기 위한 조직이라고 밝혔다. 이는 서기실이 북한체제의 의사결정과 집행시스템에서 핵심적인 조직임을 뜻한다.

그런데 문제의 심각성은 한국의 거의 모든 북한학 연구자, 국정원, 통일부를 포함한 정부기관, 정치권, 언론 등에서 북한체제 안의 서기실의 존재와 역할에 대해 모르고 있었다는 사실이다.

북한과 같은 비밀이 많은 체제를 정확히 이해하기 위해서 가장 중요한 것은 그 체제의 의사결정과 집행시스템을 정확히 이해하는 것인데 이에 대한 기본적인 정보도 없었다는 것은 한국의 북한에 대한 이해수준이 그만큼 대단히 빈곤하다는 것을 적나라하게 드러낸 것이다.

특히 서기실의 역할은 절대 권력자 김정일 사후 북한권력 체제정비와 친중파 장성택 숙청사태 이후 김정은 지도체제 정비과정에서 중요한 역할을 했었다고 분석된다. 이 같은 북한의 특수한 권력체제에 대한 정확한 이해는 북한체제의 변동문제와 관련해서 핵심적으로 중요한 사항이라 할 수 있다.

한국의 보수우파와 진보좌파는 1980년대 냉전시대적 봉쇄정책 도그마, 1990년대 말의 탈냉전시대 햇볕정책 도그마라는 사고의 틀에 머물러서 북한에 대해 무지에 가까운 상황에 놓여 있는 것이다. 반면에 북한은 현실적으로 핵국가로 진입하고 있고 나아가 북한주도 한반도 통일을 추진하는 대단히 위험한 상황에 이른 것이 오늘의 한반도 현실이라고 할 수 있다.

남북간의 제2의 체제경쟁과 과거 대북정책을 넘어선 신대북전략의 필요성

북한은 1980년대 말 1990년대 초 소련, 동구사회주의권의 붕괴와 1990년대 말 100만 명 내외의 아사사태를 만든 식량난 등을 거치면서 심각한 체제위기를 경험하였다. 이에 따라 북한사회주의 통치의 핵심기관인 노동당의 당 대회마저 열지 못하는 비상적 국가운영을 36년 동안 지속하였다. 이 과정에서 북한은 체제생존을 위한 핵심수단으로 선군정치에 기초한 핵무장 국가전략을 수립하였고 결국 2016년 4차 핵실험과 대륙간탄도미사일과 연관된 광명성 4호발사 실험을 성공시켜 자신들의 핵무장 국

미중 신냉전시대와
한반도 자유통일 국가 전략

가전략의 성공을 선포하게 된다. 그 결과로 36년 만에 노동당 당대회를 개최하고 자신들의 새로운 국가전략, 통일전략을 선포하였다. 그런데 그 내용 중 핵심적인 것은 2016년 당대회를 계기로 하여 북한의 핵무장 국가전략이 중대한 전환과정에 있음을 드러냈다. 그것은 김정일시대 북한의 핵무장 국가전략이 본질적으로 체제수호에 중점을 두었다면 김정은시대 북한의 핵무장 국가전략은 체제수호에서 나아가 핵무기를 지렛대로 하여 북한 주도 한반도 통일을 추진할 것임을 표출시킨 것이라 할 수 있다.

북한은 7차 당대회 보고서의 조국통일에 관한 장 등에서 핵국가임을 기정사실화하고 연방제 통일에 대한 의지를 다시금 천명했다. 7차 당대회 결과를 종합해볼 때 중요한 전략적 변화는 1990년대 이후 체제 생존의 핵심 수단으로 삼아온 핵무기 개발 성공에 기초해 북한 주도 한반도 통일전략을 드러낸 것이라고 평가된다.

김정일 시대 북한의 핵전략은 체제 수호에 방점을 찍은 '파키스탄 모델'이었다. 반면 김정은시대에는 핵 보유를 기반으로 북한 주도 동일을 추진하면서 개혁·개방과 친미비중(親美非中) 외교를 추구하는 '베트남 모델'을 차용하는 전략을 구사하고 있다. 핵을 가진 '베트남 모델'이라는 측면에서 '신베트남 모델'이라고 평가할 수 있다. 이러한 김정일, 김정은 체제의 핵국가 전략의 차이를 이해하지 못하면 대북정책에서 중대한 과오를 낳게 될 것이다.

북한의 '신베트남 모델' 추진은 동북아 정세의 게임 체인저가 된 6차 핵실험과 ICBM 시험 발사 성공을 기반으로 본격적으로 시작됐다. 북한은 현란한 외교를 통해 정세를 주도했다. 3차례의 남북 정상회담과 북·미 정상회담, 수시로 열린 북·중 정상회담과 블라디보스토크 북·러 정상회담은 김정은이 한반도 정치의 중심이 된 것처럼 세계 언론에 비치게 만들었다. 경제제재로 겪어온 고통도 2018년 6·19 북·중 정상회담 이후 중국의 점차적 지원 확대와 관광산업을 중심으로 한, 북·중 경제협력 등으로 완화되고 있다. 이를 두고 북한은 6·12 북·미 정상회담, 6·19 북·중 정상회담 등을 계기로 자신들이 핵국가, 전략국가의 지위를 확보한 덕분이라고 자찬하고 있다.

북한은 한반도 정세를 주도했다는 자신감을 밑바탕으로 올해 신년사에서 '새로운 길'까지 언급했다. '새로운 길'이란 북·미협상이 목표대로 실현되지 못할 경우 북·중·러 연대전략을 추진하겠다는 것이 기본 구상이지만, 전격적으로 군사옵션 등을 포함하여 북한주도 한반도 통일을 추진할 수도 있다는 내용도 포함되어 있다고 분석된다. 허버트 맥 매스터 전 트럼프 대통령 안보보좌관은 '핵무기를 활용한 적화통일 가능성을 배제해선 안 된다'고 경고하고 있다.

남북체제 경쟁에서 북한이 한국을 2018년을 기점으로 앞선 것

미중 신냉전시대와
한반도 자유통일 국가 전략

으로 평가된다. 최근 30여 년 동안 한국이 체제 경쟁에서 앞서 있었으나 이제는 경제적으로만 앞서 있을 뿐 군사적·외교적으로는 현실적인 핵국가 북한에 추월당했다는 얘기다. 현재 국면은 배부른 돼지와 굶주린 늑대의 경쟁으로 비유할 수 있다.

특히 1980년대 10만 명의 주사파 운동권이 사회 각 분야에 진출한 것과 전교조의 의식화 교육의 영향을 받은 세대의 사회 진출이 한국 사회의 이념적, 정치적 지형을 근본적으로 바꾸어 놓았다는 점을 유념해야 한다. 해산된 통합진보당의 이석기 그룹과 같은 주사파라고 할 수는 없으나 운동권 시절 이들에게 깊숙이 박힌 반미·반일·친중·친북적 사고는 현재의 정치 흐름에 중대한 영향을 끼치고 있다. 이들 세력은 한미 자유무역협정(FTA)과 광우병 반대 촛불시위, 박근혜 대통령 탄핵 촛불시위 등을 통해 정치적 힘을 과시했다. 위안부와 징용공 문제 등을 매개로 한 반일투쟁과 최근의 지소미아 파기에도 상당한 영향력을 행사했다.

정부여당 주도세력의 이념적, 정치적 차원의 반미·반일·친중·친북적 사고는 9·19 남북 군사 합의에 따른 정찰 능력의 대폭 약화, 한미 연합훈련의 축소, 지소미아 파기에 따른 한·미·일 안보협력 체계의 와해와 한미 동맹의 균열 등과 결합돼 6·25전쟁 정전 이후 최악의 안보 상황을 만들고 있다.

반면 북한은 핵과 미사일을 중심으로 한 비대칭전력에서 확실한 우위 확보, 각종 신형 미사일과 대구경 방사포 등 준(準)전략형 무기 고도화를 달성했다. 북·중·러 연대의 강화와 함께 미국과의 전략적 소통도 제고하고 있다. 6·30 판문점 북·미 회동 성사 과정에서 트럼프 대통령의 트윗 이후 10분 만에 김정은-트럼프 전화통화가 이뤄진 것은 북한 처지에서 볼 때 전략적 차원의 성취였다. 김정은이 통일대전을 도발할 경우 가장 큰 리스크는 미군 개입인데, 전략적 소통 채널을 통해 주한미군을 공격하지 않을 것, 북한이 베트남처럼 친미비중(親美非中) 국가가 될 수 있다는 것 등을 두고 협상할 수 있기 때문이다.

물론 북한 노동당은 군사 옵션 가동 또는 통일전략의 리스크에 대해 잘 이해하고 있는 것으로 보인다. 따라서 북한 주도 한반도 통일 전략의 기본은 한국에 친북 좌파 정권을 지속시키면서 이른바 연방제 통일 과정을 거치는 형태다.

한국사회의 진보좌파 진영에서는 민족해방민족주의론에 기초한 백낙청의 '민족통일론'과 '한국민주주의론'에 천착해온 최장집의 두 개의 국가에 기초한 평화체제 관리론이 논쟁을 벌이고 있다. 두 이론은 지식인들의 탁상공론에 가깝다. 민족통일, 평화체제 공히 핵과 미사일로 무장한 북한이 칼자루를 쥐고 있기 때문이다. 반면에 보수우파 진영은 독자적 고민은 부족한 채 미국의 폭격에 의한 해결, 김정은 사망, 제재를 통한 김정은 체제 붕괴 등에 매달려왔다. 북한 폭격 가능성은 6·12 북·미 정상회담과 6·19 북·중 정상회담으로 거의 소멸된 것으로 분석된다. 김정일 사망 이후 북한 체제가 재정비되는 과정을 분석해보면 북한은 수령 유고 시 체제 정비 매뉴얼도 갖춘 것으로 보인다. 제재가 북한에 고통을 주는 것은 사실이지만 역사가 증명하듯 북한의 지정학적 조건과 체제적 특성 탓에 한계가 분명하다.

따라서 현재는 제2의 남북체제 경쟁이 이루어지고 있다는 종합적인 정세인식하에 새로운 차원의 종합적인 대북전략이 요청된다. 특히 지금까지의 보수우파의 대북정책, 진보좌파의 대북정책을 넘어서 전체적인 국가전략, 통일전략을 재수립하고 이에 기초하여 대북정책, 대북공작, 대북군사전략 등에 대한 재정립이 필요할 것이다. 특히 2018년 한반도 정세는 김정은과 북한이 한국 정치에 직·간접적으로 영향을 끼치는 정도가 날이 갈수록 확대된 새로운 한반도 정치 시대의 원년이라고 할 수 있다.

따라서 한국은 세계정세와 동북아정세의 변화에 따른 신냉전 시대의 대결구도에 대한 정확한 인식과 북한의 대남전략에 대한 구체적 이해에 기초하여 종합적인 차원에서 대북전략의 대담한 전환에 나서야 한다.

신냉전시대, 신보수주의, 신국가전략

　세계사적 차원에서 신냉전시대는 2008년 세계 금융위기 이후 미국과 중국 중심의 G2체제의 구축으로부터 시작되었다고 평가된다. 이후 미국 중심의 자유주의 체제와 중국 중심의 권위주의 체제는 다양한 영역에서 대립, 충돌하면서 신냉전시대는 확산, 심화되었다. 대표적으로 미국은 오바마정부때 대중국 견제를 세계전략의 중심으로 부상시키면서 아시아로의 재균형(PIVOT TO ASIA)정책을 추진하게 된다. 이후 2016년 경제민족주의를 앞세운 트럼프정부의 등장과 함께 시작된 미·중 무역전쟁과 새로운 세계질서의 구축시도는 다양한 영역에서 미·중간의 충돌을 야기시키게 된다. 특히 정보화 시대와 4차 산업혁명을 배경으로 한 디지털세계의 패권을 둘러싼 화웨이 사태까지 발생하게 된다.

　그런데 동북아시아에서 신냉전시대의 시작은 세계사적 차원의 신냉전시대의 시작보다 앞서서 나타난다. 이는 중국의 경제적 파워의 확장에 따른 패권적 성향이 일차적으로 주변국가와의 관계에서 표출된 것과 미국과 중국의 힘의 논리에 민감하게 반응하는 북한의 체제전략과 연관된 것이라고 분석된다. 동북아에서 신냉전시대의 시작은 2002년 2차 북핵 위기로부터 확인된 북한의 핵무장국가화의 본격적 추진과 2003년 중국의 폭발적 경제성장에 기초한 중화민족 패권주의의 첫 표출이었던 '동북공

미중 신냉전시대와
한반도 자유통일 국가 전략

정'(東北工程)으로부터 비롯됐다. 이후 2008년 세계 금융위기 이후 미국과 중국 중심의 주요 2개국(G2)체제의 등장, 2016년 경제 민족주의를 앞세운 트럼프정부의 등장과 새로운 세계질서의 구축 시도, 2017년 동북아 정세의 판세를 뒤바꿀 '게임 체인저'가 된 북한의 6차 핵실험과 대륙간탄도미사일(ICBM) 실험의 성공 등을 거치면서 동북아시아에서 신냉전시대는 새롭게 구축되었다고 평가된다.

신냉전시대의 특징은 첫째, 구냉전시대 대결구도가 미국 중심의 자유민주주의 진영과 소련 중심의 사회주의 진영간의 대결이 이념적, 군사적, 체제적 패권 대결이 중심이었다면 신냉전시대 대결구도는 미국 중심의 자유주의 체제와 중국 중심의 권위주의 체제간의 대결이 경제적 패권을 중심으로 전개되면서 다층적, 복합적 경쟁의 양상을 띠고 있다는 것이다. 둘째, 신냉전 시대 대결구도는 미국과 중국 중심의 패권 대결구도가 기본이지만 구냉전시대와 비교할 때 상대적으로 다극적인 경쟁구도라고 할 수 있다.

즉 미국, 중국에 더해서 러시아, 인도, 독일, 프랑스, 일본, 터키 등의 역할도 적지 않다고 할 수 있다. 셋째 신냉전 시대를 관통하는 본질적 이념은 민족국가간의 무한 경쟁이다. 신냉전시대는 미국중심의 자유주의적 애국주의 또는 자유주의적 민족주의 진영과 중국중심의 권위주의적 민족주의 또는 권위주의적 국가주의 진영간의 전체적인 대결구도가 기본적으로 작동되고 있다.

그런데 구냉전시대와 비교할 때 각 국가의 자율성과 주변국가와의 합종연횡 구도가 훨씬 다양하게 작동될 것이라는 점에서 다르다. 이는 최근 중동의 쿠르드 민족사태를 매개로 한 터키, 미국, 러시아 등의 태도는 21세기 신민족주의의 양상을 적나라하게 보여주고 있다.

따라서 신냉전시대를 정확히 이해하기 위해서는 민족주의에 대한 이해가 우선되어야 한다.

국제문제에 관한 최고 전문지인 「포린 어페어스」 2019년 3·4월호는 신민족주의에 관한 특집을 다뤘다. 제2차 세계대전 이후 서구 지식인 사회에서 비판 또는 폄훼돼온 민족주의에 관한 담론을 특집으로 다룬 것은 이례적인 일이다. 그 배경은 급속한 세계화 과정의 후유증, 중화민족 패권주의를 앞세운 중국의 주요 2개국(G2) 등장, 인도·터키와 상당수 유럽국가에서 민족주의의 부상, 영국의 유럽연합(EU) 탈퇴 움직임에 이어 세계질서의 중심에 서 있는 미국에서 미국 우선주의, 경제민족주의를 앞세운 트럼프정부의 등장과 관련된다. 「월스트리트저널」 칼럼니스트 월터 러셀 미드의 지적대로 서구 지식인 사회의 민족주의에 대한 몰이해나 의도적인 자기중심적 무시와는 무관하게 현실적으로 21세기 세계는 민족주의의 새로운 부상과 이에 따른 세계질서의 대변동이 진행되고 있는 것이다.

미중 신냉전시대와
한반도 자유통일 국가 전략

「포린 어페어스」의 민족주의에 관한 논문은 하버드대 질 레포리 교수 등 해당분야의 대표적 학자가 발표했는데, 그중 야엘 타미르는 옥스퍼드대에서 자유주의적 민족주의를 주제로 박사학위를 받았고 이스라엘 교육부장관을 지냈다. 그녀 논문의 핵심은 자유주의와 민족주의는 다수의 학자가 주장해 왔듯이 대립과 충돌하는 것이 아니라 공존이 가능하며, 그로 인한 자유주의적 민족주의가 현재 세계질서의 변동 이해와 향후 방향에서 중요한 이념적 토대 역할을 할 수 있다고 주장한다. 또한 프랑스 에마뉘엘 마크롱 대통령이 지난해 11월 민족주의와 애국주의는 반대 개념이라고 주장한 것은 민족주의에 대한 이해가 잘못된 것이라고 지적하면서 프랑스 애국주의, 즉 관대한 국가, 보편적 가치의 수호자라는 개념은 자유주의적 민족주의와 다르지 않다고 주장했다. 물론 중국 등이 보여주고 있는 권위주의적 민족주의 또는 국가주의와 자유주의적 민족주의 또는 애국주의는 근본적으로 다르다.

20세기 민족주의는 패권적 민족주의 또는 제국주의와 저항적 민족주의 또는 민족해방운동으로 크게 구분됐다. 미국과 유럽의 대부분 지식인이 민족주의에 대해 부정적인 것은 민족주의를 패권적 민족주의의 폐해인 나치즘, 인종주의, 유태인 학살 등과 연관시켜 생각해 왔기 때문이다. 그런데 20세기 후반 민족국가를 완성하지 못했거나 불완전했던 아시아, 아프리카, 라틴아메리카, 중동, 동유럽 국가 등에서는 민족국가의 형성이나 완성을 위한 다양한 활동이 전개된다. 또한 급속한 세계화 과정과 연관된 불법이민자 문제, 이로 인한 경제사회적 문제 등이 세계적 범위에서 민족주의를 확산시키고 있다. 그리고 아시아에서는 G2로 등장한 중국의 중화민족 패권주의가 새로운 차원에서 민족적 각성을 촉발시키고 있다. 동북아시아에서는 2003년 중국의 고구려 역사왜곡인 동북공정과 몽골역사 왜곡인 북방공정 등을 통해서 시작됐다.

그런데 이 같은 민족주의의 부상이 자유민주주의에 대한 이해의 부족이나 부정과 연관되면 필연적으로 민족주의 간의 충돌을 가져오게 된다. 따라서 21세기 민족주의는 개인의 자유를 존중하는 시민 민족주의, 자기 민족의 자유와 함께 다른 민족의 자유를 존중하는 포용적 민족주의, 핏줄 중심이 아닌 문화중심의 민족주의로 진화해야 한다. 본질적으로 자유민주주의에 기초한 민족주의인 자유주의적 민족주의나 자유주의적 애국주의가 돼야만 인류의 공존공영에 기여하는 민족주의가 될 수 있다.

그리고 현재 세계질서에서 자유민주주의에 기초한 자유주의적 애국주의는 미국이 주도하는 세계 질서와 함께한다는 것을 의미하고 중국, 북한과 같은 일당독재에 기초한 권위주의적 민족주의와 경쟁관계에 있음을 분명히 이해해야 한다. 미국의 경우에 트럼프정부의 등장과 함께 보수주의 진영에서 등장한 경제

미중 신냉전시대와
한반도 자유통일 국가 전략

민족주의는 미국 전체에 미국 민족주의, 애국주의의 고양을 가져왔다. 나아가 이에 대해 비판적이던 민주당까지도 유력한 차기 대통령 후보인 엘리자베스 워런의 경우에 경제 애국주의를 내세우고 있기도 하다. 이 같은 흐름을 고려할 때 향후 세계적 범위에서 민족주의 또는 애국주의의 부상은 대세가 될 것이다.

미국과 중국간의 신냉전구도가 한반도에서 형성되는 과정에서 발생한 상징적 사건이 2013년 말 방한한 미국부통령 조 바이든의 발언이다. 당시 박근혜정부는 2013년 3차 핵실험 이후 사드배치를 요구하던 미국에 대해 중국 눈치를 보면서 사드배치에 주저하는 등 친중적 행보를 보인 바 있다. 이에 대해 정치인으로서는 이례적인 직설적인 표현으로 "한국은 미국의 편에 설 것인가, 중국의 편에 설 것인가에 대해 분명히 해야 한다"고 비판했었다. 박근혜정부의 친중적 행보는 2015년 말까지 지속되다 미국의 설득과 2016년 1월 북한의 4차 핵실험 등을 계기로 사드배치 결정, 한일 위안부 합의, 한일 지소미아 체결 등을 통해 친중행보를 정리하고 한미 동맹과 한·미·일 협력체계를 복원하게 된다.

그러나 2017년 문재인정부 등장 이후 한일 위안부 합의 파기, 지소미아 파기 등과 함께 다양한 친중친북 행보를 보임으로써 자유민주주의에 기초한 한미 동맹과 한·미·일 협력체계는 심각한 타격을 받고 있는 상태이다.

한국과 한반도의 향후 운명을 고려할 때 우리는 중화민족 패권주의, 권위주의적 국가주의, 민족해방민족주의에 대응할 자유주의적 애국주의 또는 자유주의적 민족주의에 대한 사상적 무장을 철저히 해야 한다. 이에 기초하여 국제사회에서는 미국을 중심으로 한 자유주의적 애국주의 진영과 함께 하면서 국내적으로 자유주의적 애국주의 진영의 강화를 위한 전략수립이 절실히 요구된다. 현재 세계는 냉전시대, 탈냉전시대와 미국 중심의 일극(一極)체제를 지나 신냉전시대가 형성되고 있다. 신냉전시대는 미국과 중국의 패권전쟁과 각 민족국가간의 무한 국익경쟁이 전개되는 시대이다. 미국과 중국의 패권전쟁은 문명충돌적 성격을 내포하고 있기 때문에 무역전쟁으로 끝나지 않으며 세계 패권구도가 재정립될 때까지 지속될 것이다. 따라서 신냉전시대에 대한 정확한 이해에 기초하여 신냉전시대, 신보수주의의 핵심인 자유주의적 애국주의를 기반으로 한 신국가전략, 신통일전략이 요구된다.

북핵, 북한문제 분리전략과 한반도자유통일전략

2009년 5월 북한의 2차 핵실험 이후 중국공산당 지도부는 그 어느 때보다 북한에 대해 분노를 표출했다. 중국은 역사적으로 북한의 핵무장국가 전략에 대해 비판적, 비협조적 태도를 일관되게 보여왔다. 2006년 1차 핵실험 이후에는 초강경태도로 북한을 비판하였고 미국 주도의 국제제재에 적극적으로 참여하였다. 특히 2007년 북·미간의 2·13합의에 따라 BDA관련 금융제재를 해소하기 위해 대북송금을 해주기로 한 것에 대해서도 중국이 이런저런 이유로 협조해주지 않자 결국 러시아의 협조에 따라 극동은행을 통해서 송금문제가 해결되기도 하였었다.

이후 북한이 2009년 5월 2차 핵실험을 단행하자 중국공산당 지도부는 초강경 분노를 표출한 이후 후계자로 내정되었던 시진핑을 조장으로 하는 '한반도 공작소조'를 결성하여 북핵문제, 북한문제에 대한 근본적, 종합적 전략을 재수립하게 된다. 그 핵심 결론은 북핵문제와 북한문제를 분리하여 북핵문제는 북한의 의지와 핵무장 발전단계를 고려할 때 단번에 해결하기 힘들기 때문에 동결과 비확산을 중심으로 중장기적으로 관리해나가면서 북한의 지도체제 즉 김정일체제를 바꾸는 전략을 추진하기로 결정하게 된다.

이에 따라 북핵문제는 6자회담 등 국제사회와 함께 관리해나가는 한편 북한 체제내에 친중파를 양성, 확대해서 김정일체제를 변화시키는 전략을 실행하게 된다. 친중파를 통한 김정일체제 변화전략은 결국 김정일 사후 2013년 장성택사태로 표출되게 된다. 김정일 사후 친중파인 장성택을 내세워 친중정권을 도모했던 것인데, 결국 김정은체제에 의해 친중파 장성택 일파 숙청

사태로 귀결 되었다. 이러한 북한과 중국의 북핵문제를 둘러싼 심각한 갈등은 결국 동북아정세의 게임 체인저가 된 2017년 6차 핵실험과 대륙간탄도미사일 실험의 성공을 발판으로 한 북한의 외교전술에 의해 재정립되게 된다.

즉 연이은 남북 정상회담과 6·12 북·미 정상회담을 지렛대로 하여 북한은 베트남과 유사한 즉 공산당이 통치하지만 친미비중 국가가 되고 있는 베트남 모델 가능성을 띄우면서 중국이 북한을 현실적인 핵국가, 전략국가임을 인정할 것을 요구하였고, 이에 대해 중국은 종합적 평가 끝에 북한의 요구를 대부분 수용한 것으로 보여진다. 이에 따라 중국의 시진핑은 북한의 김정은을 1980년대 이래로 최고의 국빈대우를 해주면서 역사적인 6·19 북·중 정상회담으로 새로운 북중관계를 정립한 것이다.

한국이 새로운 대북전략, 통일전략을 세우기 위해서는 이와 같은 북·중관계의 변천과정, 갈등과정, 재정립과정에 대한 정확하고 깊이 있는 이해가 우선되어야 할 것이다.

북한은 한국전쟁 시 평양까지 융단폭격 당한 경험을 배경으로 전 국토를 요새화하고 핵심 시설을 지하화하는 작업을 오랜 기간 진행해왔다. 또한 통치 시스템도 김정일 시대에 수령-당-대중 유일적 독재체제를 구축하고 어떤 위기상황에서도 신속히 대응할 수 있는 수령과 서기실 중심의 지휘체계를 구축했다고 평가된다. 이는 김정일 사후와 장성택 숙청 전후 과정을 통해 그

미중 신냉전시대와
한반도 자유통일 국가 전략

체제 내구성을 증명했다고 할 수 있다. 따라서 북한 통치체제의 특성을 고려할 때 김정은 참수작전 또는 정밀타격작전으로 북한의 체제전환(Regime Change)을 실현시키기는 힘들며 북한의 핵무장 단계를 고려할 때 동북아 핵전쟁으로 확산될 가능성이 대단히 높다. 이 같은 분석은 2017년 6차 핵실험 이후 미국 트럼프정부에서 초기 검토하던 북폭전술과 김정은 참수작전 검토과정에서 내려진 것으로 알려졌다.

대표적으로 CIA국장 출신으로 미국 보수, 진보정부의 국방부장관을 연임하였고, 북핵문제, 북한문제에 대해서도 최고의 전문가로 손꼽히는 로버트 게이츠는 북폭은 3차 세계대전으로 확산될 것, 중국을 통한 북한 압박은 실효성이 없다는 것, 북핵문제는 1차적으로 동결과 비확산문제부터 해결하는 것이 현실적이라는 것 등을 주장한바 있다.

결국 북핵, 북한문제 해결은 이 같은 군사작전이 아닌 종합적 전략을 기반으로 북한정권의 선진화(Regime Evolution)를 이끌어내는 것이 현실적이다. 북한 체제 최대 위기였던 1990년대 말 100만 명 내외의 아사사태를 야기했던 식량난을 해결한 것은 북한 노동당도 아니었고, 한국이나 중국의 지원도 아닌 시장이었다. 2002년 '7.1경제관리개선 조치' 이후 2014년 '5.30조치'까지 우여곡절을 거치지만 시장의 허용이 조금씩 확대되는 과정에서 북한 주민들은 시장을 통해 스스로의 힘으로 식량난을 극복해왔다. 이 과정에서 북한주민들과 당 간부들 내에서 시장의 필요성, 개혁개방의 필요성을 이해하고 이를 확대시키려는 세력들이 성장하고 있다고 평가된다. 북한주민들 사이에서 회자되는 노동당보다 장마당이 더 중요하다는 등의 말에 주목해야 한다.

따라서 북핵문제와 북한문제 해결은 두가지 트랙(TWO TRACK)으로 추진하면서 북핵문제는 두단계(TWO STAGE) 전략을 세워 해결을 추진해야 한다.

즉 북한문제 해결은 북한내의 시장경제의 확산과 개혁개방세력의 확장을 기반으로 북한체제의 선진화(Regime Evolution)를 실현해야 한다. 그리고 이를 기초로 하여 한국이 주도하는 자유통일국가를 세워야 한다. 그리고 북핵문제의 경우에 1단계에서는 남·북·미·중 협상 등을 통해 동결과 비확산을 실현하고, 2단계의 완전한 해결과 북한 문제의 근본적 해결은 '시장을 통한 변화'라는 대전략 위에서 북한정권의 선진화를 위한 맞춤형 개입정책(Optimized Engagement Policy) 또는 종합전략이 필요하다. 이 종합전략에는 남북경협 확대를 기반으로 한 북한 내의 시장경제 확산과 개혁개방을 선호하는 정치세력을 육성하는 전략이 핵심이다.

그런데 이 같은 남북경협 추진의 전제조건은 우선적으로 한국의 안보를 튼튼히 한 기초위에 추진해야 하며 다음으로 한미 동맹과 한·미·일협력이라는 자유주의 진영과의 공동의 전략과 협

미중 신냉전시대와
한반도 자유통일 국가 전략

력하에 추진해야 한다. 그래야만 지금까지 경험해온 남북경협의 불안정성이나 실패사례를 반복하지 않게 될 것이다. 그리고 현재 신냉전시대라는 조건에서 진행되고 있는 남북간 제2의 체제경쟁구도에서 봉쇄정책은 현실적 한계가 분명한 정책일 뿐만 아니라 비교하자면 권투경기에서 아웃복싱하는 소극적 전략에 불과하다. 지금은 한국의 장점인 시장경제의 성과를 기반으로 해서 북한체제와 인파이팅을 통해 적극적인 자유통일전략을 추진해야할 시기이다.

북한의 '신베트남 모델'과 한국의 '자유통일국가 독일 모델'

북한은 2016년 7차 당대회를 계기로 김정일 체제에서 김정은 체제로의 체제전환을 완성하였다. 또한 핵국가 전략도 김정일시대의 체제수호가 중심인 '파키스탄 모델'에서 김정은시대에는 핵무기를 지렛대로 한 북한주도 한반도 통일과 친미비중 개혁개방 국가 모델인 '신베트남 모델'로 전환하였다고 평가된다. 북한이 친미비중 개혁개방 모델인 '베트남 모델'로 변화하는 것은 역사적 진보이지만, 한반도가 북한주도 통일이 실현되는 '신베트남 모델'이 되는 것은 역사적 퇴보이다. 그런데 현재 한반도의 현실은 북한이 갈수록 군사적, 외교적 우위를 과시하는 불행한 그림자가 드리워지고 있다.

이 같은 잘못된 흐름을 바로잡고 한반도의 '자유통일국가 독일모델'을 실현하기 위해서는 첫째, 한미 동맹을 최우선에 둬야 한다. 한국이 독자적으로 안보 위기를 극복하는 것은 비대칭전력의 격차 때문에 불가능할 것으로 보인다. 따라서 한미 동맹을 최고 가치로 내세우고 이를 기반으로 북한의 통일전쟁 도발에 대비해야 한다. 이를 현실화하려면 그동안 주저해왔던 미국 중심의 미사일방어(MD) 체계에 참여하고, 미국의 대(對)중국 견제의 핵심으로 떠오른 중거리미사일을 평택 미군기지에 배치해야 한다.

또한 수도권 방어를 위한 사드의 추가 도입, 디지털 권위주의 문제의 핵심 이슈가 된 화웨이 5G 통신 장비의 배제에도 나서야 한다. 한국, 미국, 일본, 호주, 몽골 등을 중심으로 한 아시아판 'NATO(북대서양조약기구) 체제'를 구축하고 유럽의 독일처럼 한미 간 핵공유제를 도입하는 등 특단의 조치가 필요한 상황이다.

둘째, 자강적 안보전략을 입안해 실행해야 한다. 한미 동맹전략에 우선해 실행했어야 할 자강적 안보전략을 늦지만 지금부터라도 실행해야 한다. 민족국가 간 무한적 국익 경쟁의 시대에 더 중요해진 국가정보 역량의 제고를 위해 국정원의 개혁과 강화, 한미 간 핵공유제 도입 실패 시 자체 핵무장 검토, 변화된 안보 환경에 대응하는 육·해·공군의 혁신 및 전략군 설치, 국방 예산 대폭 증액과 무기 체계의 혁신이 필요하다.

미중 신냉전시대와
한반도 자유통일 국가 전략

셋째, 자유민주주의와 시장경제의 가치와 관련한 사상적 무장이 필요하다. 현재처럼 반미·반일·친중·친북적 사고가 광범위하게 작동되면 대한민국 헌법의 기초인 자유민주주의 체제와 한미 동맹은 와해될 수밖에 없다. 중화민족패권주의, 민족해방민족주의, 반미·반일·친중·친북적 사고를 극복할 자유주의적 애국주의가 요구된다. 디지털 권위주의를 거부하고 디지털 자유민주주의를 실천하는 것도 중요하다.

한국의 자유민주주의 운동과 관련해서 지난 10.3개천절 자유민주주의 국민대회는 역사적 의미가 있다고 생각된다. 백만여 명이 참여하게 된 구체적 계기는 조국사태였지만 그 밑바탕에는 헌법적 가치의 3가지 기둥인 자유민주주의 체제, 시장경제의 가치, 한미 동맹의 기초가 허물어지고 있는 현실에 대한 국민 다수의 위기의식이 표출되었다고 평가된다. 1987년 6월 민주항쟁은 군사독재 청산과 절차적 민주주의 즉 직선제 쟁취를 중심으로 한 민주주의 투쟁의 성공이었다.

그리고 그 참여세력은 민주주의라는 큰 깃발아래 자유민주주의 세력, 사회민주주의 세력, 사회주의 세력 등이 다양하게 참여하였다고 할 수 있다. 그런데 1987년 6월 민주항쟁 이후 지난 30여 년 동안의 역사적 과정에서 민주주의 세력은 분화되어 왔다고 할 수 있다. 그 과정에서 2019년 10월 3일 개천절 자유민주주의 국민대회는 자유민주주의세력이 현재의 체제적 위기상황에서 본격적으로 결집하는 출발점이 될 것이다. 자유민주주의 세력, 자유주의 애국주의 세력은 향후 자신들의 주장을 구체적 정책으로 만들고 구체적 이슈투쟁을 전개해야 할 것이다.

넷째, 한국이 북한에 대해 우위에 서 있는 시장경제의 가치를 최대한 활용해야 한다. 한국이 성취한 한강의 기적, 산업화 혁명의 성과 속에 존재해온 장점을 북한에 투사시켜야 한다. 북한의 경우에도 식량난 사태 이후 장마당이 지속적으로 확산돼 왔다. 특히 북한 주민들의 노동당보다 장마당이 중요하다는 인식을 발전시켜 개혁개방 세력을 육성해야 한다. 한국이 주도해 자유민주주의와 시장경제에 기초한 한반도 자유통일을 성취하기 위해서는 종합적 차원의 북한의 시장확대전략, 개혁개방전략을 수립·실행해야 한다.

다섯째 남북체제경쟁에서 한국의 문화적 우위, 특히 한류를 최대한 활용해야 한다. 현재 방탄소년단(BTS)의 사례에서 확인되듯 한류는 세계적 수준의 경쟁력을 가지고 있다. 1990년대 말 2000년대의 경우 식량난에 따른 탈북이 다수를 차지했다면, 2010년대의 경우 한류 등의 영향을 받아 더 많은 자유, 더 많은 기회를 찾아 탈북하는 경우가 많아지고 있다. 이 같은 흐름을 지렛대로 자유민주주의와 시장경제에 기초한 한반도 자유통일을 촉진시켜야 할 것이다.

2018년은 남북체제 경쟁의 역사에서 중요한 전환점이 된 해

미중 신냉전시대와
한반도 자유통일 국가 전략

였다. 북한은 지난 30여 년 동안 지속돼온 체제 경쟁상의 열세를 핵과 미사일 무장을 지렛대로 군사적·외교적 측면에서 우세로 전환시키고 있다. 따라서 우리는 우선적으로 남북한의 체제경쟁에 대한 종합적 전략을 새롭게 세우고 무엇보다 먼저 튼튼한 안보를 구축해야 한다. 이에 기초하여 시장경제, 한류 등 우리의 장점을 적극 활용한 신대북 전략에 기초하여 한반도 자유통일국가의 실현을 위해 분투해야 할 것이다.

탈냉전 시대 이후 한국의 보수우파 및 진보좌파 정부는 강경 정책과 포용정책의 틀에 갇혀 있었다. 이는 미중 패권전쟁이 본격화되고 있는 신냉전시대에는 시대착오적인 정책에 지나지 않는다. 신냉전시대의 신보수주의의 핵심인 자유주의적 애국주의에 대한 정확한 이해에 기초하여 동북아시아에서 중화민족 패권주의와 핵무기로 무장한 북한에 대응할 종합적인 신국가전략, 신통일전략이 절실히 요청된다. 현 시대와 정세에 대한 정확한 이해가 부족한 채 이야기하는 보수·진보논쟁은 공허한 것이다.

미국 패권전쟁이 갈수록 심화되는 조건에서 갈팡질팡하는 문재인 정부는 난파선의 운명으로 몰리게 될 가능성이 높다.

우리가 현재 처한 시대상황에 대한 정확한 진단에 기초하여 한반도와 민족의 운명, 자유통일국가의 비전을 새롭게 세울 때이다.

제1부

신냉전시대의 한반도와
자유주의적 애국주의

01 한미FTA와 한국의 안보

(「STRATEGY21」 2007 봄, 여름호. 한국해양전략연구소)

서론

최근 한반도 정세는 북핵문제, 북한문제를 어떻게 해결할 것인가와 관련하여 미국, 중국, 일본, 러시아 등 4대 강국과 남한, 북한 등의 관계가 복잡하게 상호 결합되어 중대한 변동이 시작되었다고 할 수 있다. 이는 구한말과 해방정국에서 한반도의 운명이 엄청난 변화의 소용돌이로 내몰렸던 상황과 유사하다고 할 수 있다. 이 같은 시대조건은 우리가 얼마나 현명하게 대응하느냐에 따라 민족의 운명이 좌우되는 중대한 상황이라 할 수 있다.

그런데 최근 한반도 정세와 관련하여 가장 주목하여 보아야 할 지점은 한편으로는 북한의 중국에 대한 종속의 심화이며 다른 한편으로는 한미FTA의 추진이라고 할 수 있다. 구체적으로는 2001년 미국의 9·11테러 사태 이후 미국의 세계전략이 반테러전으로 전개되는 과정에서 소위 '악의 축' 중의 한 국가로 지목된 북한에 대한 봉쇄, 고립, 압박정책이 추진되는 조건에서 북한은 에너지와 식량 등 핵심적인 경제분야를 중심으로 중국에 대한 종속이 심화되는 과정을 거쳐 왔다. 그리고 한미관계는 노무현정부 들어 균열이 지속되다 2005년 말 이후 주한미군의 전략적 유연성 합의와 한미FTA의 협상타결을 계기로 새로운 국면을 맞이하고 있다.

한미FTA 협상의 타결은 동북아정세와 한국의 국내정세에 중대한 영향을 끼쳐왔고, 앞으로도 무엇보다 중요한 요소로 작용할 것이라고 판단된다. 따라서 한미FTA와 관련된 배경과 각 정치사회 세력의 동태 등과 향후 이 같은 요소들이 한국의 정세와 동북아정세에 미칠 영향에 대해 정확히 인식을 갖는 것이 필요할 것이다.

한미FTA저지국민운동본부에서 핵심적으로 활동했던 김세균 서울대 교수는 'FTA란 미국에게는 경제적·정치적·군사안보적 관점에서 전략적 중요성을 지닌 국가들의 경제를 미국경제에 통합시키고, 이를 토대로 이들 국가들과 확고한 정치군사적 동맹체제를 구축하는데에 의의를 지닌다. 그러므로 '의약품 가격인하 조치 중단' '자동차 배기가스 기준 완화' '쇠고기 수입재개' '스크린쿼터 축소' 등과 같은 조치들만이 아니라 사실은 '주한미군의 전략적 유연성 및 평택미군기지 확장허용'이 미국과 FTA를 맺을 수 있는 보다 중요한 선결조건이었다. 주한미군의 전략적 유연성 허용은 한국군을 아시아 전체를 겨냥하는 주한미군의 하위동맹군으로 확고하게 편입시키고, 주한미군기지를 '중국포위'와 '북한에 대한 예방적 선제공격'을 위한 전초기지로 만든다. 이 과정은 남북한 평화체제의 구축을 불가능하게 만들고 중국과 한국의 관계를 결정적으로 훼손하는 동시에 한·미·일 군사동맹에 대항하는 중국, 러시아, 북한과의 새로운 군사동맹 관계 수립을 재촉할 것이다. 한국의 미국으로 실질적인 합병은 북한의 중국으로 실질적인 합병을 재촉함으로써 남북한 분단체제의 극복과 자주적 평화통일도 불가능하게 만들 것이다'라고 주장하였다.

반면에 2006년 2월 3일 미국의회에서 한미FTA 협상개시를 선언하는 자리에서 김종훈 한미FTA 수석대표는 '한미FTA는 한미 간 상호방위조약에 이은 경제동맹'이며, '중국, 일본에 앞서 미국과 거래를 탄탄하게 해놓는 것이 한국이 동북아에서 한층 주도적인 역할을 하는 것'이라고 말하였다. 또한 한미FTA 협상개시가 선언 되었을 때 중앙일보 등은 사설에서 '한미FTA 체결이 한미 동맹을 강화함으로써 한국의 국제적 입지와 위상을 높이고, 이를 통해 한국이 동북아 지주국가 내지 동북아 FTA 허브국가로 도약할 수 있을 것이다'라는 등의 주장을 해왔다. 이는 한미FTA의 성사가 한미 동맹의 강화에 중요한 역할을 할 것이며, 나아가 향후 동북아정세의 변동에 능동적으로 대응할 수 있는 유력한 지렛대를 구축할 수 있다는 견해 등을 밝혀온 것이라 할 수 있다.

이 같은 한미FTA에 대한 상반된 견해는 한국 내부의 정치사
회정세를 그대로 드러낸 것이며, 이 같은 태도는 한국의 미래 국
가전략과 이에 따른 동북아정세의 변화에 중요한 영향을 미치게
될 요소라고 할 수 있다.

격변하는 한반도 정세

9·11테러 사태와 미국의 세계전략의 변화

9·11테러 사태 이후 미국의 대외 전략가들은 미국과 소련을
중심 축으로 한, 동서 양진영의 냉전질서가 소련, 동구 사회주의
권의 해체와 함께 탈냉전 과도기를 맞이했으나 9·11테러를 겪으
면서 다시 한번 테러와 반테러의 두 진영으로 새롭게 형성되고
있는 것으로 평가하고 있다. 또한 9·11테러 이후 미국의 대아시
아 정책에서 중요한 변화가 있었던 것은 소위 '중국위협론'에 입
각하여 일본과의 농맹관계 강화, 미사일방어(MD)체제 구축 등으
로 중국을 견제하는 정책을 추구해온 것이다. 이는 탈냉전 이후
미국 중심의 새로운 세계질서를 구축하는 과정에서 반테러전과
더불어 대중국 견제를 전략적으로 가장 중요한 과제로 설정하
고 있다고 할 수 있다. 물론 이같은 중국에 대한 견제전략은 공

공연하게 추진되었던 것은 아니며 대외적으로는 '전략적 협력자' 내지는 '전략적 이해관계자' 등으로 표현하면서 외교적인 언행을 취하는 것과 복합적, 중층적으로 추진해 왔다고 할 수 있다. 이 같은 중국에 대한 견제전략은 더욱 구체화되고 강화되어 가고 있다고 평가할 수 있고, 미국이 21세기 대외정책의 중요 목표를 중국 견제에 두고 있다고 할 수 있다. 부시정부는 중국을 키신저류의 '전략적 협력자'가 아닌 새로운 '전략적 경쟁자'로 규정하고, 중국에 대한 견제와 압박을 강화하는 정책을 치밀하게 전개해 나가고 있는 것이다.

그리고 부시정부는 세계의 폭정종식이라는 목표를 위해 모든 국가와 문화의 민주주의 운동과 제도의 성장을 모색하고 지원하는데 두겠다고 공언하고 있다. 구체적으로는 3대 외교과제로 민주주의 공동체의 단결, 민주주의 공동체의 강화, 자유와 민주주의의 지구적 확산을 들고 있다. 이 말은 단순한 수사학적 표현이 아니다. 3개의 자유의 동심원을 그리겠다는 것이다.

첫째, 동심원은 미국식 자유민주주의를 공유할 수 있는 유럽과 동아시아의 동맹국가들을 포함하고 있다. 둘째, 동심원은 자유민주주의를 선택하고 추진하는 국가들을 포함하고 있으며, 이들의 노력이 열매를 맺도록 지원한다는 것이다. 마지막으로 폭정의 전초기지로서 쿠바, 미얀마, 북한, 이란, 벨로루시, 짐바브웨의 6개국을 들고, 이 지역에도 자유와 민주주의를 전파하는 외

미중 신냉전시대와
한반도 자유통일 국가 전략

교를 추진하겠다는 것이다.

미국은 이의 구체적 실현을 위해 동북아에서 두 개의 중요한 정책을 추진해왔다. 첫째, 주한미군의 전략적 유연성의 추진이다. 9·11사태 이후 미국의 세계 전략 변화에 따른 '해외주둔 미군 재배치 계획'이 주한미군의 감축 및 재배치 결정의 주요 배경으로서 역할을 하고 있다. 부시 행정부는 반테러전쟁의 효율화를 위해 미군 병력구조의 개편작업에 착수하게 된 것이다. 해외주둔 미군 재배치 계획의 핵심은 기본적으로 탈냉전과 9·11사태를 경험한 미국이 미군의 경량화, 기동화, 신속화를 통해 전세계적 수준에서 불확실하고 다양한 위협에 효과적으로 대응하겠다는 것이다. 해외주둔 미군 전체를 신속 기동군 형태로 전환하고 재배치를 추진함으로써 효율성을 극대화하겠다는 것이다. 이러한 원칙에 따라 지난 2006년 1월 19일 한미 양측은 주한미군의 '전략적 유연성'에 합의를 하였다.

둘째, 미·일 군사동맹의 강화이다. 주일미군 재편 논의는 사실상 중국위협에 대한 대응책에 초점이 맞춰져 있다. 즉 미일 동맹의 강화와 일본 안보정책의 변화는 '일본 경계론' 그 이상의 의미를 갖는다. 일본과 한반도 남쪽에 주둔하고 있는 미군의 재배치는 반테러전과 대량 살상무기 등의 위협에 대처하기 위한 측면 뿐만아니라 이 지역에서 '미국의 전략적 경쟁자'로 지목된 중국을 사전에 견제, 제압하려는 목적으로 이루어지고 있는 것이다. 미국은 나아가 중국에 대한 포위전략 차원에서 일본, 호주, 한국 등과의 동맹을 강화시키기 위한 다양한 노력을 하고 있을 뿐만 아니라 지금까지 일정한 거리를 두고 지내왔던 인도까지도 전략적인 협력자로 만들기 위한 정책을 펼쳐 나가고 있다.

화평굴기하는 중국

위와 같은 미국의 세계 전략과 대중국 전략에 대해 중국은 대단히 신중하면서도 조심스럽게, 그렇지만 치밀하고도 무서운 기세로 미국의 견제를 뚫고 세계 중심 국가로 부상하고 있다.

중국은 비교적 일관된 방침으로 대미정책을 추진하고 있는데, 중국의 강대국 외교에서 미국은 핵심적인 위치를 차지한다. 그동안 중국은 미국과 갈등은 최소화하고 협력은 최대화하여 국내 경제적 발전과 대외 영향력 확대에 유리한 국제환경을 조성한다는 방침을 추진해 왔다. 이는 중국의 경제발전을 위해서는 미국의 시장, 자본, 기술이 필요하기 때문이다. 또한 중국의 국제적 지위를 제고하기 위해서는 탈냉전기 세계 유일의 초강대국인 미국의 협조가 필요하기 때문이다. 다만 중국은 미국이 자국의 부상을 견제하기 위해 정치, 경제, 안보 분야에서 다양한 반중국 정책을 추진하고 있다고 믿고 있다.

한편 최근 미국과 중국은 몇 가지 쟁점을 둘러싸고 일정한 갈등을 빚어왔다.

미중 신냉전시대와
한반도 자유통일 국가 전략

첫째, 통상문제가 있다. 지난 몇 년동안 미중 교역은 급속히 증가하였고, 이를 통해 양국은 모두 이익을 얻었다. 예를 들어 중국 통계에 의하면, 2001년과 2005년 사이 양국 교역량은 매년 27.4%가 증가했고, 미국의 대중 수출도 같은 기간 동안 21.5%나 증가했다. 이는 2005년 미국의 대중 수출이 2001년보다 118%가 증가한 것으로, 같은 기간 미국의 전세계 수출증가율의 5배에 달한다. 그 결과 현재 미국은 중국의 제2위의 교역국, 중국은 미국의 제3위의 교역국이 되었다.

문제는 양국간 교역에서 미국의 무역적자가 해마다 증가했다는 점이다. 예를 들어 2005년의 경우 미국은 대중국 교역에서 약 2010억 달러의 무역적자를 기록했다. 이 때문에 미국은 중국에 대해 다양한 통상압력을 가해왔다. 이중에서 미국이 가장 중시하는 것이 바로 위안화 평가절상과 지적재산권 보호이다. 2006년 2월 미 국무성 통상대표부가 작성한 보고서도 이 문제를 심각하게 제기했다. 중국은 미국의 거세지는 통상압력에 대해 일부는 수용하고 일부는 거부하는 정책을 추진했다. 후진타오 주석의 방미를 앞두고 우이 부총리가 통상사절단을 이끌고 미국을 방문하여 160억 달러의 구매를 성사시킨 것이나 미국의 지적재산권 보호를 위해 중국이 좀더 강력한 법적, 정책적 조치를 취하기로 결정한 것은 이를 잘 보여준다. 그러나 미국 정부는 이런 정책이 비제도적이고 일시적이라는 점과 실제 집행에도 큰 문제가 있을 것이라는 점을 들어 회의적인 반응을 보였다. 특히 중국의 환율제도에 대해 미국은 큰 불만을 갖고 있다.

둘째, 미국은 이란과 북한의 핵문제를 중심으로 한 반테러, 반확산에 대해 중국이 비협조적이라고 생각한다.

이란 핵문제의 경우, 중국은 미국의 요구에 따라 이 문제를 유엔 안보리에 회부하여 논의하는 것에는 찬성하지만 이란에 대해 군사적, 경제적 제재를 가하는 것에는 반대한다. 중국은 국제문제의 평화적 해결 원칙을 주장하지만, 미국이 보기에 이는 이란의 석유자원을 확보하기 위한 중국의 이기적인 변명일 뿐이다. 중국이 석유자원 확보를 위해 대표적인 비민주, 반인권의 불량국가로 비난받는 수단이나 짐바브웨를 지원하는 것도 미국의 입장에서는 불만이다. 북핵문제와 관련하여 미국은 북한에 대해 실질적인 영향력을 행사할수 있는 중국이 비협조적임으로 인해 이 문제가 제대로 해결되지 않고 있다고 본다.

셋째, 군사력 증강과 인권, 민주주의 등과 관련된 중국의 국내문제이다.

미국 국방부는 2006년 2월의 (4년 주기 국방태세 점검) *NNIALD EFENSE REVIEW REPORT*에서 이전과는 다르게 약 3쪽의 지면을 할애하여 장래에 '미국과 군사경쟁을 벌일 수 있는 잠재력을 갖춘 국가'로 중국을 지목하면서 이에 대한 대비를 강조했다. 이에 대해 중국은 미국이 '중국 군사위협론'을 또 다시 조장하고 있다

미중 신냉전시대와
한반도 자유통일 국가 전략

고 강력히 비난했다.

또한 미국 국무성은 2006년 3월 8일에 발표한 (2005년「각국의 인권실태보고」)에서 반체제 인사에 대한 탄압과 구속증가, 언론매체와 인터넷에 대한 통제 강화를 들어 2005년 중국의 인권상황이 악화되었다고 발표했다. 이에 대해 중국은 바로 다음날 (2005년「미국 인권기록」)을 발표하여 미국이 국내 및 전세계에 자행하고 있는 다양한 인권침해 사례를 조목조목 제시함으로써 미국의 주장을 반박했다. 그 밖에도 미 국무성은 2006년 3월 (「국가안보전략」)에서 폭정종식과 민주확산을 외교목표로 제시함으로써 암묵적으로 중국의 공산당 일당체제와 인권탄압을 비판했다(조영남, '중국후진타오 국가주석의 미국방문 내용과 평가'「미래연 논단」 2006. 4. 27)

중국은 미국과의 관계에서 경제발전을 위해서는 반드시 필요한 협력자이지만, 향후 정치·군사적으로 아시아의 패권과 세계의 패권을 다툴 핵심적인 경쟁자라는 측면 때문에 상호관계에서 이중적이고 중첩적인 양상을 보이고 있다. 특히 미국의 대중국 포위전략에 맞서 러시아 등과 '상해협력기구'의 구성 등을 통해 미국에 대해 조심스럽지만 치밀하게 대응해 나가고 있는 모습을 보이고 있다. 상해협력기구는 2001년 중국과 러시아, 중앙아시아 4개국(우즈베키스탄, 카자흐스탄, 키르기스스탄, 타지키스탄) 등 6개국으로 설립되었으며, 올해 정상회의는 키르키스탄에서 개최되는데, 이번 정상회의에는 이란, 인도, 파키스탄 등 6개국 정상과 각료들이 옵서버 자격으로 참가하며, 이 가운데 이란은 지난해에 이어 아마디네자드 대통령이 참석한다고 한다. 핵문제 등으로 미국과 대립하는 이란이 회원국이 될 경우, 상해협력기구는 미국에 대항하는 지역기구 성격이 더욱 강해질 것으로 예상된다.

'아시아의 영국'으로 미·일동맹 강화, 군사대국화로 가는 일본

21세기에 들어서서 미국은 9·11테러 사태를 계기로 새로운 세계전략으로 대아시아 정책을 추진하고 있는데, 그 핵심에는 대중국 견제와 미일 동맹의 강화가 있다고 할 수 있다. 특히 미국은 중국과의 경제적 측면에서 상호 의존도의 심화와 협력적 요소의 확대가 분명한 현실이지만, 정치적, 안보적 측면을 중심으로 한 국가전략이라는 측면에서 보면 미국의 대아시아 전략 구도에서 일본의 비중은 그 어느때 보다 높아지고 있다고 판단된다. 이 같은 미국의 대일본 정책 구상은 일본의 전후 정치과정에서 등장한 소위 '보통국가화' 전략과 맞물려서 진행되고 있다고 할 수 있다.

1990년대 전반이 보통국가론으로서의 보수가 전면에 부각된 시기였다면 1995년을 기점으로 하여 반동적 보수로서 '우익'이 정치권에 등장한다. 본래 우익이란 좌익(쟈코뱅)에 반대되는 일

미중 신냉전시대와
한반도 자유통일 국가 전략

반적인 언어이나, 일본의 경우 이는 특수한 의미를 갖는다. 우익은 '천황존승의 국가주의'로서 전전부터 지속되어온 정치세력으로 전후 특히 1980년대 등장한 '우경화'란 언어는 '우익'화의 경향을 일컫는 것이다. 1982년 교과서에서 '침략'이란 표현이 삭제되면서 시발된 교과서 파동 속에서 혁신세력이 주도적으로 사용한 우경화는 역사왜곡의 의미를 강하게 띤다. 우익은 전전의 부활 즉 천황제 국가의 부활을 요구하기 때문이다. 이들이 등장하게 된 배경에는 90년대 중·후반 일본이 마주친 미증유의 금융위기와 이에 따른 국민적 폐색감이 작용하였다. 전후 고도성장을 이룬 발전국가 체제에 대한 신뢰의 상실, 기성정치에 대한 불신, 사회적 신뢰의 동요가 대중적으로 확산되는 속에서 우익은 기성체제에 대한 반동적 대안을 모색한다. 이들은 일본사회가 급속한 세계화, 미국화의 흐름속에서 공의 쇠퇴, 도의와 윤리의 피폐가 진전되고 있다는 문제의식 속에서 영광스러운 과거를 복원함으로써 국민적 정체성을 확립하고 사회통합의 기제로 활용하려는 전략적 시도를 보인다.

예컨대 전전 일본은 공 즉 국가를 위해 목숨을 버리고자 하는 윤리가 확립되어 있음을 강조하면서 이를 부활시켜 현재적 곤란을 타개하려는 것이다. 그런데 본래 보수가 그러한 것처럼 일본의 보수 역시 '복잡한 공간' '복수의 공간'이다. 1955체제라는 보혁구도가 혁신 정당의 몰락으로 총보수화 하였더라도 보수는 여전히 복수의 집단이 복수의 이념을 갖고 뛰는 복잡한 공간이다. 문제는 이러한 이념적 다원성과 복잡성을 반영하는 정치, 정당 체계가 만들어지지 않고 있다는 점이다. 서로 다른 이념과 정책 프로그램을 담는 정당간의 경합은 존재하지 않고 자민당 내에도 다양한 그룹들이 공존, 경합하고 있다. 현재 보수는 보수본류, 보통국가론, 우익으로 나뉘어질 수 있다. 그렇다면 이들간 힘의 우열은 어떻게 드러나고 있는가? 보수 본류는 상대적으로 소수가 되어가고 있다고 본다.

또한 우익 역시 여전히 소수파다. 실제 정책의 흐름을 보면 일본의 국제적 책임을 강조하고 미일 동맹의 강화에 의해 아시아·태평양지역에서의 보다 적극적인 역할분담, 자위대의 해외파견 등에 의한 UN협력을 강화하겠다는 보통국가론이 정책에 반영되고 있다.(손열 '변화하는 일본의 복잡한 보수' 「미래연논단」 2006. 7. 10)

따라서 현재 일본은 미국의 세계 전략 구도, 대아시아 전략 구도의 핵심인 대중국 견제라는 정책 흐름하에 '2차대전 책임론'이라는 역사적 굴레를 반세기만에 벗어던지고 소위 '보통 국가화' 내용적으로는 군사 대국화의 길로 치닫고 있는 것이다. 그 결과 아시아에서는 중국과 미국을 등에 업은 일본간의 새로운 패권 경쟁이 내용적으로 심화되고 있는 것이다.

미중 신냉전시대와
한반도 자유통일 국가 전략

동북아 정세의 변화와 한국의 전략

미국의 세계 전략의 변화, 화평굴기하는 중국, 보통 국가화, 군사 대국화로 나가는 일본이라는 커다란 변화의 물결 속에서 동북아 정세는 심각한 변동국면으로 진입하고 있다. 특히 북핵 문제, 북한 문제를 어떻게 해결할 것인가, 해결될 것인가와 연관되어 우리의 전략적 대응이 그 어느때보다 중요하게 요구되고 있는 것이다. 이 같은 조건에서 1차적으로 동아시아, 동북아시아의 정세흐름에 대한 객관적인 이해가 필요하다고 판단된다.

동아시아 지역주의에 대한 미국의 기본 입장은 애초부처 동아시아의 독자적인 지역주의 발전에 비협조적이었다. 비협조 정도가 아니라 노골적인 반대의사를 표명한 경우도 여러 번 있었다. 예컨대 말레이시아의 마하티르 모하메드 수상이 1990년과 1991년 각각 '동아시아 경제그룹(EAEG)'과 '동아시아경제회의(EA EC)'의 창설을 제창했을 때 미국은 일본과 한국 등에 대하여 이에 참여하지 말 것을 강력히 요구하였다. 미국은 동아시아에서의 영향력 감소를 우려하여 자신이 배제된 형태의 지역통합체가 역내에 건설되는 깃에 대해 서부삼을 표해왔다는 것이다.

동아시아에 대한 미국의 FTA정책을 살펴보면 한국이 미국에 대하여 ASEAN 주요국과 크게 다를 바 없다는 사실을 알 수 있다. 한국은 동북아에서 미국 양자주의 통상정책의 유일한 대상이다. 미국은 싱가포르와 태국에 이어 ASEAN의 세 번째 상대국인 말레이시아와 FTA협상을 개시할 무렵 동북아국가인 한국과도 같은 협상판을 펼쳤다. EAI 등에 의해 체계적으로 준비해온 것도 아니지만 오히려 한국과의 FTA 협상은 태국이나 말레이시아 보다도 훨씬 신속하고 효율적으로 진행됐다. 한국의 적극성 덕분이었다. 다른 두 ASEAN 국가들이 주로 국내사정을 이유로 미국과의 FTA협상을 수차례 연기한 것과는 달리 한국은 시작한 지 10개월 만에 협상을 타결해줬다. 국내 비준을 무사히 통과하여 한미FTA가 발효된다면 미국에겐 가장 확실하고 효과적인 동아시아 침투경로가 그것도 동남아가 아닌 동북아에 하나 구축되는 셈이 된다.(최태욱, '한미FTA와 동아시아 지역주의'「미래연논단」 2007. 6. 12)

세계질서를 주도하는 미국의 입장에서 동아시아에 대한 전략 구도의 핵심은 중국에 대한 견제와 이를 위한 미일 동맹의 강화라고 할 수 있다. 그리고 이 중심축에 기초하여 동아시아 지역 공동체를 주도하려고 하는 중국에 대한 대응 정책을 추진하고 있는 것이다. 그런데 미국은 이 같은 구도하에서 정치·군사적인 측면에서 미일 동맹을 강화시키는 것을 추진하는 과정에서 동북아시아에서 한국의 의미있는 역할을 기대하는 차원에서 한미 FTA를 추진하였던 것이다.

미중 신냉전시대와
한반도 자유통일 국가 전략

한미FTA의 국가 전략적 의미와 안보

심화되는 북한 경제의 중국 의존도

2005년 10월 후진타오 방북때 북과 맺은 경제 기술협력 협정은 북·중간의 경제협력이 달라질 것을 예고한다. 또한 북·중 경제협력과 공동발전의 모색은 후진타오 방북에 앞서, 우이 부총리 일행의 방북에서도 잘 나타났다. 우이 부총리는 방북시 양국의 경제, 무역과 관련 양국 정부가 책임을 지고, 시장원리를 기반으로 하며, 민간기업이 주도적 역할을 담당한다는 3개 원칙에 합의했다. 또 우이 부총리 일행의 방북에 동행했던 중국 우쾅 집단이 석탄 시굴 관련 합병회사를 설립하기로 북과 합의했다. 중국의 중강그룹은 북의 대표적인 철광인 무산철광을 공동으로 개발하기로 합의했다. 중국 후난성 농업과학원은 북의 농업과학원과 협정을 맺고, 농업기술 전수에 본격적으로 나서기로 합의했다. 이러한 일련의 흐름은 과거 중국이 북에 대해 기본적인 최소 원조와 협력에만 그쳤던 것과는 완전히 다른 양상이다. 이를 단적으로 보여주는 상징이 10월 10일에 맞춰 조업을 개시한 대안 친선유리공장이다. 북한과 중국간의 경제 기술협력 협정 체결은 미국에 의한 대북 경제압력을 정면으로 거스르는 중국의 정치적 선택의 의미도 담겨있다.

북·중 정상회담을 계기로 앞으로 북·중경협은 더욱 강화될 것으로 보인다. 이는 북이 현재 요구되는 에너지, 식량 및 설비 현대화를 위한 중국과의 경제협력은 앞으로의 북한경제 회복에 도움이 될 것은 분명하다. 반면에 북한경제의 대중의존도 심화라는 우려가 커지고 있다.

그리고 북한의 김정일은 지난 2005년 1월 세계의 이목을 집중시키면서 중국을 방문하여 등소평의 개혁개방을 촉진시키기 위한 대표적 행보로 꼽히는 '남순강화(南巡讲话)'를 연상시키는 중국의 경제특구 등을 방문하는 등 8박9일의 방중일정을 진행시켰다. 김정일의 방중은 북핵문제 해결을 위한 6자회담이 교착된 상태에서 미국의 달러위폐 문제 등을 제기하면서 압박하자 이에 대한 북한, 중국의 공동대응에 대해 협의하는 정치적 목적과 북한이 최악의 경제위기를 벗어난 상태에서 향후 경제발전 전략의 추진과정에 중국과의 경제협력강화라는 경제적 목적 두 가지를 가졌다고 할 수 있다.

이와 같은 후진타오와 김정일의 상호 방문 과정을 거치면서 2006년도는 북·중관계가 경제적 의존도의 심화를 기반으로 하여 새로운 관계모색을 해 나가는 시기라고 평가할 수 있을 것이다.

10·9 북핵 실험 사태와 한반도 정세의 변화

그런데 2006년 10월 9일의 '북한의 핵무기실험 사태'는 한반도 정세를 근본적으로 바꾸어 놓고 있다. 이는 2001년 9·11 테러사

미중 신냉전시대와
한반도 자유통일 국가 전략

태로 인한 세계정세의 변화와 더불어 최근 수년 동안 전개되고 있는 한반도 정세의 중대한 변화의 또 다른 중요한 축으로 역할을 하고 있다. 북한의 핵무기 실험사태는 10월 9일을 전후로 해서 미국 페리 전 국방부장관의 '정밀 폭격론'의 제기 등과 북한의 준전시 상태 돌입 등을 통해서 확인되었듯이 한반도를 준 전시 상태로 몰아가는 긴장고조 국면을 가지고 난 뒤 최근에는 새로운 변화가 모색되는 국면으로 전환되고 있다.

필자는 2005년 경 중반기부터 북한이 '파키스탄 모델'로 가게 될 것이라는 경고를 해왔다. 그 내용은 북핵문제는 경제적·정치군사적·체제적 차원의 해법과 로드맵을 포함하는 일괄타결 해법을 가지고 접근해야 하며 그 시기는 늦어도 2006년 중반기 까지 해결해야 하는데 그렇지 못하면 북한은 정권 차원의 핵무기 보유 버티기를 통해 파키스탄 모델로 가게 될 것이라고 예측했었다. 왜냐하면 첫째, 2005년 상반기 까지는 미국이 북핵문제를 해결하고자 하는 상대적으로 강한 의지와 긴장도를 가지고 문제에 접근했었다면 중반기 이후에는 이라크 전의 수렁, 이란 문제 등이 지속적으로 악화되어 왔었고 미국 국내 문제까지 가중되면서 북핵 문제에 집중할 수 있는 여력이 나날이 축소되어 온 과정이었다고 할 수 있다. 그리고 이 같은 미국의 긴장도 이완은 중국의 대북정책에도 영향을 미치게 된다.

둘째, 북한정권 차원에서는 체제 전체적인 차원에서 북·미 관계를 개선하면서 전환을 시도할지 정권유지를 최우선적으로 고려하면서 핵무기 보유 버티기 전략을 지속시켜 나갈지 갈림길에 놓여 있었는데 지난해 상반기를 거치면서 후자의 전략을 중심으로 방향설정을 한 것으로 보인다. 이와 같은 두 가지 핵심요인 등이 영향을 미치면서 9·19 공동성명은 문제해결이 아닌 봉합상태로 결과가 나오게 된 것이다. 그 배경에는 미국이 자의반, 타의반 정책을 변경한 것인데, 타의란 이라크전, 이란문제에 매달리면서 힘의 한계가 있었던 것이며, 자의란 대북 정책의 중심을 중·장기적인 체제 전환에 두면서 정치·군사적 압박도 진행하지만 더욱 주요하게는 사회·경제적 매개고리를 활용한 포괄적 압박전략으로 전환한 것이다.

그리고 북한은 이 같은 정세변화를 정확히 읽고 이에 대한 대응으로 2005년 하반기 이후에는 중국과의 경제협력을 중심으로 한 유대강화에 힘을 기울인 것이다. 결과적으로 북한은 국가 전체적인 이익은 아닐지라도 북한정권 차원의 외교 전략은 중대한 성과를 올린 한 해였던 것이다.

그 이후 2006년 10. 9일 북한은 핵실험이라는 초강수를 통해 북·미 직접협상을 시도하게 되는데, 치열한 긴장국면을 거쳐 미국은 북한의 요구에 응하게 되었던 것이다.

2006년 11월 부시는 노무현대통령과의 하노이 정상회담에서 북한이 핵무기를 폐기할 경우 노무현과 부시와 김정일이 한국전

미중 신냉전시대와
한반도 자유통일 국가 전략

쟁의 종전선언에 함께 서명을 하자고 제의한 바가 있었다. 그 이후 12월에 베이징에서 열린 6자회담에서 미국은 북한에 의미 있는 제안을 한 것으로 알려졌으며, 특히 올해 이달 중순 독일 베를린에서 열린 크리스토퍼 힐 미 국무부 차관보와 북한의 김계관 외무성 부상간의 양자협상에서 그동안 핵심적인 걸림돌 역할을 했던 BDA의 북한자금에 대한 제재문제의 해결을 포함한 중요한 진전이 있었다고 한다.

9·11테러 사태 이후 미국의 세계전략에서 핵심적인 문제로 떠오르는 것은 먼저 이라크전의 성공적 마무리를 포함한 중동 문제의 효과적인 해결을 들 수 있으며, 다음으로 대량살상무기의 비확산 문제인데, 그 핵심은 북핵 문제의 해결이라 할 수 있다. 그런데 이 두 가지 문제에 있어서 우선 순위는 이라크, 이란 등 중동문제라고 할 수 있다. 그리고 북핵문제의 해결도 지난 해 10·9 북한의 핵실험 사태 이후 긴장고조국면을 거치고 난 뒤에는 북한의 핵보유를 현실적으로 인정하고 미래핵의 동결과 비확산을 현실적인 과제로 상정하고 있는 것으로 보인다.

부시성부는 이 같은 현실을 공화당의 참패로 끝난 미국의 11월 중간선거 결과이후 불가피하게 수용할 수 밖에 없었다. 이는 럼스펠드 전 국방부장관과 존 볼튼 유엔대사의 퇴진 등으로 표현되었으며, 이후 라이스 국무장관 주도로 현재의 국면전환을 추진하고 있는 것이다.

현재 진행되고 있는 북미협상의 본질은 북핵의 불완전한 관리체제 구축문제라고 할 수 있다. 미국은 우선 이라크, 이란 등 중동문제의 해결에 발이 많이 묶여있는 상태에서 북핵 문제의 해결에 집중할 수 없는 상황이다. 따라서 미국은 차선책으로 현재 국면에서는 북핵 문제의 완전한 해결은 유보한 채 북핵 문제를 과도적으로 불완전하게나마 관리할 수 있는 시스템을 구축할 것을 원하고 있는 것이다. 불완전한 관리의 핵심은 과거핵의 완전한 해결은 유보하고 미래핵의 동결과 비확산을 관철시키는 것이라고 할 수 있다. 이를 반영하고 있는 것이 최근 라이스의 이란 핵 개발과 북한 연루설에 대한 분명한 차단 발언과 북한 역시 비확산에 대한 분명한 입장표시를 한 것을 통해 나타나고 있다.

그리고 미국은 북한의 핵 동결과 비확산 선언을 대가로 종전선언을 추진하고 있는 것이며 이의 현실적인 타결의 모양새를 미·남·북 3자의 정상회담을 통한 서명을 추진하고자 하는 것이 부시의 하노이 제안의 본질인 것이다.

2·13 북핵 합의와 북·중 갈등 문제

지난 2·13 베이징 북핵 합의 이후에 북핵 문제가 불완전하지만 '북핵 동결과 비확산'이라는 과제의 해결을 향해 순탄하게 진전될 것처럼 보이다가 문제해결의 첫 번째 관문인 BDA문제가 해결되지 못하면서 장벽에 가로막혀 있었다. 이 때문에 영변 핵

미중 신냉전시대와
한반도 자유통일 국가 전략

시설 폐기 문제도 진전되지 못하고 있고, 남북 관계마저 식량차관 지원 문제 등을 어떻게 할 것인지와 관련하여 골머리를 앓게 되었던 것이다.

2·13 북핵 합의와 관련하여 미국 부시정부는 북한과의 협상진전에서 1차적인 걸림돌이었던 BDA문제를 해결해 주겠다는 분명한 의지를 가지고 있었음에도 불구하고 왜 아직까지 문제가 해결되지 않고 있는가에 대한 정확한 분석이 필요하다. 그래야만 향후 북핵 문제의 근본적인 해결과 나아가 북한 문제의 해결을 기대할 수 있을 것이다.

BDA 문제가 해결되지 않고 있는 이유를 실무적인 차원에서 검토해 보면 알다시피 미국은 BDA에 동결되었던 북한자금을 돌려주고자 했으나 북한은 동결자금의 1회성 반환이 아닌 북한이 국제 금융시스템에서 정상적인 금융거래를 할 수 있게 해달라는 요구를 하였기 때문이다. 부시정부는 북핵 문제 해결에 대한 강력한 의지로 인하여 북한의 요구를 제한적이나마 수용할 수 있는 방안을 다각도로 강구하였다. 문제는 그동안 미국이 북한에 대한 금융제재를 가하면서 북한을 범죄자로 취급하였던 과거의 기록과 충돌 문제 때문에 골머리를 앓았던 것이다.

그런데 북핵 문제를 제대로 해결하기 위해서는 BDA문제가 해결되지 않고 있는 이유를 이와 같은 실무적인 차원에서만 검토하면 향후에도 BDA문제 비슷한 걸림돌을 계속해서 만나게 될 것이다.

2·13 북핵 합의 당시에 크리스토퍼 힐 차관보는 BDA동결 자금 송금문제를 중국은행의 협조를 얻어 해결하려고 하였다. 그런데 중국은 힐의 기대를 저버리고 협조를 거절하였다. 중국이 내세운 표면적인 이유는 중국은행도 국제금융시스템하에 있기 때문에 당국이 마음대로 통제할 수 없다는 것을 내세웠다. 그러나 중국당국의 금융산업에 대한 통제력을 고려할 때 설득력이 약하다고 할 수 있다. 중국이 미국의 협조를 거절한 본질적인 이유는 2·13북핵 합의를 이끌어 냈던 1월의 크리스토퍼 힐과 북한 김계관의 베를린 회동 등을 통해 표출된 북미간의 직접거래, 직접협상에 대한 불만이라고 할 수 있다. 사실 중국은 BDA동결자금 송금문제를 매개고리로 북한과 미국에 몽니를 부린 것이라고 할 수 있다.

지난 2007년 3월 북미관계 정상화를 위한 실무협상차 미국을 방문한 북한의 김계관 외상은 중요한 여러 가지 메시지를 던졌지만, 그중 하나는 북핵문제를 해결하려면 중국을 거치지 말고 북한과 미국이 전면적인 직접협상에 임해야 한다는 것이었다. 사실 북핵 문제의 협상과정을 역사적, 구조적으로 분석해보면 북핵 문제의 해결과 관련하여 미국이 중국의 역할에 대해 일정한 기대를 하고 문제를 접근하는 것이 오히려 문제를 복잡하게 만들고 시간만 낭비한 측면이 있다. 이는 북한의 북핵 실험을 전

미중 신냉전시대와
한반도 자유통일 국가 전략

후한 시기에 북한과 중국의 심각한 갈등과 최근 BDA 동결 자금 송금 문제를 둘러싼 중국의 태도 등을 통해 분명히 확인되고 있다. 이에 따라 북핵 문제의 해결과 관련한 중국 역할론은 소멸해 나갈 것으로 보인다.

최근 미국 대학수학능력시험 교재에서 한국사 최초의 국가를 신라로 표기하여 논란이 일고 있는데, 이는 중국이 수년 전부터 치밀하게 추진하고 있는 동북공정의 세계화 전략의 한 표현이라고 할 수 있다. 이 같은 중국의 대국 쇼비니즘적 태도에 대해서는 중국의 주은래 전 총리도 비판한바 있지만 개혁·개방 이후 경제력·군사력 증강에 기반한 최근의 추세는 스스로 제어하기 힘든 상황으로 가고 있다고 판단된다. 이에 대해 남한에서도 분개하는 사람들이 많지만 북한은 단순하게 분개하는 차원을 넘어서서 심각하고도 실질적인 위협을 느끼고 있다고 한다.

현재 북한은 에너지의 3분의 2, 식량의 3분의 1을 포함해 대부분의 생필품 공급을 중국에 의존하고 있는 상태이다. 이는 필연적으로 정치적으로도 개입과 종속의 가능성을 확대하게 된다. 수년전부터 북한지도부는 이 문제를 심각하게 검토하면서 북한 내 친중국파에 대한 견제를 강화해왔다. 북한 정권이 체제 전환 문제로 위협을 느끼는 대상은 미국보다 중국이 훨씬 구체적이고 실질적인 주체인 셈이다.

이 같은 상황인식은 지난 3월 김계관의 워싱턴 방문시 '미국이 중국에 대한 견제 카드로 북한을 이용할 수 있는 것 아닌가'라는 발언으로 이어진다고 할 수 있다. 북한의 위의 동북공정에 대해서도 자신들의 실질적인 뿌리인 고구려사, 발해사를 민족사에서 없애 나가는 것에 대해서도 남한보다 훨씬 강한 분노와 위협을 느끼고 있다고 한다. 다만 중국에 대한 심각한 경제종속 등의 문제 때문에 공식적인 언급을 자제하고 있을 뿐이다. 이 같은 분석에 기초하여 지난해 10월 9일 북한의 핵실험도 미국을 겨냥한 측면도 있지만 이와 동시에 중국을 겨냥하였다는 주장도 설득력 있게 제기되고 있는 것이다. 실제 북한의 핵실험 이전에 중국은 강력히 반대했었고, 핵실험을 전후로 한 시기에 북한과 중국은 심각한 갈등을 노정시켜왔다. 뿐만 아니라 최근의 BDA문제 해결과정에서도 중국은 위에서 살펴본 것처럼 미국과 북한에 비협조적인 태도를 취해왔었다.

한국과 미국정부는 북한과 중국의 상호관계에 대한 수년 동안의 변화과정을 역사적·구조적으로 분석하고 이에 기초하여 북핵문제, 북한 문제에 대한 해법을 세워야 실질적인 해결이 가능할 것이다. 핵심적으로는 최근 수년 동안 북한은 중국에 대한 경제적 종속의 심화과정에서 정치적 개입 혹은 종속에 대한 심각한 정권적인 위협감을 느끼고 있다는 것이다. 이 같은 북한과 중국에 대한 이중적인 상황에 대한 인식을 복합적으로 정확하게 이해 하는 것이 대단히 중요한 것이다.

미중 신냉전시대와
한반도 자유통일 국가 전략

그리고 이같은 상황인식에 기초하여 미국은 북핵 문제, 북한 문제에 대한 중국 역할론에 대한 기대는 접고 현재보다 더욱 확실하게 북미 간의 직접협상을 추진할 필요가 있는 것이다. 또한 한국정부 역시 어정쩡한 우회적 협상을 추진하기보다 강력한 한미 동맹에 기초하여 남북 간의 깊이있는 실질적인 협상을 통해 북미 간의 협상과 더불어 두 개의 수레바퀴가 상호보완적으로 진행될 수 있도록 지혜로운 역할이 필요한 것이다. 이 같은 맥락에서 한미FTA는 한미 동맹의 한 단계 발전을 이루어 낼 수 있는 커다란 지렛대 역할을 할 수 있을 것이고 나아가 북핵 문제, 북한 문제의 해결에도 전략적으로 중요한 역할을 할 수 있는 것이다.

한미FTA는 어떤 배경에서 나온 것인가?

미국은 21세기 최대의 경쟁자로 중국을 상정하고 있는 것은 불문가지이며 이에 따라 대 동북아시아 전략구도를 미일 동맹, 한미 동맹의 강화를 통해 대응하고자 하고 있다. 이 같은 구도 하에서 지난해 9·19공동성명 이후에는 좀더 정교하게 대 한반도 전략을 구사하고 있는데, 그 내용은 2005년 11월 17일 한미 정상회담의 결과로 나온 '경주 공동선언'에 잘 나와 있다.

한미 동맹, 북한 핵문제, 남북관계 및 평화체제 구축, 경제 통상관계, 지역 및 범세계적 협력의 순서로 되어있는 공동선언을 내용적으로 분석해보면 북핵 문제, 북한 문제의 중장기적 접근, 한미간의 군사협력 강화을 위한 전략적 유연성에 대한 합의 추진, 경제협력의 강화를 위한 FTA의 추진이라고 할 수 있다. 그리고 이 자리에서 양국은 장관급 전략대화를 가지기로 합의하였고, 이에 따라 2006년 1월 19일 워싱턴에서 반기문 외교장관과 라이스 국무장관의 제1회 '한미 장관급 전략대화'에서 주한미군의 전략적 유연성 문제에 대한 합의사항을 발표하였던 것이다. 이어서 2월 3일 한미FTA협상 개시를 선언하게 된 것이다.

미국은 아시아 권에서 한국과 말레이시아를 FTA협상 대상국으로 선택하였는데 그 배경은 대중국 포위전략과 연관된 것이라고 할 수 있다. 그리고 동북아에서 일본에 앞서 한미FTA를 추진한 것은 한반도가 친중국으로 기우는 것에 대한 경계심이 핵심적인 배경이라 할 수 있다. 북한의 중국에 대한 경제적 종속화가 가속화 되고 있고 남한도 중국과의 경제적 의존 정도가 높아가는 상태에서 이를 견제하기 위한 적극적인 전략이 필요했던 것이고 그 전략의 구체적 내용은 동맹의 물질적 토대를 굳건하게 해 나갈 수 있는 한미FTA였던 것이다.

동북아 질서의 중대한 변동시기에 이 같은 미국의 전략적 선택은 노무현대통령의 2005년 이후 변화되고 있는 현실주의적 사고 경향을 반영한 한미관계의 우호적 추진이라는 정치적 선택과 결합되어 한미 합의하에 FTA가 추진되었던 것이다.

미중 신냉전시대와
한반도 자유통일 국가 전략

그런데 한국사회의 범진보 좌파 진영에서는 민주노총, 전교조, 참여연대를 핵심으로 하여 '한미FTA저지국민운동본부'에서 2006년 4월 15일 1만여 명이 가두시위를 하면서 본격적인 반대투쟁을 선언하였고 다른 한편에서는 4월 16일 범중도 진영과 범보수 우파 진영인 선진화 정책운동, 시민과 함께하는 변호사들, 기독교사회책임, 바른사회시민회의, 자유주의연대, 뉴라이트전국연합 등이 연대하여 '바른FTA실현 국민운동본부'를 결성하여 정부의 한미FTA 추진에 대해 비판적 지지를 선언하였다.

한편 한국과 미국은 2006년 4월 18일 워싱턴에서 한미FTA 제2차 사전 준비협의를 갖고, 17개 협상분과를 구성하는 방안에 합의하는 등 공식협상을 위한 기본틀을 확정하는 등 한미 FTA협상을 본격화시켰다. 이에 대해 한미FTA를 반대하는 측에서는 한미FTA가 제2의 을사늑약으로 가는 길이며, 우리가 미국의 51번째 주가 될 것이라느니 비판의 목소리를 높이고 있고, 찬성하는 측에서는 반대측의 주장은 구한말 쇄국을 통한 망국의 길을 되풀이하고자 하는 반역사적 행위라고 비판한바 있다.

현재 동북아정세는 격변의 시기로 돌입한 상태이다. 중국의 급격한 부상에 따른 미일 동맹의 강화, 미국의 대중국견제와 대북압박에 따른 북한의 중국에 대한 경제적 종속화 현상, 일본, 중국간의 아시아패권경쟁, 북핵 문제를 매개로 한 북미 갈등, 한미 간의 동맹 균열 등은 한반도의 운명이 어디로 갈지 모르는 심각한 유동국면에 놓여 있다는 것을 보여주고 있다.

한미FTA는 이 같은 동북아정세의 복잡한 변동조건에서 미국의 전략적 선택과 노무현정부의 오락가락 정책행보 과정에서 지난해부터 보여 온 현실주의 경향이 결합하여 양국 정부가 합의추진한 정책이다. 또한 한미FTA는 단순한 경제적 사안이 아니라 남북관계, 외교안보전략과 직·간접적으로 연관되어 향후 한반도 정세에 중대한 영향을 끼칠 핵심적인 문제인 것이다. 따라서 우리는 한미FTA에 대해 졸속추진이니, 한탕주의니 등의 타령으로 시간을 보낼 여유가 없다. 국민 모두의 힘과 지혜를 모으고 정당, 정파를 초월하여 올바르고 성과적인 한미FTA가 성사되도록 노력하는 것이 필요한 것이다.

건국, 산업화, 민주화와 한국의 국가전략

올해 8월 15일은 우리 민족이 일제로부터 해방 된지 62년, 대한민국이 건국 된지 59년이다. 내년 2008년 8월 15일은 대한민국건국 60년 회갑을 맞이하는 셈이다. 그리고 현재 한반도 정세는북핵 문제, 북한 문제를 매개로 하여 중대한 변동기를 맞이하고있다. 중국의 부상, 일본의 보통국가화, 미국의 대아시아 전략의변화 등의 조건 속에서 전개되는 북핵 문제, 북한 문제의 해결을둘러싼 한반도 주변 정세는 구한말의 격변기와 1945년 8·15해방정국 못지 않는 중대한 변동기라고 할 수 있다. 이 같은 시기에

미중 신냉전시대와
한반도 자유통일 국가 전략

대한민국 건국이후의 역사를 정확히 평가하고 대한민국과 통일된 한반도의 미래를 어떻게 준비할 것인지에 대해 좀더 근본적인 고민이 필요하다고 판단된다.

1945년 8·15해방이후 대한민국의 역사를 크게 개관해보면, 건국의 시기, 산업화의 시기, 민주화의 시기로 나누어서 평가해 볼 수 있을 것이다. 먼저 대한민국 건국을 평가함에 있어서 이승만 대통령에 대한 평가는 불가분적인 관계라 할 수 있을 것이다. 구한말의 격변기에 개화파의 일원으로 독립협회 등의 활동을 전개한 이승만 대통령은 개화운동의 좌절을 경험한 이후 미국에 건너가 재미 독립운동을 전개하다 8·15해방 이후 귀국하여 대한민국의 건국을 주도하게 된다. 20세기 최고의 문명을 꽃피워낸 미국에서 수십 년 생활한 이승만 대통령이 건국을 추진한 과정에서 근본적인 철학으로 작용한 것은 '미국적 실용주의'였다고 판단된다. 구체적으로는 '미국적 실용주의'에 기초하여 건국 이념으로 자유민주주의와 시장경제를 선택하고, 국가 전략의 근간으로 한미 동맹을 구축한 것이다. 이는 대한민국의 사회주의화를 막고 산업화, 민주화를 이루어 나가는 근본적인 기초를 구축한 의미를 가지고 있다.

이승만 대통령이 주도한 대한민국 건국에 기초하여 제3세계 국가 중에서 가장 모범적인 산업화의 기적을 이루어 낸 것은 박정희 대통령이었다. 60년대 70년대 기록적인 경제성장을 통한 한강의 기적을 만들어 냈고, 1986년~1988년 단군이래 최대의 호황인 3저 호황을 가능케 한 기초를 만들어 낸 과정에서 대한민국의 산업화는 중요한 특성을 드러내는데, 그 핵심은 재벌의 역할과 포항제철과 같은 국가자본을 포함한 국가의 역할이었다.

그 밑바탕에는 박정희 대통령의 국가경영의 철학인 '한국적 민족주의'가 작용하였다고 판단된다. 4대 강국에 둘러싸인 한반도라는 지정학적인 조건과 소련을 중심으로 한 대사회주의권 최전선에 놓인 조건, 그리고 극한대결을 벌이는 남북 대치상황에서는 국가주도의 산업화와 근대화는 불가피했던 것이며, 이 같은 배경에서 국가경영의 철학으로 작용한 것이 '한국적 민족주의'였던 것이다.

이승만 대통령이 주도한 대한민국의 건국과 박정희 대통령이 주도한 산업화의 성공을 기초로 하여 80년대, 90년대에는 민주화의 시대로 발전하게 된다. 1987년 6월 민주항쟁의 사례 등에서 나타나듯이 대한민국은 산업화에 이어 민주화에서도 제3세계 국가 중에서 가장 모범적인 모델을 만들어 냈다. 세계 어느 국가의 민주화 사례에서도 찾아보기 힘들 정도로 최소한의 희생으로 민주화를 실현해 낸 것이다. 이것을 가능케 한 중요한 동력은 학생운동을 중심으로 한 사회민주화운동 세력의 광범위한 발전과 더불어 김대중, 김영삼 대통령 등 제도권 민주화 세력의 연대였다고 할 수 있다. 그리고 이 민주화운동 과정에서 김대중 대통령은 1980년 광주민주화운동 등과 연계되어 민주화의 상징적인 인물로 부각되게 된다. 최근 부적절한 과도한 정치개입 등으로 다수국민의 비판을 받고 있지만, 김대중 대통령이 80년대, 90년대 민주화운동과 대북포용 정책의 상징적인 인물인 것은 사실이며, 그의 사고 밑바탕에 국가경영의 철학으로 작용한 것은 '평화민주주의'였다고 판단된다.

우리는 이 같은 대한민국의 건국과 산업화, 민주화의 성과에 기반하여 핵심적인 시대적 과제로 제기받고 있는 것이 북한 문제의 지혜로운 해결을 통한 통일과 선진화이다. 그리고 이 과제는 동북아시아의 구도를 분석해 볼 때 강력한 한미 동맹에 기초하여 추진할 때 성과적인 해결이 보장될 수 있는 것이며, 미국의 대동북아시아 전략을 고려할 때 한미 동맹을 한 단계 발전시켜 나갈 수 있는 기초가 되는 것이 한미FTA라고 할 수 있다.

북한 경제의 대중국 종속 심화에 한미FTA에 기반한 남북경협으로 대응해야

한미FTA가 우리 경제를 선진화시키는 계기가 되기 위해서는 첫째, 피해계층에 대한 대책과 반드시 지켜야할 것과 개방해야 할 것 등에 대해 철저한 준비를 해야 하며, 둘째, 국내시장을 먼저 개방해서 교육·의료·법률·회계·컨설팅서비스 분야에서 체질을 강화해 미국 상품에 능동적으로 대응할 수 있는 로드맵을 마련해야 할 것이다. 예를 들면 김진표 교육부총리의 주장처럼 자립형 사립고의 확대를 막겠다는 식의 태도는 개방 이후 교육서비스 시장의 피해를 키울 뿐이라는 인식이 필요하다.

또한 최근 한반도 정세의 변동과정에서 핵심적인 문제는 북한경제의 중국 경제로의 종속화 문제인데, 이에 대응할 수 있는 유일한 방법은 한미 간의 협력에 기초하여 남북경협을 활성화 시키는 것이다. 미국의 협조없는 남북경협은 많은 한계가 있을 수밖에 없으며, 미국 역시 대중국 정책과 관련해서 한미 간의 협력에 기초해서 남북경협을 활성화 시키는 것이 미국의 향후 동북아전략 구도에 커다란 득이 될 것이다. 구체적으로는 개성공단 등 개방특구 생산제품을 한국산으로 인정하는 것인데, 이 문제가 해결된다면 우리 국익에 엄청난 이득을 가져다 줄 것이다. 보수와 진보를 넘어서 우리의 국익과 통일 이후 국가전략에 대해 대승적이고도 창조적인 접근이 무엇보다 필요한 때인 것이다.

최근 수년동안 본격적으로 추진되고 있는 남북경제협력사업과 북한중국 간 경제협력사업은 내용적인 흐름으로 볼 때 상호경쟁적인 양상을 띠어가고 있다. 중국은 향후 변화되는 동북아시아 구도에서 특히 미국, 일본이 전략적 동맹성격을 강화해 가고 중국 포위전략을 추진하는 조건에서 북한만은 친중국화 시키고자 하는 전략적 이해관계가 강화되고 있기 때문에 우선적으로 경제협력의 양과 질을 확대, 발전시켜 나가고 있는 것이다. 반

미중 신냉전시대와
한반도 자유통일 국가 전략

면에 한국은 향후 통일 이후 북한 경제 문제의 해결, 통일된 민족경제공동체의 발전 문제 등을 고려하여 남북경협을 역시 폭과 깊이를 확대, 발전시켜 나가고자 계획을 세우고 있다. 그런데 한국이 이 같은 문제를 성과적으로 해결하기 위한 핵심적인 관건은 미국, 일본과의 긴밀한 협력에 있다고 할 수 있다.

미국 부시정부의 네오콘이 싫다고 해서 한미 관계를 깰수는 없는 것이다. 미국은 여전히 향후 20년 정도는 동북아정세에서 가장 영향을 많이 끼칠 세력이며, 우리나라 입장에서도 활용할 것이 가장 많은 자원들을 가지고 있다는 사실을 명심할 필요가 있다. 중국, 일본과의 관계도 한미관계를 튼튼히 해야 그것을 지렛대로 하여 보다 유리한 한중 관계, 한일 관계를 만들어 나갈 수 있음을 이해해야 한다. 소위 동북아 구도에서 '한미관계 지렛대론'을 잘 고민해야 할 필요가 있는 것이며, 이 같은 맥락에서 한미FTA문제를 접근해야 할 것이다.

결론

한미FTA는 미국의 대아시아 전략구도하에서 볼 때 미국, 일본, 호주를 중심으로 한 군사동맹의 강화를 추진하면서 상대적으로 약화되고 있는 한미 동맹을 보완하기 위한 목적이 중요하게 작용하였다고 할 수 있다. 그리고 이 같은 미국, 일본, 호주 중심의 군사 동맹의 강화와 한미FTA의 추진은 21세기 미국의 세계전략 중에서 가장 중요한 비중을 차지하고 있는 대중국 견제라는 구도와 연관되어 있다고 할 수 있다. 물론 한미FTA는 미국 입장에서 볼 때 상당히 큰 경제규모를 형성하고 있는 한국과의 FTA추진이 경제전략 차원에서도 필요하다고 본 측면이 존재할 것이다. 그러나 전체적으로 평가해 볼 때 미국이 한미FTA를 성사시키고자 했던 배경에는 경제적 측면의 고려보다는 대동아시아전략을 어떻게 짜 나갈 것인가라는 고민과 연관된 미국의 종합적인 국가전략적 판단이 더 중요하게 작용하였다고 판단된다.

한국 역시 정부의 공식적인 입장은 안보적 측면의 고려보다는 경제발전 전략차원에서 중요성을 인식하고 한미FTA를 추진하였다고 공표하고 있지만, 협상에 핵심적으로 관계한 사람들의 인식이나, 특히 한미FTA 협상을 지지하였던 사회정치 세력은 경제발전 전략이라는 측면도 분명히 의의가 큰 것은 사실이지만, 그보다 더욱 중요한 것은 한반도의 향후 미래와 관련하여 한미 동맹을 강화하기 위한 유력한 수단으로 한미FTA의 성사가 중요하다고 인식하였다고 할 수 있다.

우리나라 입장에서 21세기 한반도의 변화되는 국제정세의 흐름을 분석해보면, 가장 시급하고도 중요하게 해결해야 할 것이 두 가지라고 할 수 있다. 그 첫째는 북한문제의 올바른 해결이고

미중 신냉전시대와
한반도 자유통일 국가 전략

둘째는 세계강국으로 부상하고 있으며, 동북공정 등으로 한반도를 위협하는 중국문제에 대한 지혜로운 대응이다. 그런데 위 두 가지 문제를 성과적으로 해결하기 위해서는 한미 동맹의 강화가 필수불가결한 요소이다.

특히 노무현정부의 '동북아 균형자론' 등 어설픈 중립자적인 외교자세가 북핵 문제, 북한 문제와 맞물리면서 한미 동맹의 균열을 가져온 측면이 분명히 존재하고 있으며, 이 같은 흐름은 2000년 이후 한국사회 전반적으로 문제가 되고 있는 민주화의 과잉, 어설픈 자주의식 등과 결합되면서 대한민국의 진로와 관련하여 혼란을 일으켜 왔던 현실을 고려할 때 한미 동맹의 재정립과 발전은 중요한 문제라고 할 수 있다.

그런데 한미 동맹의 재정립과 발전을 구축하는 과정에서 21세기 동맹의 물질적 토대라고 평가되는 한미FTA의 성사는 국가 전략적으로 대단히 큰 의미를 가지고 있다고 할 수 있다. 따라서 우리는 국회비준을 앞두고 있는 한미FTA의 최종 마무리를 잘 짓고 나아가 21세기 한반도의 평화와 번영을 위해 지혜로운 국가 전략을 운용하는 것이 중요하게 요구되고 있다고 할 것이다.

02 중국공산당과 중국특색의 사회주의의 문제점과 한국정당의 과제

(「미래전략연구원 논단」, 2011년 2월)

2011년 세계와 한반도는 중국을 주목하고 있다. 2008년 세계 금융위기 이후 명실상부하게 G2, 즉 미국과 함께 세계 초강대국으로 등장한 중국은 지난해 서울에서 열린 G20회의에서도 위안화 절상 등과 관련해서 미국에 굴하지 않고 대등한 외교전을 전개한 바 있다. 중국은 2009년 GDP 약 5조 달러를 달성하여 일본을 추월하였고, 구매력 기준으로 2020년에는 미국을 추월할 것으로 예상되고 있으며, 외환보유고도 2010년 기준 2조 5천억 달러를 상회하고 있다. 이 같은 중국의 경제성장 지표는 개혁·개방의 설계사 등소평이 세운 2050년 목표를 이미 달성하게 된 셈이다. 등소평은 위의 2050년 경제성장 목표를 세우고 이때까지는 미국에 얼굴을 쳐들지 말라고 했다고 한다. 이 말은 역설적으로는 위 경제성장 목표를 달성하면 미국에 얼굴을 들어 대등하게

미중 신냉전시대와
한반도 자유통일 국가 전략

경쟁하겠다는 의미로 해석될 수 있을 것인데, 결국 그 시기가 40년 앞당겨진 셈인 것이다.

이처럼 미국과 함께 세계 초강대국의 지위에 올라선 중국과 얼굴을 맞대고 살아가는 동아시아의 한반도에서는 중국을 어떻게 해석하고, 어떤 관계를 정립할 것인가가 국가 생존 전략의 핵심 과제로 등장하고 있다.

특히 지난해 센카쿠 열도 분쟁 관련해서 중국이 일본에게 희토류라는 자원을 무기로 응징한 사례나 북한의 천안함 폭침과 연평도 도발과 관련해서 일방적인 북한편들기 태도 등을 통해 나타난 중국의 태도는 인류보편적 가치보다는 중국의 국익에 기초하여 동아시아의 룰 메이커 역할을 하겠다는 것으로 해석된다다. 이에 우리는 중국에 대한 정확한 이해에 기초하여 향후 국가의 백년대계, 천년대계를 세워야 하는 중차대한 과제에 직면하고 있다. 따라서 가장 우선적으로 현대 중국을 100년 가까이 이끌어왔고, 상당기간 중국의 미래를 지도해 나갈 중국공산당에 대한 정확한 이해가 필요하다고 판단된다.

중국공산당은 일본 제국주의의 대륙침략 시기인 1921년 창당되어 중국의 민족해방운동을 주도하여 1949년 '중화인민공화국'을 세운 주체이다. 그리고 1949년 이후 모택동을 중심으로 대약진운동, 문화대혁명 등 중국식 사회주의 건설을 추진하였고 모택동 사후 1978년부터는 등소평을 중심으로 개혁·개방정책을 추진하여 오늘날의 비약적인 경제성장을 이끌어 왔다. 이 과정에서 1989년 천안문사태 등 민주화와 관련한 진통을 겪어왔고 지난해에는 류샤오보의 노벨평화상 수상과 관련한 논란을 겪은 바 있다. 이에 중국공산당은 민주주의와 인권과 관련한 서방의 공격에 대한 대응논리를 세우기 위해 부심을 거듭해 왔는데, 그 대표적 결과물을 지난해 10월 중국공산당 중앙위원회 기관지 「구시(求是)」에 발표했다.

G2 중국공산당의 이념적 자신감

중국공산당 중앙위원회 기관지 「구시」는 지난해 10월 시진핑의 중국공산당 차기 지도자 선정과 관련하여 세계의 주목을 받은 중국공산당 17기 중앙위원회 5차 전체회의(5중전회)를 앞두고, 중국공산당의 이념과 미래와 관련한 중요한 논문을 발표하였다. 이 논문의 제목은 '중국특색의 사회주의 민주정치의 제도적 우월성과 기본특징'이고 부제는 '중국특색의 사회민주주의와 서방자본주의 민주주의의 차이점'이다.

중국공산당은 1921년 창건하여 1949년 공산당 정권인 '중화인민공화국'을 세웠고 현재까지 중국을 통치하고 있는데, 당의 지도 이념은 1934년 모택동이 주도한 '대장정'이래로 마르크스레닌주의와 모택동사상이었으며 1978년 개혁·개방정책을 내세운 등소평의 등장 이후에는 등소평의 이념과 노선이 더해져왔다고 할

미중 신냉전시대와
한반도 자유통일 국가 전략

수 있다.

특히 등소평이 주도한 개혁개방정책 이후에 그동안 죽의 장막에 갇혀있던 중국은 세계와 교류, 협력하면서 30여 년 동안 연간 10%내외 성장이라는 기적적인 경제발전을 이루어냈다. 이 과정에서 그동안 적대시 해왔던 자본주의 시장경제 요소를 적극 수용하여 왔는데, 이는 필연적으로 그동안 중국공산당의 지도이념이자 사회주의 국가인 '중화인민공화국'의 통치이념이었던 마르크스레닌주의와 모택동사상과의 다양한 모순과 충돌을 야기해 왔다고 할 수 있다.

이 같은 문제가 지난 30여 년 동안 누적되는 과정에서 중국공산당 내에서도 다양한 이견과 논쟁이 있어왔는데 이번에「구시」를 통해 발표한 이 논문은 그 중요한 결과물로서 첫째, 중국공산당 개혁·개방정책 성공의 결과물로서 G2 즉 세계 초강대국 역할을 해온 미국과 견줄만한 강대국으로 부상한 현실을 반영하고 있고 둘째, 그 과정에서 사회주의와 자본주의가 혼합되면서 형성·확대되어온 다양한 문제들에 대한 중국공산당의 입장을 집약적으로 나타내고 있다고 판단된다.

이 논문에서 중국공산당은 첫째, '자기가 개척한 길을 따라 갈 것인가 서방의 자본주의 민주주의 모드를 옮겨 놓을 것인가?'를 묻고 이에 대해, 민주주의를 중국의 특색을 가진 사회주의 민주주의와 서방의 자본주의 민주주의로 구별하고서, 서방의 자본주의 민주를 착취자들만 향유할 수 있는 민주로 비판하고 중국의 사회주의 민주는 인민 대중들을 국가와 사회의 진정한 주인으로 되게 하였다고 주장하고 있다. 또한 세계에서 보편적으로 적용할 수 있는 민주주의는 존재하지 않으며 중국의 사회주의 민주가 중국의 실정에 맞는 것으로 공산당의 영도 하에 창조해 낸 것이라고 한다. 특히 오늘날 중국의 거대한 성공비결이 여기에 있고 결국 중국의 사회주의 민주가 서방 자본주의 민주보다 우세하다고 주장하고 있다.

둘째, '진정한 인민민주주의인가 자본민주주의인가?'를 묻고 이에 대해, 민주주의를 계급과 국가의 발생으로 인해 생긴 문제로 보고 자본주의 민주는 돈이 정치와 선거와 민주 권리를 좌우한다고 비판하면서 중국 특색의 사회주의 민주는 자산계급 민주를 인민 군중들의 사회주의 민주로 변화시켰다고 주장한다. 그리고 현재 중국에서도 인민들 속에서 부의 차이가 일정하게 존재하지만 자본주의처럼 물건으로 사람을 지배하는 것도 돈을 갖고 정치를 좌우하거나 타인의 독립, 자유, 평등에 간섭하지 않고 있으며, 선거권과 피선거권 등 민주 권리에 차별이 없다고 주장하면서 이것이 진정한 인민민주라고 한다.

셋째, '인민대표대회 일원제인가 아니면 삼권분립 양원제인가?'를 묻고 이에 대해, 서방 자본주의 민주제도에 대해 의회는 입법권을 행사하고 대통령과 정부는 행정권을 수행하며 법원은

미중 신냉전시대와
한반도 자유통일 국가 전략

사법권을 행사함으로써 삼권분립의 다원적 권리구조를 형성하며 상호 제약하고, 상호 감독하고 있고, 의회는 상·하원 등으로 나뉘어 상호 제약하는 등 양원제 방식으로 입법권을 행사한다고 이해한다. 그리고 이 같은 권리의 균형과 감독의 원칙은 인류의 민주제도 발전에 공헌하였으나, 권리의 다원화로 인해 상호 제어하고 시비하여 정치적 수행 효율이 대단히 낮고 비용도 비싸다고 평가한다.

그런데 중국의 인민대표대회 일원제는 인민선거에 의하여 생긴 전국인민대표대회에 의거하여 입법권, 감독권, 중요 인사권, 중대한 정책결정권, 공무원에서 실행하는 행정권 그리고 최고인민법원, 최고인민감찰원이 행사하는 사법권 모두를 통일적으로 실행함으로써 국가의 일원화 권력구조를 형성하고 있다고 주장한다. 그리고 민주주의 중앙집권제 원칙에 의하여 삼권분립제도와 연관된 상호 시비, 뒷다리 잡기, 행정권의 팽창, 의회의 말싸움 등의 문제점들을 방지하고 민주와 효율을 성공적으로 통일시키고 있다고 한다.

넷째, '공산당이 영도하는 다당합작인가 아니면 다당교체 집권인가?'를 묻고 이에 대해, 자본주의의 정당제도에 대해 양당 혹은 다당 간의 경쟁과 정권교체 원리는 본질적으로 매개 정당이 부분 자본가 집단 또는 모집단의 이익을 대표하는 한계를 극복하지 못함으로써 사회 전체 구성원에게 평등하고 공평하게 대할 수가 없으며 노동 대중은 선거시 이용물에 불과하다고 평가한다. 또한 정당 간의 경쟁은 정당 간의 단결과 합작을 저해하여 전체 사회 역량의 응집과 발휘를 약화시키는 결과를 가져오며, 상호제어와 감독은 상호간의 편견을 낳고 사물판단의 객관성과 공정성을 상실하고 나아가 상호공격과 싸움으로 귀결된다고 평가한다.

반면에 중국의 공산당이 영도하는 다당합작과 정치협상제도는 합작 윈윈의 원리에 기초하여 각 정당간의 단결 합작과 사회주의 사업에 대해 공동투쟁하는 가운데 윈윈하게 함으로써 각당 각파의 장기간의 공존 합작 가운데 공동 발전하게 한다. 또한 공산당의 영도와 집권이 중국 정당제도의 핵심이고 중국 특색의 사회주의라는 것이며 이래야만 서방 자본주의 정당의 행태인 상호 공격, 상호 뒷다리 잡기 등의 폐단을 극복하고 건설적인 정치활동을 전개할 수 있다고 한다.

다섯째, '협상민주와 선거민주를 상호 결합시킬 것인가 아니면 대의제의 선거민주인가?'를 묻고 이에 대해 대의제민주주의가 간접민주, 선거민주적 성격을 가지고 있는데, 그들의 민주 권리는 가끔씩 하는 선거 투표 정도로 제한받고, 각 이익집단들은 선거 중에 돈으로 선거를 조종하여 대의제 선거민주에 여러 가지 문제와 결함이 드러나 여러 가지 협상민주주의의 구상 등에 대한 고민도 있어왔다고 평가한다. 반면에 중국은 선거민주와 협상민주가 서로 결합한 것으로 주요민주형식은 선거민주이지만 이와 더불어 협상민주주의를 두 개 채널을 통해 발전시켜왔다고 주장한다.

하나는 집권당인 공산당이 영도하여 국가의 중대한 문제들을 다른 정당과 협상과 대화를 통해 그들의 의견을 반영하여 전국인민대표대회의 안건으로 제기하여 인민대표대회 정책 결정과 입법의 기초를 만든다는 것이고, 다른 하나는 정치협상회의에 의한 협상인데, 정치협상회의는 역사적으로 형성된 전문적인 정치협상조직으로 공산당과 각 민주당파, 인민단체, 무당파 인사, 그리고 사회 각계각층 대표 인사 등과 같이 국가의 중대한 문제에 대하여 협상 토론을 진행하여 협상 토론한 성과를 갖고 정치협상회의에 결의 또는 결의안을 만들어 인민대표대회에 제기한다고 한다.

결국 중국 특색 사회주의 민주가 서방 자본주의 민주보다 높은 유형의 민주주주의이기 때문에 서방 자본주의 민주주의를 중국에 그대로 수용하는 것은 강력히 반대하며 중국 특색 사회주의 민주를 석극적으로 발전시켜 나가겠다고 천명하고 있다. 이는 세계초강대국 G2로 등장한 중국이 그동안 서방의 자유민주주의에 기초한 이념적 공세에 수세적으로 대응하던 태도를 버리고 이제 적극적으로 중국공산당 자신의 이념을 주장하고 있는 것으로 평가된다.

중국공산당과 한국 정당의 문제점

중국공산당이 이처럼 자신의 이념을 과거와 달리 공세적으로 주장하는 배경에는 무엇보다 세계초강대국 G2로 등장한 정치적 자심감이 그 핵심적 배경이라 할 수 있다. 그러나 중국공산당의 이 같은 주장은 역사적 발전 과정에서 형성된 인류의 보편적 가치를 기준으로 볼 때 여러 가지 많은 문제점을 안고 있다고 할 수 있다.

첫째, 마르크스레닌주의 정치이론 틀에 갇힌 편협성을 벗어나지 못하고 있음을 보여주고 있다. 근대 이후 서양과 아시아에서 다양한 민주혁명, 민주주의 운동과정을 통해 발전해온 자유민주주의를 인류보편적 가치로 인정하지 않고 착취자들만 향유하는 민주주의, 자산계급만의 민주주의로 폄하하는 것은 대표적인 편협함이다.

둘째, 견제와 균형의 원리를 부정하는 것은 공산당 일당독재를 합리화하기 위한 논리에 불과하다. 입법, 행정, 사법 삼권분립의 원리 즉 견제와 균형의 원리는 아리스토텔레스의 정치학이론 이래로 인류가 인간의 본질적 특성에 대한 이해에 기초하여 끊임없이 발전시켜온 민주주의의 핵심원리이다. 이 같은 견제와 균형의 원리를 적용하지 않으면, 중국과 많은 제3세계 개발독재국가에서 나타나는 권력의 독점과 부패현상을 필연적으로 목격하게 된다.

셋째, 중국공산당의 주장과 현실은 많은 괴리를 안고 있다. 중국공산당은 당 영도하의 중국 특색의 사회주의 민주가 민주권리에 차별이 없는 진정한 인민민주주의라고 주장하고, 자본주의 정당은 소위 계급정당 이론에 입각하여 자본가 집단과 모집단 등을 대표할 뿐이라고 주장하고 있는데 이는 사실과 다르다. 현재 자유민주주의 국가의 정당들은 근대 초기의 계급정당적 한계를 극복하기 위한 노력의 과정을 통해 상당수의 정당들이 국민정당적 지향을 분명히 하고 있다. 반면 중국공산당은 차별 없는 인민민주주의를 내세우지만 실제로는 공산당 간부를 중심으로 한 특권층의 부패로 인해 국민들의 많은 불만을 안고 있다. 중국은 언론에 공개되지는 않고 있지만, 2010년 기준으로 부정부패, 빈부격차, 차별 등에 대한 5인 이상 항의 시위가 10만 건 이상으로 추산되고 있다.

넷째, 중화민족 패권주의를 극복하지 못하면 사회주의, 민주주의에 대한 주장은 허구가 된다. 중국 인민이 가장 존경한다는 주은래 전 총리는 1960년대 초 중국내 일부에서 최근의 동북공정과 같은 역사왜곡 흐름이 나타나자 1963년 이에 대해 '대국쇼비니즘(국수주의)' 때문이라며 고조선, 고구려, 발해의 역사는 조선의 역사라고 분명히 정리한 바 있다. 그런데 21세기에 중국이 미국과 함께 G2라는 초강대국으로 부상하자 다시금 동북공정을 통해 역사왜곡을 하는 등 중화민족 패권주의를 표출시키고 있다. 또한 현실 국제정치에서는 센카쿠열도 분쟁시 희토류 자원을 무기로 한 일본에 대한 응징, 천안함 사건때 북한에 대한 일방적 편들기 등을 통해 걷잡을 수 없이 표출되고 있다. 이 같은 문제들을 극복하지 못하면 사회주의 민주주의론에 대한 주장은 공허해질 것이다.

결국 중국공산당이 현재 중국공산당 이념의 진화된 내용이라며 선전하고 있는 것은 G2로 성장한 세계 제2위의 경제강국이란 결과물과 그 과정에서 보여준 중국공산당의 효율적 리더십을 자랑하고 있는 것에 다름 아니다.

그러나 중국공산당이 주장하는 이념이 주관적인 문제가 있는 것은 사실이지만, 다른 한편으로 중국공산당의 효율적 리더십과 그들이 주장하는 정치협상회의 등을 통한 협상민주주의론 등에 대해서는 한국정당들이 배워야 할 점이 많다고 생각된다.

한국정당의 역사를 돌이켜 보면 각 정당의 이념과 조직의 측면에서 대단히 취약했었다고 할 수 있다. 먼저 건국 과정에서는 이승만 전대통령이 이끌었던 자유당이 존재했었다. 자유당은 이승만 전대통령 개인의 자유민주주의에 대한 신념과 그에 기초한 국가전략에 대한 뛰어난 통찰력에 기초하여 한국 보수 정당의 원조로 만들어진 것이라 할 수 있다. 그러나 그것은 국가경영을 지속적으로 이끌어 나갈 수 있는 조직적 기초 즉 정당적 발전이라는 차원에서는 대단히 제한적이었다고 평가된다. 다음으로 산

미중 신냉전시대와
한반도 자유통일 국가 전략

업화 과정에서는 박정희 전대통령이 이끌었던 공화당이 있었다. 공화당은 식민지 시기를 거치면서 국가경영의 엘리트집단 형성이 대단히 취약했던 조건에서 상대적 엘리트집단이었던 장교들을 중심으로 건설되었고 한국의 산업화 과정을 주도하였다. 그러나 80년대 이후에 이들은 가치집단적 성격이 희석되고 이익집단적 성격으로 퇴색되는 과정을 거친 것으로 평가된다.

마지막으로 한국의 야당은 건국과 산업화 시기에는 주변부적 비판세력으로 기능하다 건국과 산업화의 성과에 기반하여 80년대 이후 민주화 과정에서 일정한 긍정적 역할을 하게 된다. 그러나 이들 역시 2000년대 이후에는 가치집단적 성격이 희석되고 이익집단적 성격이 확대되는 과정을 거쳐 왔다고 평가된다.

결국 한국의 정당은 현재 보수와 진보 양진영 공히 이념적 차원에서 대단히 취약할 뿐만 아니라 조직적 차원에서도 가치집단적 성격보다 이익집단적 성격이 많이 표출되고 있는 위기상황이라 할 수 있다. 이는 인접국가 중국이 중국공산당의 분명한 이념적 입장과 강력하고 효율적인 리더십 하에 욱일승천하고 있는 정세를 고려할 때 문제의 심각성은 더욱 크다고 할 수 있다.

얼마 전 미국학자 프랜시스 후쿠야마는 미국 민주주의는 중국을 가르칠 만한 수준이 못 된다('Democracy in America has less than ever to teach China')고 한 바 있다. 그는 21세기의 첫 10년이 서로 다른 정치·경제학적 모델간의 명암이 엇갈린 시기였다고 하면서, 미국의 기술과 미국식 민주주의는 한때 미래의 흐름으로 생각되었으나, 이라크 전쟁, 월스트리트의 금융위기 등을 거치면서 미국식 자유주의가 더 이상 지배적인 원리가 아니게 된 새로운 시대가 도래하였다고 주장한다. 특히 중국은 이번 금융위기를 통해 중국식 체제가 나름대로 우수함을 증명했다고 생각한다는 것이다. 이처럼 세계사적으로 미국적 민주주의 모델이 힘을 잃어가고 중국적 모델이 현실적 득세를 해가는 국제정세 속에서 특히 중국과 바로 인접해 있는 한반도에서는 이에 대응할 수 있는 이념적 대응이 더욱 중요하게 요구된다.

뿐만 아니라 중국공산당은 이념적 자신감과 함께 조직적 차원에서도 인재발굴과 교육시스템을 발전, 강화시켜 당의 지도력을 높여나가고 있다. 구체적으로 중국공산당은 학습형 정당건설을 내세우고 3단계, 즉 1단계 중앙과 성, 2단계 시와 군, 3단계 면과 촌으로 나누어 각 단계별 교육을 강화시키고 있다. 또한 중앙당교를 각 전문분야별로 세워 북경에서는 정치, 상해와 심천에서는 경제, 정강산에서는 혁명정신을 교육함으로써 중국공산당이 혁명과 건설의 변함없는 주력부대, 지도부대로서의 역할을 다할 수 있는 만반의 준비를 갖추어 가고 있는 것이다.

그런데 이 같은 주변국의 환경 속에서 한국의 정당들은 어떤 이념적·조직적 준비를 하고 있는지 묻지 않을 수 없다. 향후 급변하는 동아시아 정세 속에서 세계 초강대국 중국과 얼굴을 맞

미중 신냉전시대와
한반도 자유통일 국가 전략

대고서 한반도의 선진화와 통일이라는 역사적 과제를 달성하자면, 한국 정당의 이념적, 조직적 과제는 막중하다고 아니할 수 없다. 그런데 현실은 보수와 진보 공히 파벌적 이익, 개인적 이익에 휩쓸리는 등 혁신의 길은 험난해 보일 뿐이다.

통일한국과 한국정당의 과제

미국 클린턴 정부시절 노동부장관을 지낸 로버트 라이시는 중국은 미국과의 거래를 통해 미국을 능가하기 위한 기술과 노하우를 최대한 배우고, 자국의 일자리 창출을 위해 국가경제에 관한 일관된 전략을 갖고 있는 반면, 미국에는 국가경제에는 아무 관심이 없고 오로지 주주 수익 확대만을 추구하는 글로벌 기업만 있을 뿐이라고 꼬집은 바 있다. 이러한 지적에서 한국의 정당들과 대기업들도 자유로울 수 없을 것이다.

올해 1월 18일자 「파이낸셜타임즈」는 세계금융위기 이후 중국 스타일의 새로운 세계화의 시대가 열렸다고 하면서 세계 2위 경제대국에 올라선 중국은 자기 방식대로 글로벌 경제의 통합을 촉진하길 원한다는 분명한 메시지를 보내고 있다고 지적한 바 있다. 이 같은 현실 속에서 한미FTA가 실현되지 않으면 한국 경제 나아가 한반도는 중국이라는 블랙홀로 급속히 빨려들어 갈 것이다.

이처럼 엄중한 동아시아 정세 속에서 한반도의 선진화와 통일이라는 역사적 과제를 달성하기 위한 출발점은 그 역사적 과제를 추진할 수 있는 주체를 바로 세우는 것이 될 수밖에 없다. 그리고 대한민국이라는 공동체 안에서 그 현실적 주체는 정당이라고 할 수 있다. 따라서 한국의 정당은 현 정세와 역사적 과제에 대한 분명한 인식에 기초하여 이념적, 조직적 준비를 어떻게 할 것인가에 대한 깊은 고민과 치열한 실천이 요구된다.

한국정당의 이념적 발전과정을 검토해보면, 1940~1950년대 건국과정과 연관된 '자유민주주의론', 1960~1970년대 산업화과정과 연관된 '애국주의론', 1980~1990년대 민주화 과정과 연관된 '민주주의론' 이후 2000년대 이후에는 보수와 진보 모두 새로운 대안적 정치이념에 대한 빈곤상황을 벗어나지 못하고 있다. 이 같은 조건에서 2004년 이후 박세일 교수를 중심으로 선진화론과 연관된 '공동체자유주의론'의 제기는 그 의미가 크다고 생각된다. 그런데 초강대국 중국의 부상이라는 동아시아정세의 변동 속에서 대한민국이 지혜롭게 대응하기 위해서는 정치이념에 대한 좀 더 풍부한 논의가 요구된다.

특히 중국의 중화패권주의적 경향에 대응하기 위해서는 '자유주의적 민족주의'와 '공화주의'에 대한 좀 더 깊이 있는 검토가 필요할 것이다. 20세기 최고의 자유주의 정치사상가로 손꼽히는 이사야 벌린 등이 발전시켜온 '자유주의 민족주의'의 핵심원리는 '자기 스스로 애착적인 사람들이면서, 다른 사람의 애착심을 존

미중 신냉전시대와
한반도 자유통일 국가 전략

중하는 한편으로 그러한 존중이 실제로 쉬울 것이라고 가정하지 않는다'는 것이다.

자유주의적 민족주의는 첫째, 20세기의 패권적 민족주의와 저항적 민족주의 또는 발전적 민족주의를 넘어서서 세계화, 정보화의 조건에서 민족공동체 간에 서로 배타시 하는 것이 아니라 공존공영하는 관계속의 민족주의, 개방적 민족주의라고 할 수 있다. 둘째, 20세기의 순혈주의적 민족주의, 핏줄민족주의를 넘어서서 문명중심, 문화중심의 민족주의를 세워야 한다. 그래야만 공동체 안의 소수민족 또는 혼혈집단 등에 대해서도 인정, 존중하는 새로운 공동체문화를 만들어낼 수 있다. 따라서 자유주의에 기반 한 민족주의가 되어야 하는 것이다. 셋째, 인류의 보편적 가치를 매개로 한 국제사회의 연대를 기초로 해야 한다. 이와 같은 자유주의적 민족주의에 기반하여 국가전략, 통일전략을 세워야만 중화민족 패권주의적 경향을 국제사회의 공동의 노력으로 극복할 수 있을 것이다. 그래야 평화를 위협하는 민족주의가 아닌 평화를 실현하는 민족주의가 될 수 있을 것이다.

그리고 '공화주의'의 핵심원리는 아리스토텔레스, 마키아벨리 등이 발전시켜온 것으로 첫째, 자유와 공공선을 위한 철학적 이상이고 둘째, 혼합정체 즉 견제와 균형의 원리를 중심으로 한 헌정질서에 기초한 정치를 말하고 셋째, 시민들의 통치에 참여할 준비 즉 덕성이 있고 지혜로운 시민들의 형성이 중요하며 이들에 의해 민주주의를 실현해야 한다는 것이다. 이와 같은 원리는 인류의 보편적 가치로 발전해 왔을 뿐만 아니라 현재 한국사회에서 절실히 요청되는 가치들이라 할 수 있다.

특히 공공선을 위한 가치의 정치가 아니라 개인과 파벌을 위한 이익의 정치가 난무하고, 합리적인 견제와 균형보다는 정파의 독선적 주장과 각 패거리들의 독점적 권력향유가 넘쳐나며, 덕성 있고 지혜로운 시민을 형성하는 데는 관심이 없고 오직 표를 위한 포퓰리즘에 휩쓸려 있는 한국 정당정치의 현실을 고려할 때 공화주의적 가치에 대한 깊은 고민과 실천이 그 어느 때보다 요구된다. 뿐만 아니라 위에서 검토한 것처럼 중국공산당의 강력한 통합적 리더십과 분명한 목표지향적 정치에 기반한 국가경영의 실상을 고려할 때 대한민국 국가경영의 이념으로서 신공화주의에 대한 진지한 모색이 필요할 것이다.

또한 한국 정당은 중국공산당의 인재의 발굴과 육성, 간부의 교육과 훈련 등의 시스템과 문화에 대해서는 겸허히 배워야 할 것이다. 국가경영과 민족공동체의 미래전략에 대한 고민에 기초한 정당정치가 아니라 개인과 패거리의 이익을 앞세우는 정치행태가 지속된다면 대한민국이 중국의 조공국가가 되는 것은 머지않은 장래에 현실화 될 것이다.

21세기는 20세기를 관통해온 자본주의와 사회주의 체제 간의 대결이라는 냉전시대가 1990년대 초 소멸된 이후 소위 탈냉전시

미중 신냉전시대와
한반도 자유통일 국가 전략

대라는 과도적 국면을 지나 2008년 세계금융위기 이후 미국과 중국이라는 초강대국 G2체제로 급속히 재편되고 있다. 나아가 각국은 냉전시대와는 성격이 완전히 달라진 각 국가중심의 국익경쟁주의가 날로 증대되고 있다.

특히 한반도가 속한 동아시아는 중국이 새로운 룰 메이커로 등장할 정도로 그 힘의 영향력이 날로 확대되고 있다. 이는 우리 민족공동체의 미래와 관련하여 북한문제의 해결과 이를 기반으로 한, 한반도의 선진화를 실현하는데 가장 큰 숙제로 다가서고 있다. 이 같은 상황에서 중국공산당의 현실을 점검하고 대한민국 정당의 향후 과제를 진단해 보는 것은 반드시 필요할 것이다. 이에 기초하여 중국공산당과 경쟁해 나갈만한 대한민국의 정당 건설에 대한 고민이 요구된다. 특히 본 글에서는 정당과 국가경영의 토대가 될 이념적 모색과 관련하여 '자유주의적 민족주의'와 '신공화주의'에 대해 시론적 차원에서 강호제현에게 함께 고민해볼 것을 제안해 보았다. 앞으로 좀 더 깊이 있는 이론적, 실천적 모색이 활성화되길 기대해본다.

03 트럼프 시대와 미중 패권전쟁

(「신동아」 '이슈&진단' 게재, 2017년 1월호)

1월 20일 도널드 트럼프가 미국 대통령 임기를 시작한다. 트럼프의 미국은 '경제민족주의' 시대가 왔음을 알리면서 세계 질서의 근본적 변동을 일으키고, 한반도 정세에 거대한 위기의 쓰나미를 몰고 올 것이다.

국정농단 사건이 민주화의 성과를 유린한 역대급 내환(內患)이라면, 트럼프 시대의 등장은 역대급 외우(外憂)다. 한반도 근·현대사에서 첫 번째 위기인 19세기 말의 강요된 개항에 이은 20세기 초의 식민지 시기, 두 번째 위기인 1945~1953년 광복, 분단, 전쟁으로 치닫던 시기에 이어 한반도의 향후 운명을 좌우할 세 번째 위기의 시기로 진입했음을 의미한다.

근대화에 실패해 영화(榮華)를 잃은 중국은 1978년 개혁·개방 이후 기록적 경제성장을 기반으로 세계 제2의 경제대국으로 부활했다. 2008년 세계금융위기 이후 G2 체제를 형성하면서 중화민족주의를 단계적으로 확대·발전시켰다. 동북아시아에서 그 출발점은 2000년대 초반 고구려 역사 등을 중국사로 편입·왜곡하는 동북공정이다.

유럽에서는 푸틴의 러시아 민족주의 고양과 크림반도 합병, 에르도안의 터키 민족주의 성장 등이 중동의 난민 위기와 결합해 영국의 유럽연합 탈퇴를 촉발했다. 이 같은 민족주의가 테러 및 경제 문제 등과 결합해 프랑스와 독일을 포함한 유럽 전체를 뒤흔든다. 결정적으로 2016년 11월 트럼프가 당선되면서 이러한 흐름이 증폭·발전돼 세계 질서가 근본적으로 바뀌어가고 있다.

엄중한 상황 속 '안보의 협치' 절실

트럼프의 수석 전략가인 스티브 배넌은 "나는 경제민족주의자면서 미국 우선주의자(I'm an economic nationalist. I'm an America first guy)"라고 밝힌 바 있다. 경제민족주의와 미국 우선주의는 트럼프 선거운동의 핵심이요, 트럼프 시대를 이해하는 키워드다. 미국의 경제민족주의, 미국 우선주의는 세계 질서를 근본적으로 변화시키고 한반도 주변 정세에도 심각한 변동을 촉발할 것이다.

21세기 신(新)민족주의는 20세기의 패권적 민족주의 또는 저항적 민족주의와 구별된다. 스티브 배넌도 종족적 민족주의를 부정한다. 시진핑(習近平)의 중화민족주의도 '통일적 다민족국가'를 내세운다. 21세기에 등장한 신민족주의의 특징은 경제적 민족주의, 국익 우선주의, 문화적 정체성 등이며 시민 민족주의, 포용적 민족주의 개념과 결합돼 이해되기도 한다.

그러나 냉엄한 국제정치 현실에선 경제적 민족주의가 국가 간의 이해 충돌, 패권 다툼 등의 문제와 결합할 수밖에 없다. 당장 트럼프 당선인의 공약대로 중국을 환율 조작국으로 지정하는 문제는 필연적으로 미중 간에 다양한 충돌을 야기할 것이다. 특히 트럼프 주변 인사들은 전임 오바마 행정부의 외교정책을 "이가 빠진 대외정책"이라고 비판하면서 공격적 외교정책을 예고했다.

일본은 확고한 미일 동맹을 기반으로 중국 견제의 선봉 역할을 하는 것을 신국가 전략의 핵심으로 삼은 듯하다. 러시아 역시 동아시아에서 자신들의 존재감을 과시하고자 '동방경제포럼'을 개최하는 등 적극적인 움직임을 보인다.

친중정책이 남긴 내상(內傷)

이렇듯 한반도 주변에선 새로운 무한 국익경쟁의 사투가 시작

미중 신냉전시대와
한반도 자유통일 국가 전략

됐다. 중국의 시진핑은 마오쩌둥(毛澤東) 이후 가장 강력한 지도 자를 꿈꾸고, 일본의 아베 신조는 제2차 세계대전 패배 이후 가장 강력한 리더십을 구축하며, 러시아의 블라디미르 푸틴은 스탈린 이후 가장 강력한 지도자 역할을 하고 있다. 이런 상황에서 미국은 냉혹한 승부사 트럼프를 위기의 해결사로 선택한 것이다. 한반도는 세계사적인 경제민족주의 흐름을 배경으로 역대급 4대 마초형 지도자가 벌일 각축장의 한복판에 섰다.

트럼프 시대의 한미관계에서 가장 심각한 문제는 박근혜 정부 친중정책의 후과(後果)다. 박근혜 정부가 국내적으로 역대급 국정농단이라는 과오를 저질렀다면 대외정책에서는 원칙도 없고 소득도 없던 친중외교라는 심각한 과오를 남긴 것이다.

박근혜 정부는 중국의 지원을 통해 북한을 변화시켜 '통일 대박'을 이루겠다는 주관적 바람(wishful thinking)에 기초해 한미 동맹의 기초를 흔들면서 2016년 1월 4차 북핵 실험 이전까지 일관되게 친중정책을 폈다. 사드(THAAD, 고고도미사일 방어체계) 배치 논의 억제 및 반대, 중국 주도의 아시아인프라투자은행(AIIB) 참여와 미국 주도의 환태평양경제동반자협정(TPP) 협상 불참, 2015년 9월 중국 전승절 70주년 기념식 참석 등이 대표적인 사례다.

이 같은 친중정책의 영향으로 2015년 6월 타결된 한미 원자력협정은 베트남과 미국 간의 원자력협정보다 못한 수준의 결과를 낳았다. 한국의 친중정책에 대한 워싱턴의 불만은 2013년 말 방한한 조 바이든 부통령의 "한국은 미국의 편에 설 것인지, 중국의 편에 설 것인지 분명히 해야 한다"라는 말에 응축돼 있다.

박근혜 정부의 친중정책은 노무현 정부의 동북아 균형자론을 훨씬 뛰어넘는 친중외교였다. 친중정책은 2016년 1월 북한의 4차 핵실험으로 파탄난다. 점증하는 안보 위기 속에서 사드 배치, 한미 동맹 강화로 정책 전환에 나서면서 한중관계가 악화 국면으로 접어든 것. 이 같은 과정을 통해 현상적으로는 한미 동맹이 복원됐다 해도 친중정책이 남긴 내상(內傷)은 상당히 심각할 수 있다. 트럼프는 한국에 대해 따뜻한 감정을 지녔고 신사적인 오바마와 다르다.

칼날 위에 서다

트럼프 시대의 한반도 주변 정세는 '불확실성'이라는 낱말로 요약된다. 트럼프가 비즈니스를 할 때의 방식, 대통령선거 캠페인 과정에서의 행태 등을 고려하면 그는 기존의 관성적 사고방식을 철저히 부정하는 강인한 협상가요 냉혹한 승부사다.

따라서 트럼프 행정부의 한반도 정책은 기존의 관성적 외교방식과는 전혀 다르게 접근할 가능성이 높다. 예컨대 북핵 및 북

미중 신냉전시대와
한반도 자유통일 국가 전략

한 문제와 대만 문제를 함께 테이블에 올려놓고 미국과 중국이 협상할 수도 있고, 북한에 대한 정밀폭격(surgical strike)을 실행하는 등 대단히 다양한 변수가 등장할 수 있다. 트럼프 내각의 국방장관 지명자며 탁월한 전쟁 전략가로 알려진 제임스 매티스는 "상대방에게 정중하고 프로답게 행동하라. 하지만 만나는 모든 사람을 죽일 계획을 갖고 있으라"고 말한 바 있다. 한반도 주변 정세를 종합하면 한국은 칼날 위에 선 것과 같은 위기 상황이다.

남과 북이 분열된 조건에서는 21세기 한반도 주변 정세에 대한 한국의 대응이 매우 취약할 수밖에 없다. 따라서 북핵 및 북한 문제 해결과 민족통일을 단순한 역사적 당위가 아니라 민족 생존을 위한 핵심 조건으로 삼아야 한다.

북한은 2016년 한 해에만 1월과 9월 두 차례 핵실험, 2월 장거리 미사일 발사실험, 8월 잠수함발사탄도미사일(SLBM) 발사실험 등 4차례에 걸쳐 강력하게 도발하면서 국제사회에 실질적 핵무기 보유국이 됐음을 확인시키고 있다. 북한이 핵 능력을 갖춰가는 과정에서 '대북 봉쇄정책' '북한 체제 교체론' '중국 역할론' '전략적 인내 정책' '햇볕 정책' 그 어느 것도 실효를 거두지 못했다. 이러한 상황에서 북핵 및 북한 문제를 해결해 통일로 나아가는 해법은 무엇인가. 북핵 문제와 북한 문제를 분리하고 북핵 문제를 2단계로 나눠 해결해가는 '2단계 투트랙 전략'이 요구되고, 이를 효과적으로 실행하기 위한 '맞춤형 개입 전략(optimized engagement policy)'이 필요하다.

'맞춤형 개입 전략'

첫 번째 단계에서는 북한 핵무기의 동결과 비확산에 초점을 맞춰야 하며, 최대한 빠른 시일 내 협상에 나서야 한다. 6자회담이든 남·북·미·중 4자 회담이든 형식에 구애받지 말고 실효성 있는 협상 타결을 추진해야 한다. 두 번째 단계에서는 한국과 미국이 협력해 북한의 개혁·개방을 촉진하고 궁극적으로 북한 정권의 진화(regime evolution)를 이뤄내야 한다. 이는 정치 공작과 외적 강제에 기반을 둔 체제 전환(regime change) 전략과는 성격이 다르다.

개혁·개방에 기반을 둔 북한 정권의 진화를 제대로 이뤄낸다면 궁극적으로 한반도의 비핵화라는 결과물을 이끌어낼 것이며, 나아가 평화통일을 성취할 것이다. 이 과정에 단계별로 정치·경제·문화 영역에서 맞춤형 개입 전략을 적용·실행해야 한다.

2단계 투트랙 전략을 실현할 핵심 선결조건은 확고한 한미 동맹이다. 한국과 미국은 북핵 및 북한 문제 해결에 대한 전체 전략과 핵심적 정책을 충분하게 공유할 수 있어야 한다. 특히 트럼프 시대의 한반도 정책이 대단히 큰 변동을 가져올 것인데, 이는

미중 신냉전시대와
한반도 자유통일 국가 전략

분명히 위기이지만 능동적, 적극적으로 활용한다면 민족통일이라는 역사적 과제를 달성할 절호의 기회도 될 수 있다.

마이크 멀린 전 미국 합참의장은 지난 11월 "북한, 한반도는 세계의 어떤 곳보다도 잠재적으로 폭발적 결과(explosive outcome)가 나올 수 있는 곳"이라고 전망했다. 트럼프 시대에 등장할 전혀 새로운 형태의 외교 환경은 남과 북의 일부 군사 모험주의자들의 도발을 야기할 수도 있는 등 한반도 정세를 대단히 불안정하게 만들 것이다.

이 같은 위기 상황을 헤쳐나갈 출발점은 새로운 리더십의 구축이며, 북핵·북한 문제 해결과 통일을 위한 전략 수립 및 실행 또한 최우선적으로 필요하다. 또한 변화된 21세기 세계 질서와 동북아 질서 속에서 '신(新)안보전략'을 세워야 한다.

첫째, 정보적·군사적·경제적 '자강전략'을 수립해야 한다. 한반도의 조건을 고려한 국가정보원 개혁을 기반으로 정보 수집 역량을 대폭 강화하고, 한미 동맹에 의존하는 국방을 넘어서는 자강적 국방전략, 중국에 과도하게 의존적인 경제 상태를 개선할 자강적 경제전략을 세워야 한다.

자강적 국방·경제전략

둘째, 효율성이 약화하고 있는 관성적, 20세기적 한미 동맹을 넘어서는 신(新)한미 동맹 전략이 필요하다. 한반도라는 지정학적 조건을 고려할 때 21세기에도 한미 동맹은 '신안보전략'의 핵심 기둥이다. 경제민족주의를 핵심으로 하는 새로운 세계 질서를 반영한 동맹 전략을 재정립해야 한다.

셋째, 북핵에 대한 구체적 대응 전략으로 '핵무기 공유 제도(nuclear sharing system)'를 도입해야 한다. 국제사회의 반대와 제재를 감수하면서 독자적 핵무기 개발을 추진하는 것은 적절하지 않으나 북핵의 완전한 해결에 이르기까지의 과도기에는 위협에 대한 구체적 대응이 필요하다. 굳건한 한미 동맹을 바탕으로 독일과 미국의 사례에서 보듯 핵무기 공유 제도를 확보하는 게 필요하다. 이를 실현하려면 신뢰에 기초한 고도의 협상력이 요구된다.

미중 신냉전시대와
한반도 자유통일 국가 전략

04 트럼프 시대의 특징과 한반도 문제

(「신동아」 칼럼 '글로벌 이슈' 게재, 2017년 3월호)

도널드 트럼프 시대가 시작되자마자 미국에서 인종·이념 문제 등으로 논란과 갈등이 확산된다. 한국을 포함한 세계 여론도 난민·경제·안보 등 다양한 영역에서 트럼프의 미국과 충돌한다. 트럼프 미국 대통령은 취임사에서 진보에서 보수 혹은 민주당에서 공화당으로의 정권 교체가 아니라 워싱턴의 '기득권 세력(establishment)'으로부터 미국 국민에게 권력이 넘어왔다고 주장했다. 트럼프 행정부와 기성세력 간 갈등은 CNN 등 언론을 통해 거의 여과 없이 한국에도 전달되나 트럼프의 미국에 대한 객관적 분석이 부족한 게 사실이다.

한국 상황에서 트럼프에 대한 호불호는 비본질적인 것이다. 미국 내 인종 및 이념 문제와 관련한 갈등도 부차적인 사안이라고 하겠다. 좀 더 솔직하게 말해 미국 내 문제를 두고 논쟁할 만큼 한국의 현실이 한가롭지 않다. 우리에게 중요한 것은 트럼프 시대의 특징이 무엇이고 그것이 세계 질서와 한반도 주변 정세를 어떻게 바꿀지 정확히 이해한 후 대응 전략을 제대로 세우는 것이다. 한국의 운명은 칼날 위에 서 있는 형국이다. 제대로 대응하지 못하면 비극적 운명을 마주할 수 있다.

트럼프 vs '기득권'의 전쟁

앞서 언급했듯 트럼프 시대의 첫 번째 특징은 기득권 세력과의 전쟁을 벌인다는 것이다. 트럼프가 대통령으로 취임하기 직전인 1월 17일 시진핑(習近平) 중국 국가주석은 세계경제포럼(WEF·다보스포럼) 연설에서 중국이 미국을 대신해 자유주의 세계경제 질서를 책임 있게 끌고 가겠다고 선언했다. 다보스포럼은 그간 부자와 승자의 모임이라는 비판을 받아왔다. 1990년대 이후 세계화 과정의 과실을 따먹은 이들이 포럼의 주요 구성원이다. 따라서 다보스포럼의 구성원들은 트럼프의 주요 지지 기반이면서 세계화 과정의 피해자라고 할 수 있는 미국의 서민, 노동자의 이해와는 정반대에 서 있는 이들의 모임이라고 할 수 있다. 트럼프는 취임사에서 "그들의 승리는 당신들의 승리가 아니었다(Their triumphs have not been your triumphs.)"라면서 기득권 세력

미중 신냉전시대와
한반도 자유통일 국가 전략

을 비난했다.

알려졌듯 트럼프는 워싱턴 정치의 아웃사이더로서 대통령 선거에 출마해 공화당과 민주당의 기득권 세력인 젭 부시와 힐러리 클린턴을 패퇴시켰다. 트럼프는 대선 과정에서 공화당과 민주당, 보수와 진보를 넘어 세계의 정치·경제·문화를 주도해온 기성의 정치인, 언론인, 지식인을 한 묶음의 기득권 집단으로 몰아세웠다. 트럼프의 시각에서는 다보스포럼도 기득권 집단의 모임인 것이다. 이 다보스포럼에서 시진핑이 자유주의 경제 질서를 중국이 주도하겠다고 나선 것은 역설적이면서도 상징적인 사건이다.

경제민족주의의 부상

기성 질서를 주도해온 정치인, 경제인, 언론인, 지식인은 트럼프를 올바르게 분석해 내지 못했다. 지난해 미국 대선은 기존의 사고와 선거 방법이 현실과 얼마나 동떨어졌는지 보여줬다. 특히 세계화의 과실을 향유한 언론의 세상에 대한 인식과 판단에 거품(bubble)이 끼어 있음을 확인해줬다. 트럼프가 천명한 기득권 세력과의 전쟁은 인종주의 등의 문제가 섞여 있는 데다 실험적인 것이다. 문제는 트럼프가 내놓은 정책의 영향력이 지대

할 것이며, 특히 한국의 운명에도 결정적 영향을 미칠 수 있다는 점이다. 따라서 트럼프 그룹의 사고방식과 정책 내용에 대한 깊이 있고 정확한 이해가 필요하다.

트럼프 시대의 두 번째 특징은 '경제민족주의'를 강조한다는 점이다. 미국의 국내 및 외교·안보 정책을 이해할 때 핵심 키워드 또한 경제민족주의다. 트럼프의 수석전략가인 스티브 배넌 백악관 선임고문은 스스로를 경제민족주의자라고 칭한다. 또한 "다른 나라의 경제민족주의자들을 존중한다(I have admired nationalist movements throughout the world.)"고 밝힌다. 배넌은 세계사적 흐름과 질서가 경제민족주의를 바탕으로 바뀌어갈 것이라는 인식을 갖고 있다.

1990년대 초반 소련 및 동유럽 사회주의권 붕괴 이후 형성된 미국 중심의 일극 체제와 2008년 세계 금융위기 이후 형성된 G2(미국, 중국) 체제는 역사적으로 보면 과도적 단계인 것으로 평가된다. 소련과 동유럽에서 벌어진 사회주의 실험이 실패했으며 세계화 과정을 거치면서 선진 자본주의 국가는 양극화 문제를 떠안았다. 일부 실패 국가에서 비롯한 난민 문제 등도 세계 각국에 경제민족주의를 기반으로 한 새로운 질서를 만들어갈 것을 요구하고 있다.

이 같은 세계사 전개 과정에서 중국은 공산당 주도로 경제민족주의적 발전 국가의 길을 걸어왔다. 공산당 주도로 반도체, 철강, 조선 산업 등에 막대한 정부보조금을 지원했으며 구글, 페이스북, 카카오 등 해외 IT(정보기술) 업체의 중국 시장 접근을 다양한 방법으로 차단해왔다. 최근에는 한국이 안보 차원에서 도입하는 사드와 관련해 경제보복 조치 움직임을 보인다. 이 같은 점을 고려하면 중국은 자유무역, 공정무역과는 거리가 먼 '경제민족주의적 패권주의' 국가라고 할 수 있다.

트럼프는 취임사에서 "세계 각국이 자국 우선주의 정책을 취할 권리가 있다는 것을 이해한다(the understanding that it is the right of all nations to put their own interests first)"고 밝혔다. 이 발언은 실질적으로는 경제민족주의적 정책을 추진하면서도 표면적으로는 자유무역을 앞세우는 중국의 이중적 태도와는 대조적인 것이다. 트럼프가 미국은 자국 우선주의 정책을 취할 것이며, 다른 나라도 자국 우선주의 정책을 취할 권리가 있다는 점을 인정한 것은 합리적 상호관계를 정립하자는 견해라고 할 수 있다.

제1 경쟁국은 중국

이 같은 트럼프의 태도를 '21세기 신(新)민족주의'라고 명명할 수 있다. 21세기 신민족주의는 종족적 정체성을 기반으로 한 20세기의 패권적 민족주의, 저항적 민족주의와 구별된다. 물론 트럼프 그룹의 일부와 유럽 극우세력 중 일부는 20세기적 종족 민족주의, 인종주의 성향을 나타낸다. 21세기적 신민족주의가 긍정적인 것이 되려면 시민 민족주의, 포용적 민족주의 등과 결합해 자유주의적 애국주의로 발전해야 할 것이다.

제2차 세계대전 이후 미국의 제1 경쟁 국가는 러시아였다. 트럼프 시대의 세 번째 특징은 제1 경쟁 국가를 러시아에서 중국으로 바꾸려 한다는 점이다. 외교·안보 정책에서 이 같은 중대한 전환을 시도하기에 70여 년 동안 옛 소련과 러시아를 주적으로 여기고 일해온 외교안보 전문가, 기성 정치인, 언론인 등으로부터 트럼프는 격렬한 비판을 받고 있다.

그런데 이 같은 세계 전략을 지지하면서 트럼프에 조언하는 인물이 1970년대 옛 소련을 견제하고자 중국과의 데탕트를 성사시킨 헨리 키신저다. 엑슨모빌 최고경영자(CEO) 출신의 렉스 틸러슨을 국무장관으로 추천한 이도 키신저라고 한다. 백악관 국가안보 보좌관을 지낸 즈비그뉴 브레진스키는 트럼프가 추진하는 세계 전략의 배경으로 "세계 질서에서 가장 위험한 것은 중국과 러시아의 긴밀한 협력(Nothing is more dangerous to the US than such a close connection between Russia and China.)"이라는 점을 지적한다.

1970년대 미·중 데탕트를 통해 소련을 견제한 후 사회주의권 해체를 유도하는 데 성공한 전략가 키신저가 21세기 세계 질서

미중 신냉전시대와
한반도 자유통일 국가 전략

대변환의 조언자로 재(再)등장한 것은 주목할 만한 일이다.

미국의 이 같은 대외 정책 기조는 러시아가 군사적으로는 아직도 미국을 잇는 제2의 강국이지만 경제적 기초가 허약한 반면, 1980년대 이후 비약적 경제성장을 통해 세계 제2의 경제대국으로 부상해 2008년 세계 금융위기 이후 G2라고까지 불리는 중국이 향후 군사력을 포함해 미국의 최대 경쟁자가 될 것이라는 인식을 바탕으로 한다. 트럼프의 수석전략가 배넌은 향후 수년 내 미국과 중국 간 전쟁이 불가피하다고까지 말한 바 있다.

트럼프 행정부의 새로운 세계 전략은 한반도 정세에 심각한 위험요인이면서 기회 요인이다. 한반도 정세 변화의 신호탄이자 핵심 이슈는 사드 배치 문제다.

한반도는 '외교 전쟁' 중

중국은 2013년 시진핑 체제 등장 이후 아시아·태평양 지역에서 미국의 영향력을 없애나가기 위해 반(反)접근지역거부(Anti Access Area Denial) 전략을 추진했다. 이 전략의 핵심이 남중국해 해양주도권 확보와 한국의 사드 배치 저지다. 박근혜 정부는 2016년 1월 북한의 4차 핵실험 이전까지 중국의 협조를 통해 핵·북한 문제를 해결하겠다는 주관적 바람(wishful thinking)에 기초해 중국의 사드 배치 반대에 협조했으나 4차 핵실험 이후 중국의 역할에 실망하고는 2016년 7월 사드를 배치하기로 결정한다.

일부 세력은 다양한 방법을 동원해 사드 배치 반대 투쟁을 진행해왔다. 미국과 중국, 보수와 진보, 여당과 야당이 사드를 두고 수년째 투쟁하는 것은 그것이 한 개의 안보 이슈가 아니라 한미 동맹과 한반도의 미래에 막대한 영향을 미치는 사안이기 때문이다. 중국의 반접근지역 거부 전략이 성공해 사드 배치가 철회되면 한미 동맹은 와해의 길로 들어서고, 한국은 친중 종속국가의 길로 진입한다. 트럼프 행정부가 경제민족주의와 미국의 국익을 기반으로 동맹 전략을 재정립하는 과정에서 트럼프 시대 세계 전략의 핵심인 중국 견제와 관련해 한국이 다른 길을 걸으면 한미 동맹은 심각한 타격을 받을 수밖에 없다.

한국 내 일부 세력은 사드 배치를 사활적 문제로 규정한 후 투쟁하고 있다. 지난해 말 천하이(陳海) 중국 외교부 아주국 부국장이 한국 외교부의 만류에도 방한한 일이 있다(천 부국장은 외교가에서 '천스카이(陳世凱)'로 불린다. 1882~1894년 조선에 머물며 국정을 간섭한 위안스카이(袁世凱)에 빗댄 별명). 장·차관급도 아닌 부국장급 외교관이 한국에 들어와 여야 중진 정치인을 만나 반(半)협박, 반(半)설득으로 사드 배치 반대 외교전을 전개했다. 또한 대기업 관계자들을 만나 사드 배치 반대 압박을 벌이는 등 한국 외교가를 농락했다.

미중 신냉전시대와
한반도 자유통일 국가 전략

파키스탄·미얀마의 길

제임스 매티스 미국 국방장관은 첫 해외 방문국으로 한국을 선택했다. 매티스는 한미 국방장관 회담을 통해 올해 안에 한반도에 사드를 배치한다는 확고한 의지를 재천명했다. 또한 구축함 줌월트(Zumwalt)를 제주 해군기지에 배치하는 문제 등을 협의한 것으로 전해진다. 매티스의 이 같은 행보는 트럼프 행정부의 새로운 세계 전략의 핵심 과제인 중국 견제와 관련해 한반도가 최전선에 있음을 인식한 것에서 비롯했다.

트럼프의 대(對)중국 및 대(對)한반도 전략은 대만의 경우에서 확인되듯 한반도를 변화의 소용돌이 속으로 몰아넣을 수 있다. 대선 이후 등장할 한국의 새 정부가 사드 배치와 관련해 약속을 뒤집는다면 그 후폭풍을 예측하기 힘들다.

제2차 세계대전 이후 중국의 주변 국가 중 오랫동안 친중 노선을 취한 대표적인 나라가 파키스탄과 미얀마다. 두 나라는 '친중 종속 삼류국가'의 길을 걸어왔다고도 할 수 있다. 반면 한국, 싱가포르 등 민주주의와 시장경제의 가치를 적극적으로 수용한 국가는 선진국 또는 준(準)선진국으로 발전했다.

일본은 2009년 집권 민주당의 간사장이던 오자와 이치로(小澤一郎)가 적극적인 친중 외교를 벌였으나 2010년 희토류 사태[센카쿠(尖閣·중국명 댜오위다오)에서 벌어진 중국 어선과 일본 순시선

간의 충돌 이후 중국 당국이 희토류 수출을 제한하는 방식으로 보복한 사건]를 겪었다. 민주당은 2012년 선거에서 일본 국민으로부터 심판을 받았다. 이후 중·일 관계의 본질을 인식한 일본은 중국에 대한 경제 의존도를 줄이고자 투자 등 상당 부분을 동남아시아, 인도 등으로 분산했다.

일부 세력은 사드 배치 반대를 통해 한미 동맹에 타격을 가함과 동시에 한·미·일 협력의 약한 고리인 역사 문제, 다시 말해 '위안부 문제 합의'를 비판해왔다. 위안부 문제는 인권 사안과 외교·안보·경제 부분을 분리해 해결했어야 한다. 범(汎)좌파 진영은 위안부 문제를 전가의 보도처럼 휘두르면서 한일 관계 개선과 한·미·일 협력구도를 깨뜨리려 한다. 앞서 강조했듯 트럼프 시대 미국의 세계 전략 핵심은 중국 견제다. 미국은 중국 견제의 핵심 지렛대로 한·미·일 삼각협력을 꼽는다. 위안부 문제로 인해 한·미·일 협력의 발목이 잡힌다면 궁극적으로 한미 동맹에도 균열이 생길 수밖에 없다.

한국이 '아시아의 독일'이 되고자 한다면 민주주의와 시장경제의 가치를 기반으로 동맹 관계를 분명히 하고 이를 기반으로 한중 관계를 재정립해야 한다. 또한 동북아시아 지정학에서 현재 패권을 추구하는 국가가 중국인지, 일본인지 명확히 인식해야 한다. 1882년 임오군란 때부터 1895년 청일전쟁 때까지 위안스카이가 식민지의 총통처럼 조선의 국정을 농단했다. 당시 청나

미중 신냉전시대와
한반도 자유통일 국가 전략

라는 지는 해, 일본은 뜨는 해였기에 조선은 일본의 식민지가 됐다. 현재는 중국이 뜨는 해로 패권을 추구한다. 그럼에도 일부에서 민족주의 감정을 조장해 일본을 주적으로 공격하는 것은 정세 인식이 잘못됐거나 한·미·일 협력구도를 와해하려는 정치적 의도 때문이라고 할 수 있다.

한국의 대선 과정이 한반도의 운명과 관련해 중요한 것도 그래서다. 한국이 아시아의 독일이 아니라 파키스탄, 미얀마의 길로 접어들 수 있기 때문이다.

新안보전략 수립해야

거듭 강조하듯 트럼프 시대 세계질서 변동의 가장 중요한 축은 미·중 간 경쟁 구도이고, 그 최전선이 한반도다. 한국으로서 최선의 길은 선진통일 강국을 만드는 것이다. 이를 위해 첫째, 정보적·군사적·경제적 자강을 통한 신(新)안보전략을 수립해야 한다. 북핵 위협에 대한 대응으로 한국도 독일이 확보한 '핵무기 공유' 제도를 미국과의 협조를 통해 얻어내야 한다. 둘째, 한미동맹을 경제민족주의 시대의 세계 질서를 반영한 형태로 발전시켜야 한다. 셋째, 북한 정권의 선진화(regime evolution)를 기반으로 한 통일 전략을 추진해야 한다. 대북 맞춤형 개입 전략의 핵심은 남북 경협 사업의 확대다. 트럼프 행정부의 국무장관 틸러슨이 러시아의 푸틴과 친분을 가졌으며 엑슨모빌이 사할린 원유 프로젝트를 성공시킨 일 등을 고려해 두만강 유역을 중심으로 남·북·러 합작 개발 프로젝트를 진행할 필요가 있다.

일부에서 거론하는 정밀폭격(surgical strike)이나 김정은 참수작전은 중요한 허점이 있음을 인식해야 한다. 김정일 시대는 명실상부한 김정일의 유일적 독재 체제였다면, 김정은 시대는 형식상으로는 수령−당−대중 통치 시스템을 활용하지만 실질적으로는 외부에 공개되지 않는 인사들로 구성된 서기실과 이를 집행하는 노동당 조직 지도부 중심의 집단지도체제라고 할 수 있다. 참수작전 등에서 이 같은 통치 구조를 고려하지 않으면 목표를 달성하지 못한 채 한반도가 핵전쟁이라는 대재앙으로 빠져들 것이다.

한반도 주변 정세와 북한 문제는 대단히 민감하고 복잡하다. 따라서 보수, 진보 세력이 공히 당위적 주장을 넘어선 처방전(prescription) 수준의 구체적 대안을 내놓아야 한다.

트럼프는 최고의 전쟁 전문가로 불리는 국방장관 매티스와 같은 진짜배기(real deal)와 '큰 협상'을 좋아한다고 한다. 트럼프 시대 한반도 주변 정세는 한국의 운명과 관련해 위기이면서 기회다. 정확한 전략에 기초해 트럼프 행정부와 스마트한 협상을 벌인다면 한반도 통일의 역사적 전기를 마련할 수 있을 것이다.

미중 신냉전시대와
한반도 자유통일 국가 전략

05   남북미 오판이 한반도 전쟁
가능성을 높인다

(「신동아」, 2017년 11월호 '창간특집' 게재)

　9월 3일 북한의 6차 핵실험 이후 한반도는 6·25전쟁 이후 최대 위기에 직면해 있다. 핵전쟁 가능성까지 거론된다. 위기는 세 가지에서 비롯한다. 불확실성이 높은 트럼프 행정부의 의사결정 메커니즘, 김정은 체제의 강화된 공격성, 문재인 정부의 한반도 정세 인식 오판이 그것이다. 전쟁 가능성은 15% 내외로 분석된다. 이번 위기는 전쟁으로 귀결되든, 북·미수교로 국면이 전환돼 한반도 정세의 근본적 변화를 가져오든 결말을 볼 때까지 지속될 것이다.

북한 6차 핵실험은 동북아 정세 '게임 체인저'다

북한 핵무장은 '주체사상', '선군사상', '조선민족제일주의'로 표현되는 국가이념과 북한식 민족주의에 의해 뒷받침된다. 북한은 2012년 개정한 헌법에서 '핵무기 보유국가'임을 선언했다. '핵무기 보유국가'라는 목표를 달성하고자 100만 명 내외가 아사(餓死)하는 사태를 겪으면서도 핵무기 개발을 지속해왔다. 특히 6차 핵실험과 지속적으로 발전시켜온 대륙간탄도미사일(ICBM)을 포함한 중장거리탄도탄의 결합은 북핵, 북한 문제를 남북관계 문제가 아닌 북·미 간 문제이자 세계 문제로 전환시켰다.

북한 핵무장으로 인한 동북아 정세 변화는 첫째, 남북 간 안보 균형 역전이다. '한강의 기적'으로 상징되는 한국의 경제 발전과 북한의 1990년대 중후반 100만 명 내외의 아사 사태는 남북 간 체제 경쟁에서 한국이 승리한 것처럼 보이게 했다. 그러나 북한이 핵·미사일 개발에 집중한 결과 남북 간 안보 전력에서 근본적 변화가 야기됐다.

특히 수소폭탄 급으로 평가되는 6차 핵실험과 ICBM 기술의 결합은 미국, 일본을 강력하게 위협하면서 한국 안보를 심각한 위험으로 몰아가는 전략적 상황 변화다. 비록 한국이 경제력과 재래식 군사력에서 북한에 압도적 우위에 있으나 미국 지원 없는 남북 간 군사적 대결을 가정하면 대단히 위태로운 상태다.

미중 신냉전시대와
한반도 자유통일 국가 전략

둘째, 한반도 핵전쟁 가능성이 높아지고 있다. 미국 외교전문지 '포린 폴리시(Foreign Policy)'는 올해 3월 북한이 동쪽으로 4발을 동시 발사한 미사일은 일본 내 미군 기지를 핵 탑재 미사일로 타격하기 위한 핵전쟁을 가상한 군사훈련이라고 평가했다. 한미연합 독수리 훈련 중 선제타격(Preemptive Strike)과 이른바 김정은 참수작전(Including its leadership)을 포함하는 작계5015(OPLAN 5015)에 대응하기 위한 것이라고 한다. 뒤이어 북한은 7월 ICBM으로 평가되는 화성14호 발사, 8월과 9월 중장거리탄도미사일인 화성 12호 일본 상공 통과 태평양 낙하 발사, 9월 6차 핵실험 등을 통해 단계적으로 한반도 핵전쟁 위협을 고조시켰다. 이 같은 북한의 도발에 대해 도널드 트럼프 미국 대통령은 8월 '북한은 세계가 지금까지 보지 못한 화염과 분노(fire and fury)에 직면할 것'이라고 경고했다. 이 같은 북·미 간 충돌 가능성은 여러 가지 이유에 의해 증폭되고 있다.

셋째, 동북아 질서의 근본적 변동이 시작됐다. 북한의 6차 핵실험은 시진핑(習近平) 중국 국가주석이 브릭스(BRICS) 정상회의를 개최하는 날 실행됐다. 북한이 중국은 더 이상 자신들의 후원국가도 아니고, 북한의 의사 결정에 베이징이 어떤 영향도 주지 못한다는 사실을 공공연하게 선언한 것이다. 중국은 2009년 2차 핵실험 이후 북핵, 북한 관리를 위해 북한 정권의 친중화를 추진했고, 2011년 김정일 사후에는 대표적인 친중파인 장성택을 통해 친중 정권을 도모했다. 그러나 김정은 체제는 2013년 말 장성택을 숙청하면서 중국의 의도를 좌절시켰으며 이후 북·중관계는 지속적으로 악화됐다.

사실이 이러함에도 북핵, 북한 문제에 대한 중국 역할을 중시하는 국내외 평가가 있다는 것은 한심한 일이다. 반면 북한의 6차 핵실험 이후 블라디미르 푸틴 러시아 대통령의 역할에는 주목해야 한다. 푸틴은 북한 핵실험을 규탄하면서도 '핵 문제를 포함한 한반도 문제의 종합적 해결은 정치·외교적 수단을 통해서만 달성될 수 있음'을 강조했다.

또한 북한의 북·미 협상 실무책임자인 최선희 북·미국장을 9월 모스크바로 초청해 아시아·태평양 지역 담당 외무차관 등과 회담하게 하는 등 북핵, 북한 문제의 중재자로 나서고 있다. 북한을 축으로 한, 북·중관계, 북·러 관계의 이러한 변화는 동북아 정세의 근본적 변동을 가져올 빙산의 일각이다.

트럼프 행정부의 불확실성이 한반도 전쟁 가능성 높인다

전 북대서양조약기구(NATO) 사령관이자 현 플레처스쿨 학장인 제임스 스타브리디스는 최근 트럼프 행정부의 제임스 매티스 국방장관, 허버트 맥마스터 안보보좌관, 존 켈리 비서실장은 모

미중 신냉전시대와
한반도 자유통일 국가 전략

두 한반도 전쟁이 가져올 대학살(Carnage)의 비극을 충분히 이해하고 있으나 트럼프 대통령을 제어하기는 대단히 힘들다고 지적했다(Controlling President Trump seems incredibly difficult). 미국 외교 전문지 「포린 어페어스」는 최근 백악관은 새롭고도 이전에 없던 도전에 직면했다면서 그들은 김정은을 억지해야 하는 동시에 트럼프 대통령의 갈팡질팡 행보가 전쟁으로 이어지는 것을 방지해야 한다고 지적했다. 이 같은 트럼프 행정부의 불확실성이 오판과 결합되면 더욱 위험해진다.

첫째, 트럼프 행정부의 오판은 김정은 참수작전 성공이 과연 가능한지 아닌지와 관련된다. 9월 15일 북한은 김정은 참관 하에 중장거리탄도미사일 화성12호를 발사했고, 한국은 6분 뒤 북한의 도발원점을 타격할 수 있는 현무미사일 두 발을 발사했다. 한국과 미국 정보당국은 당시 김정은의 참관 사실을 파악하고 있었다고 한다. 이는 당시 미군과 한국군이 의지만 있었다면 김정은 참수작전을 성공시킬 수 있었다는 얘기다. 그런데 김정은을 포함한 눈으로 확인되는 북한의 지도부 제거 작전이 성공한다면 북핵, 북한 문제를 해결할 수 있을까.

김정일 체제는 '김정일 수령'이 영도하는 내용과 형식이 일치되는 전일적 통치체제였다. 그러나 김정은 체제는 현상적으로는 김정은을 수령으로 내세우고 있지만 내용적으로는 집단지도 체제이며 보이지 않는 지도부인 서기실이 북한의 실질적 통치 집단인 것으로 분석된다. 서기실의 핵심적 역할에 대해서는 태영호 전 영국 주재 북한대사관 공사도 증언한 바 있다. 따라서 김정은과 노동당 정치국 상무위원 등 눈에 보이는 지도부를 제거하더라도 서기실을 중심으로 한 실질적 통치 집단은 즉시 새로운 지도부를 내세우고 전쟁을 포함한 각종 의사결정을 주도할 것이다. 결국 김정은 참수작전을 통한 북한 지도부 와해와 이를 통한 북핵 문제 해결 작전은 실패할 확률이 높고, 그로 인해 한반도 핵전쟁 등이 촉발될 수 있다. 이 같은 문제에 대한 트럼프 행정부의 정확한 판단이 요청된다.

둘째, 북한의 반격 능력에 대한 오판이 큰 재앙을 초래한다. 미국의 선제타격에서 중요한 고려사항은 북한의 반격 능력에 대한 평가다. 전쟁사를 볼 때 무기 등 물질적 자원 못지않게 중요한 것이 전쟁 주체세력의 정신적 무장이다. 북한은 주체사상, 선군사상, 조선민족 제일주의와 같은 북한 특유의 강렬한 민족주의로 주민 대다수가 정신무장돼 있다. 더군다나 북한은 '조선이 없으면 세계도 없다'는 식의 극단적 구호도 내세운다. 따라서 한반도에서 전쟁이 발발할 경우 북한은 핵, 미사일, 생화학무기 등 모든 자원을 쏟아 부을 뿐만 아니라 가미카제식 자살특공대 형태의 공격도 마다하지 않을 것이다.

핵무기의 경우 약 60개(플로토늄 기반 20, 고농축우라늄 기반 40) 중에서 미국이 선제융단폭격을 한다 하더라도 고농축우라늄 기

미중 신냉전시대와
한반도 자유통일 국가 전략

반 약 20개는 그 위치를 정확히 파악할 수 없기 때문에 북한의 반격 작전에 사용될 것이다. 따라서 이번 한반도 전쟁은 핵전쟁이 될 것이고 이라크 전쟁, 아프가니스탄 전쟁과는 성격이 근본적으로 다를 수밖에 없다.

그리고 전쟁 지역도 한반도에 국한되지 않고 일본과 미국 본토까지 확대될 것이다. 북한의 현재 핵·미사일 능력을 고려할 때 도쿄 폭격, 캘리포니아 폭격 가능성은 대단히 높다. 북·미 간 전쟁이 발발할 경우 최종 결과는 당연히 미국의 승리가 될 것이지만, 전쟁 과정에서 한국, 미국, 일본이 입을 타격은 상상을 초월할 것이다. 핵전쟁 사상자는 수백만 명을 넘어서고, 한국, 일본, 미국 경제를 포함한 세계경제에 대한 타격은 추산하기 힘들 정도다. 미국 중앙정보국(CIA) 국장, 국방부 장관을 지낸 로버트 게이츠는 "북한에 대한 선제공격은 제3차 세계대전을 부를 수 있다"고 경고하기도 했다. 미국의 현명한 판단이 요구된다.

셋째, '중국 역할론'과 관련한 오류다. 박근혜 정부 시기에도 북핵, 북한 문제 해결과 관련해 중국 역할에 대한 과도한 환상 때문에 많은 오류를 빚은 바 있다. 그런데 문재인 정부와 트럼프 행정부에서도 '중국 역할론'에 대해 잘못된 인식이 횡행한다. 특히 헨리 키신저 전 미국 국무부 장관 등이 제기한 '미중 빅딜론'이 핵심적인 문제다. 그 내용은 미국이 북한 정권 붕괴 이후 주한 미군 철수나 한미상호방위조약 폐지 등을 중국에 약속하고 중국을 미국의 북한 정권 붕괴 추진에 협력하게 한다는 것이다. 키신저는 한반도 역사와 북한에 대해 무지할 뿐만 아니라 중국의 로비에 이용당해온 구시대 인물이다. '미중 빅딜론'의 배경은 북한에 대한 중국 역할론의 환상과 연관돼 있는데, 북한의 6차 핵실험을 통해 그 허구성이 만천하에 폭로된 바 있다. 북핵, 북한 문제 해결과 관련해 잘못된 중국 역할론은 트럼프 행정부의 오판을 부채질할 수 있다.

김정일 시기와 다른 김정은 체제의 강화된 공격적 성향이 전쟁 가능성 높인다.

김정일 체제의 주요 특징 중 하나는 미국에 대해 선전선동 차원에서는 과격했지만 실제 행동에는 대단히 조심스러웠다는 점이다. 그런데 김정은 체제는 한국뿐만 아니라 미국에도 공격적 성향을 내보인다. 김정은이 직접 미국 대통령을 '늙다리 미치광이(The mentally deranged U.S. dotard.)'라고 비난했고, 미국 영토 괌을 미사일로 공격하겠다고 위협했다. 이같이 행동하는 이유는 핵과 미사일의 발전 속도가 가팔라지면서 체제 자신감이 높아진 것과 함께 김정일 체제와는 다른 김정은 체제의 리더십과 관련돼 있다.

김정은 체제 리더십은 첫째, 안보전략에서 공격적 성향을 지
녔다. 김정일 체제와 비교할 때 김정은 체제는 대부분 안보 전문
가의 예상을 뛰어넘는 속도로 핵·미사일 개발을 발전시켜왔다.
이는 수십 년 동안 축적해온 김정일의 비자금 중 상당 부분인 수
십억 달러를 투여한 것이 작용한 결과로 여겨진다. 김정은 체제
가 북한의 운명과 관련해 최종 승부수를 던지고 있다는 뜻이다.
2011년 김정일 사후 북한은 2013년 2월 3차 핵실험을 실행하고 3
월 정전협정 무효화 선언을 통해 김정은 체제의 공격성을 처음
드러냈다. 그러곤 2016년 4차, 5차 핵실험, 2017년 6차 핵실험과
각종 중장거리탄도미사일, 방사포, ICBM 실험 등을 통해 군사
적 강성국가의 길로 치닫고 있다. 이를 기반으로 북·미 간 최종
담판을 끌어내고 북한 주도 한반도 통일을 실현하고자 하는 것
이다.

둘째, 김정은 체제의 공격적 성향은 미국의 레드라인에 대한
오판 가능성을 높인다. 북한이 미국과 전면전을 시도하지 않으
리라는 것은 상식이다. 북한의 의도는 핵보유 국가로 인정받아
체제 안전을 확보하고, 나아가 한반도에서 북한 주도 통일을 실
현하는 것이다. 이를 위해 미국과는 전쟁도 불사하겠다는 벼랑
끝 전술을 구사한다. 그런데 핵심적 문제는 벼랑 끝 전술 구사
과정에서 미국이 설정한 레드라인을 넘어설 경우 전면전 가능성
이 높아진다는 것이다. 그리고 그 레드라인에 대한 판단은 미국

의 이전 대통령과는 성격이 대단히 다른 트럼프가 주도한다. 결국 북한 김정은 체제의 공격적 성향과 미국 트럼프 대통령의 주관적·공격적 성향, 미치광이 이론(Madman Theory) 등이 상호 충돌 가능성을 높이는 것이다.

셋째, 김정은 체제는 트럼프 행정부의 대(對) 북한, 대(對) 중국 전략에 대해 오판할 가능성이 높다. 트럼프 행정부의 중요한 정치적 기반은 경제민족주의(Economic Nationalism)다.

경제민족주의의 설계사 스티브 배넌은 수년 내 미·중 간 전쟁이 불가피하다고 예견한 바 있으며, 9월 22일 시진핑의 오른팔 격인 왕치산(王岐山)과 비밀회동을 하기도 했다. 미국이 부상하는 중국의 기를 꺾기 위해 선택할 수 있는 군사 옵션은 한반도와 남중국해로 압축된다. 한반도 핵전쟁은 리스크가 너무 크기 때문에 남중국해에 대한 군사 옵션보다는 실행 가능성이 낮다고 할 수 있다. 그러나 트럼프 대통령의 경제적·현실적 이해관계에 대한 판단은 다수 전문가의 상상을 초월해왔다. 따라서 북한의 김정은 체제가 트럼프 대통령의 대북한 전략, 대중국 전략을 주관적으로 판단함으로써 상황을 오판할 가능성이 적지 않다.

문재인 정부의 정세 인식 오판이 전쟁 가능성 높인다

김정은 탓, 트럼프 탓만 하고 있기엔 상황이 매우 심각하다. 한국 정부는 당면한 위기를 해결해야 할 무한책임이 있는데도 문재인 정부에서는 오판의 징후만 보인다.

첫째, 한미 동맹·한중 관계와 관련한 외교 전략의 모호성이 문제다. 현재 한반도 정세에서 한미 동맹이 약화되면 전쟁 가능성이 높아진다. 그런데 문재인 정부는 사드 배치와 관련해 임시라는 낱말을 사용하면서 환경영향평가를 남겨두고 있다. 박근혜 정부가 2016년 1월 4차 핵실험 전까지 유지하던 '전략적 모호성'이라는 실패한 정책을 반복하는 것이다. 현재는 사드 문제를 명확히 함을 넘어 미국과 '핵 공유 협정'을 추진할 때다. 핵 공유는 한미 동맹을 새롭게 업그레이드하면서 남북 간 안보 불균형을 바로잡고 중국의 한미 동맹 흔들기 시도에 쐐기를 박는 효과를 가져 올 것이다. 또한 결과적으로 한반도 전쟁 가능성을 줄이는 효과가 나타난다.

둘째, 북핵·북한 문제를 해결하려면 한미 동맹을 강화하는 동시에 남북협상과 북한에 대한 개입정책을 적극 추진해야 한다. 그런데 문재인 정부는 남북협상과 평화를 선언하기만 했지 정부 출범 5개월이 넘도록 구체적 진전이 없다. 북한과 신뢰할 만한 협상 채널도 구축하지 못했으며, 구체적 문제 해결 능력도 보여주지 못했다. 북·러 관계의 변화 등을 고려한 창의적 전략·전술의 운용도 없다.

필자가 정부, 기업, 민간 차원에서 북한 노동당 간부들과 20여 차례 협상하면서 들은 중요한 말이 있다. '남에서는 사업을 추진하다 실패하면 인사 불이익 등으로 끝나지만 북에서는 추진한 사업이 실패하면 목숨이 위태롭기 때문에 목숨을 걸 정도의 긴장감을 가지고 사업을 검토한다'는 것이다. 각오 수준, 긴장도, 집중도가 다르면 결과도 다르게 마련이다. 현재 남북관계의 복잡성과 심각성을 고려할 때 대북정책 책임자들은 북한 측 상대방을 넘어설 정도로 목숨을 걸 각오, 긴장, 집중이 필요하다.

한반도 운명을 가를 변곡점

셋째, 문재인 정부의 파벌주의적 인사와 정책은 현재의 국가적 위기를 극복하는 데 중요한 걸림돌이다. 한반도 정세는 6·25전쟁 이후 최대 위기이며 우리는 향후 한반도의 운명을 가를 변곡점에 서 있다. 북미 간 전쟁 발발로 남북 모두의 비극으로 귀결되든지, 북미 간 극적 협상과 수교가 이뤄지면서 한반도 정세의 근본적 변동이 오든지 할 것이다.

우리는 한반도 전쟁 위기를 극복해야 할 뿐만 아니라 북·미

미중 신냉전시대와
한반도 자유통일 국가 전략

협상, 북·미 수교로 전환될 경우에 대해서도 심각한 위기의식을 갖고 대응 전략을 세워야 한다. 핵 동결과 중장기 비핵화를 핵심 조건으로 북·미가 수교할 경우에 북한은 '베트남 모델' 식으로 친미비중(親美非中) 국가로 방향을 전환한 후 북한 주도 통일을 추진할 것이다. 북한이 '베트남 모델' 식으로 갈 경우 이를 북한이 주도하느냐 한미 동맹이 주도하느냐에 따라 한반도 운명이 달라진다. 따라서 우리는 한미 동맹을 그 어느 때보다 강화함과 동시에 독자적 자강전략, 북한에 대한 개입전략, 통일전략, 동북아시아 전략을 수립해야 한다. 이를 위해서는 파벌주의적 사고를 넘어 거족적·국민통합적 결의를 모아야 한다.

06 '샤프파워' 중국과 대응전략

「세계일보」 2018. 4. 13.)

중국의 시진핑 국가주석은 지난 10일 보아오 포럼에서 중국의 개혁개방 40주년을 축하하면서 자동차 등 수입관세 인하, 지식재산권 보호 강화, 금융시장 개방 확대 등을 약속했다. 이에 대해 미국 경제전문지 「포브스」는 "트럼프 대통령의 관세 위협이 중국에서 효과를 거두고 있다"고 보도했다. 이는 한국의 사드 배치에 대한 롯데그룹의 경제보복, 주변국가의 반대에도 아랑곳하지 않는 남중국해 인공 섬의 확대, 티베트·위구르 소수민족에 대한 억압, 통제정책의 강화 등과 비교할 때 대단히 대조적이다. 오직 힘의 논리만이 작동하고 있는 국제정세의 현실을 반영하고 있다고 평가된다.

미국의 국립민주주의기금(NED)은 지난해 중국의 권위주의체제에 기초한 대외영향력 확대전략을 서방의 '소프트 파워'(soft

미중 신냉전시대와
한반도 자유통일 국가 전략

power)와는 다른 '샤프 파워'(sharp power)라고 규정했다. 또한 영국 경제전문지 「이코노미스트」는 지난해 12월 중국의 '샤프 파워' 특집기사에서 중국이 막대한 경제력을 무기로 압박, 회유, 위협 등을 통해 해당 국가나 대상 기관의 자기검열을 유도하고 정보 조작을 시도해 스스로 복종하도록 강제한다고 평가했다.

북한은 소위 '샤프 파워 중국'에 대해 대단히 영리하게 대응해온 나라로 평가된다. 북한은 지난해 미국과 함께 세계 초강대국으로 등장한 중국의 시진핑을 위한 잔치행사였던 브릭스(BRICS · 브라질 러시아 인도 중국 남아공) 정상회의가 열린 9월 3일 6차 핵실험을 단행해 중국의 체면을 심각히 손상시켰다. 이에 중국은 역사상 가장 강력한 수준의 대북제재로 북한을 압박했다.

그런데 신년 초부터 시작된 북한의 현란한 외교 전략에 따라 남북 정상회담, 북·미 정상회담이 예고되면서 소위 '차이나 패싱'이 우려되자 극적인 북·중 정상회담이 성사돼 '대대로 이어진 혈맹'이라는 수식어가 다시 등장했다. 북한의 강대국에 대한 등거리 외교 전략이 다시 성공하고 있는 것이다. 다가올 북·미 정상회담에서는 극적 협상을 통해 북한이 친미비중(親美非中)국가인 '베트남 모델'로 전환될 가능성까지도 분석되고 있다.

베트남의 경우 1970년대 미국과의 전쟁에서도 승리했고, 1/79년에는 중국의 부분적 침략도 격퇴했다. 그런데 21세기에는 초강대국으로 등장한 중국의 파워에 대응하기 위해 미국과 적극적인 관계개선을 추진해왔다. 지난 3월 5일 미국의 항공모함 칼빈슨호 전단이 베트남 다낭 항구에 기항한 것은 극적 변화를 상징한다. 베트남 역시 중국에 대한 무역의존도가 대단히 높지만 이를 지렛대로 한 정치적·문화적 간섭은 단호히 거부한다.

그런데 세계 10대 경제대국으로 성장했고, 한류 등 문화적 파워도 세계적 수준이 된 한국은 중국의 '샤프 파워'에 대해 대단히 무기력하다고 평가된다. 이 문제는 보수·진보를 가리지 않는다. 보수 박근혜정부는 '사드' 도입과 관련해 2016년 1월 4차 핵실험 전까지 중국 눈치를 보면서 소위 '전략적 모호성'이라는 입장을 취했었다. 진보좌파 문재인정부는 수동적인 '사드' 배치 이후 중국에 대해 3NO(미국 미사일방어체계 편입, 사드 추가배치 검토, 한·미·일 군사동맹 등 불가)정책 약속을 통해 여전히 눈치 보기를 지속하고 있다.

지난해 9월 북한의 6차 핵실험은 동북아정세의 게임 체인저(혁신 주도자)가 됐다고 평가된다. 이에 따라 동북아정세의 대변동이 시작됐다. 이미 열린 북·중 정상회담, 4월과 5월에 예정돼 있는 남북 정상회담과 북·미 정상회담은 그 대변동 과정에서 중요한 변곡점이 될 것이다. 이 과정에서 중요한 것은 우리의 국가전략, 통일전략, 동북아전략이다.

특히 21세기 동북아정세에서 '샤프 파워 중국'에 대한 대응전

미중 신냉전시대와
한반도 자유통일 국가 전략

략이 가장 중요하다. 그중에는 한미 동맹이 냉전시대의 동맹, 탈냉전시대의 동맹관계를 넘어 민족·국가 간의 무한 국익경쟁이 벌어지고 있는 지금 시기에 어떻게 진화, 발전해야 하는가가 중요하다. 그렇지 못하면 한국이 그동안 개인의 자유와 인권, 자유민주주의와 시장경제라는 가치에 기초해 쌓아올린 산업화와 민주화라는 역사적 성과는 유실되고 나아가 주권국가로서의 지위마저도 심각하게 위협받을 것이다.

07 인도·태평양전략과 대북정책

(『세계일보』 2018. 9. 7.)

9월 남북 정상회담을 앞두고 마이크 폼페이오 미 국무장관의 방북이 취소되면서 대북정책에 대한 우려가 커지고 있다. 남북 정상회담 일정과 남북연락사무소 정상회담 전 개소 등을 합의하고 돌아온 대북특사의 결과물은 문재인정부가 향후 북·미관계 진전에 얽매이지 않고 남북협력의 속도를 높이겠다는 의지를 표명한 것으로 보인다. 그런데 현 동북아정세에서 한국의 대북정책은 트럼프정부의 인도·태평양전략에 대한 이해가 낮을수록 실패 가능성이 커진다고 평가된다.

한국과 미국은 지난달 24일 양국 정부 차원에서 인도·태평양전략에 대해 논의했다고 한다. 우리 정부는 "신남방정책과 인도·태평양전략의 접점을 모색하고 있는 상황이며, 한미 간의 회의 목적이 중국 견제를 위한 것은 아니다"고 발표했다. 인도·태평

미중 신냉전시대와
한반도 자유통일 국가 전략

양전략은 미국·일본·인도·호주 등 4개국이 중심이 돼 아시아태평양지역의 항행의 자유, 법의 지배, 공정하고 호혜적인 무역 등을 추진한다는 구상이다. 지난 2017년 11월 미·일 정상회담에서 '아시아·태평양'이라는 명칭 대신 '인도·태평양'이라는 표현을 사용하면서 국제사회에 인도·태평양전략이 가시화됐다. 미국은 지난 5월 태평양사령부의 명칭을 '인도태평양사령부'로 바꾸면서 안보 차원의 인도·태평양전략을 구체화했다. 인도·태평양 구상은 2010년 일본과 중국 간의 센카쿠제도 분쟁 시 중국의 경제보복으로 발생한 희토류 사태 이후 일본이 대중국 경제 의존도를 낮추기 위해 대중투자를 인도로 대대적으로 전환하는 정책으로부터 출발했다.

이후 아베정권은 중국 시진핑체제의 중화민족 패권주의를 견제하기 위한 전략으로 인도·태평양전략으로 발전시켰다. 특히 미국우선주의, 경제민족주의를 앞세운 트럼프정부의 등장과 함께 아시아·태평양지역에서 중국패권주의를 견제하기 위한 미일합작의 종합적 전략으로 발전하게 된다.

그런데 한국의 보수우파 박근혜정부, 진보좌파 문재인정부는 거의 똑같이 미국의 대중국 전략에 대한 이해가 부족하다고 평가된다. 박근혜정부는 2013년 3차 핵실험 이후 2016년 1월 4차 핵실험 전까지 미국의 사드 배치 요구에 대해 소위 '전략적 모호성'이라는 입장을 취한 것, 2015년 중국의 전승절 기념식 때 자유민주주의국가 지도자로서는 유일하게 천안문광장 연단에 선 것 등에서 확인된다. 이 같은 미·중 간의 줄타기 외교는 2016년 4차 핵실험 이후 사드배치 결정을 하면서 많은 상처만 남긴 채 종언을 고하게 된다. 그런데 문재인정부 역시 국가전략의 관점에서나 대북정책에서나 미·중 간의 균형외교를 반복하고 있다. 이는 먼저 트럼프정부의 핵심 대아시아 전략인 인도·태평양전략에 대해 소극적 참여의 태도를 보이고 있는 것에서 확인된다. 인도·태평양전략을 미·일의 대중국 견제 성격이 강한 것으로 이해하고 있기 때문이다. 이에 직접 참여보다는 문재인정부의 남방정책과 접점을 모색하는 수준에서 고려하는 것으로 보인다.

이 같은 태도는 트럼프정부의 향후 대 한반도정책, 대북정책을 결정하는 과정에서 부정적 영향을 끼칠 것이다. 트럼프정부의 특징이 내 편, 네 편에 대한 판단을 중시하는데 중국과 무역전쟁, 패권경쟁을 치르고 있는 조건에서 한국의 태도는 어느 편도 아닌 것으로 해석될 것이다. 이 문제는 한국의 안보와 경제에 심각한 타격을 줄 것이다.

다음으로, 대북특사의 발표 내용은 한미 간의 긴밀한 협력보다는 중국, 북한과 협력하면서 한반도문제를 해결하겠다는 의지를 보여주고 있다. 구체적으로는 북한의 비핵화, 종전선언, 제재문제 등에 대한 문재인정부의 입장에서 확인되고 있고, 이는 한미 동맹의 균열을 가져올 것이다. 특히 미·중 간의 무역전쟁, 패

미중 신냉전시대와
한반도 자유통일 국가 전략

권경쟁이 확대되고 있는 상황에서 한미 동맹의 균열을 감수하고 중국, 북한과 협력해 한반도문제의 해법을 추구하는 것은 국가적 위기를 초래할 것이다.

　현재 대북정책은 어느 때보다 확고한 자강전략과 한미 동맹에 기초해 당면한 문제를 지혜롭게 해결해 나가는 것이 요구된다. 한미 동맹의 균열을 가져올 수 있는 성급한 남북협력이나 중국 의존적인 정책은 심각한 후과를 가져올 것이다. 한반도의 운명이 중대한 갈림길에 놓여 있다.

08 민족주의 진화와 자유주의적 애국주의

(「세계일보」 2018. 12. 28.)

2018년 한반도는 역사적 전환점이었다. 북한이 남북, 북·미, 북·중 정상회담을 거쳐 핵 국가로 현실적으로 진입하면서 남북은 평화 시대가 아니라 제2의 체제경쟁 시대로 들어섰다. 이 과정에서 문재인정부는 '북한의 비핵화론'과 '한반도 비핵화론'에 대한 이해의 혼란과 민족주의적 정서를 자극하는 홍보만 보여주었다. 문재인정부 대북정책 문제점의 근원에는 낡은 민족주의가 있다고 보여진다. 낡은 민족주의란 20세기 민족해방운동 관점의 민족주의, 핏줄 중심의 배타적 민족주의, 개인의 자유와 인권 등 보편적 가치에 대한 이해가 부족한 민족주의를 말한다.

얼마 전 도널드 트럼프 미국 대통령이 '미국 우선주의'를 강조하면서 스스로 민족주의자라고 언급한 직후, 에마뉘엘 마크롱 프랑스 대통령이 민족주의는 애국주의에 대한 배신이라며 비판

미중 신냉전시대와
한반도 자유통일 국가 전략

하자 CNN과 뉴욕타임스 등에서 트럼프 대통령의 민족주의 언급에 대해 맹렬하게 비판한 바 있다. 애국주의는 방어적이지만 민족주의는 공격적인 것이라는 등의 논리를 앞세웠다.

이 같은 민족주의에 대한 비판적 인식은 미국과 서유럽 대부분의 지식인 사회, 오피니언 리더층이 세계 2차대전 이후 공유해오고 있다 할 수 있다. 서유럽 제국주의 국가의 패권적 민족주의의 폐해와 두 번에 걸친 세계대전, 나치즘의 역사적 상처 등과 연관된다. 그런데 이에 대해 월터 러셀 미드「월스트리트저널」칼럼니스트는 미국과 서유럽 지식인의 민족주의에 대한 이해는 자기중심적 견해에 불과하고, 탈민족주의는 서방의 환상일 뿐이며, 세계적 추세가 아니라고 지적했다.

그리고 현재 중국·러시아·인도·파키스탄·베트남·브라질·터키 등이 민족주의적으로 행동하고 있음을 밝혔다. 나아가 만약 미국과 서유럽의 기득권층이 세계화와 함께 민족주의의 중요성을 이해했었다면, 트럼프는 여전히 TV쇼나 하고 있었을 것이라면서 주류 리더의 민족주의에 대한 몰이해가 길어질수록 세계는 더욱 혼란스러워질 것이라고 경고했다.

한국 지식인 사회와 오피니언 리더층 역시 보수와 진보를 막론하고 미국과 서유럽 지식계층의 영향과 세례를 많이 받은 결과 민족주의 담론에 대해 시니컬하거나 헐뜯는 것이 대세이다. 이 같은 조건에서 북한의 주체사상과 민족해방통일전선 이론에 기초한 대남전략, 그리고 80년대 운동권세대의 반미(反美)·친북 (親北) 정서와 이들에 영합한 일부 지식인의 탈 한미 동맹, 친북, 친중적 인식이 결합해 문재인정부의 낡은 민족주의에 기반한 대 북정책이 갈수록 확대되고 있다.

현재의 난국을 극복하기 위해서는 문재인정부의 대북정책의 근원인 낡은 민족주의를 극복할 수 있는 자유민주주의에 기초한 신민족주의, 자유주의적 애국주의를 정립하는 것이 중요하다. 21세기 민족주의는 진화가 필요하다. 신민족주의는 폐쇄적, 민 족해방론적 시각이 아닌 자유민주주의와 시장경제라는 가치를 기반으로 한 문화적 정체성을 중심으로 한 포용적 민족주의로 진화해야 한다.

또한 다른 공동체에 대한 배타적·공격적 요소를 극복하고 공 동체의 정체성과 공동체를 위한 의무를 중심으로 한 애국주의와 통합적으로 수렴돼야 하며, 인류적 과제에 대해 세계자유민주주 의 세력과 연대의 관점에 서야 할 것이다. 이는 자유주의적 민족 주의 또는 자유주의적 애국주의라 할 수 있다.

현재 문재인정부는 북한의 친미비중(親美非中) 국가화와 개혁 개방을 의미하는 '베트남 모델'을 넘어서서 한반도 전체의 '베트 남식 통일 모델'화를 돕고 있는 것으로 보인다. 북한의 베트남 모델화는 역사의 진보이지만, 한반도 전체의 베트남식 통일 모 델화는 역사의 퇴보이다. 향후 한반도의 운명은 민족해방 민족

미중 신냉전시대와
한반도 자유통일 국가 전략

주의에 기반한 북한주도의 '베트남식 통일 모델'이 될 것인지, 자유주의적 애국주의에 기초한 한국주도의 '독일식 통일 모델'로 갈 것인지 그 기로에 서 있다고 할 수 있다.

09 화웨이사태와 '천진난만'한 친중정책

(「세계일보」 2019. 5. 24.)

미국의 세라 샌더스 백악관 대변인은 지난 15일 "도널드 트럼프 대통령이 미국의 정보통신기술(ICT) 및 서비스와 관련해 국가비상사태를 선포하고, 미국의 국가안보 또는 미국민의 보안과 안전에 위험을 제기하는 거래를 금지할 권한을 상무 장관에게 위임하는 행정명령에 서명했다"고 발표했다. 이는 5세대 통신 인프라 구축과 관련해 계속 논란이 돼온 중국 화웨이 제품에 대한 블랙리스트화를 의미한다. 또한 미국은 9일 중국의 차이나 모바일 미국 시장 진출에 대해 국가안보 위협 가능성을 들어 불허 결정을 내렸다.

현재 세계는 미·중 간의 경제 패권전쟁으로 많은 갈등이 표출되고 있다. 그중 전략산업인 통신산업의 5세대 인프라 구축은 4차 산업혁명의 미래경쟁력과 직결돼 경제패권전쟁의 핵심분야

미중 신냉전시대와
한반도 자유통일 국가 전략

이다.

지난 3월 유럽연합(EU) 집행위원회에서 발표한 전략보고서는 중국을 '잠재적 파트너'에서 '전략적 경쟁자'로 개념규정을 전환했다. 통신산업의 5세대 네트워크 구축과 관련해서는 중국을 '경제적 경쟁자'로 규정하면서 안보리스크를 구체적으로 점검하겠다고 발표했다. 그리고 미국은 중국이 돈을 무기로 유럽국가를 분열시키려는 행동을 경고하면서, 특히 독일이 화웨이 5세대 통신장비를 도입할 경우 독일에 대해 국가 간 정보공유를 제한할 것이라고 했다.

필자는 2000년대 초 북한과 수차례 남북 통신협상을 진행한 바 있는데, 북한이 중요하게 고려했던 것은 통신에 대한 감청 등 통제문제였다. 북한과 중국 등 권위주의 국가에서는 통신을 국가와 국민을 통제하기 위한 중요수단으로 보기 때문이다. 현재 화웨이 사태와 관련된 안보리스크는 바로 이 같은 문제와 연관된다. 5세대 통신에서는 기존의 감청, 도청, 백도어 문제 등을 넘어서서 훨씬 복잡한 통신간섭 가능성이 커진다. 국제사회에서는 ICT와 권위주의의 결합이 가져올 문제, 즉 디지털 레닌이즘, 디지털 권위주의국가에 대한 비판적 담론이 확산되고 있다.

한국에서는 이전 정부 때 화웨이의 4.5세대(LTE) 통신장비를 L사에 판매한 것과 관련해 한미 간의 부분적 갈등이 있었다. 결국 화웨이 장비의 도입이 현실화되자 미국은 주한미군기지 등 미국의 주요시설 부근에 화웨이 통신장비를 사용하지 않게 하는 수준에서 대응했다고 한다.

그런데 현재 미국이 세계적 차원에서 강력하게 경고하고 있는 5세대 통신 인프라 화웨이 장비 도입 문제는 LTE 통신 인프라 구축 때의 논란과는 비교하기 힘들 정도로 심각한 양상으로 전개되고 있다. 그 이유는 5세대 통신인프라가 미·중 패권전쟁과 4차산업 혁명시대 세계 경제패권과 깊이 연관돼 있기 때문이다. 그런데 현 정부는 기본적으로 친중 외교정책을 취하고 있으며, 특히 화웨이의 5세대 통신인프라 구축은 L사를 통해 수용해 나가고 있다. 중국 화웨이는 세계적 범위에서 한국의 L사가 화웨이 장비를 도입하고 있음을 대대적으로 광고하고 있다. 기록적인 가치평가를 받을 수 있는 광고일 것이다.

반면 미국은 캐나나·호주·뉴질랜드·일본 등과 함께 화웨이 장비 사용금지를 요청했고, 영국·프랑스의 정보기관도 화웨이의 안보리스크를 지적하고 있다. 화웨이 사태에 대한 현 정부의 태도와 지난 베트남 북·미 정상회담 결렬사태 과정에서 드러난 한미 간의 소통부족과 불신을 고려할 때 미국의 우리 정부에 대한 친중, 친북 문제에 대한 의심은 갈수록 증폭될 것으로 보인다.

나이브(천진난만)한 친중정책은 한국의 운명을 수렁으로 빠뜨릴 수 있다. 화웨이 5세대의 수용은 사드 배치에 대한 방관, 최악의 한·일관계, 대북정책의 한미 간 괴리 등과 결합돼 한미 동맹

미중 신냉전시대와
한반도 자유통일 국가 전략

에 균열을 내고 한국을 심각한 외교안보위기로 몰아넣을 수 있다. 북한은 핵국가로 현실적으로 진입하고 있고, 미·중 간의 패권경쟁은 갈수록 심화되는 조건에서 한 번의 잘못된 선택은 돌이킬 수 없는 과오가 될 것이다. 현재 화웨이 사태는 단순한 경제이슈가 아니라 안보이슈, 국가전략이슈와 연관돼 있음을 이해할 필요가 있다.

10 진정한 민족주의란 무엇인가

(「세계일보」 2019. 3. 15.)

중국발 미세먼지가 한반도의 하늘을 잿빛으로 만들었던 3·1절 100주년 기념식에서 문재인 대통령은 '빨갱이론'을 친일잔재라고 비판했다. 1998년 신 한·일관계의 상징이었던 '김대중-오부치 선언' 이후 여러 정치인이 일본 때리기를 통해 민족주의 정서를 국내정치에 이용해왔다. 이에 따라 한·일관계는 98년을 정점으로 갈수록 악화했고, 올해는 최악의 해로 기록될 상황이다.

한국 근현대사에서 빨갱이론, 반공론이 등장하게 된 것은 1921년 '자유시참변' 사건이다. 이는 좌파계열 독립운동세력인 상해파 고려공산당과 이르쿠츠크파 고려공산당의 분열·갈등과 소련 적군의 개입 등이 얽히며 수백 명의 독립군이 희생된 비극적 사건이었다. 자유시참변을 계기로 현 정부가 3·1운동, 한국독립운동, 임시정부의 상징인물로 모시는 김구 선생 등이 중심이

돼 독립운동 내에서 반공 입장을 확고히 세웠고, 해방 이후 좌우 대결 과정에서 증폭된다.

19세기 말과 20세기 전반기 일본제국주의가 침략성을 드러내던 시기 반일투쟁은 용감한 민족주의였다. 그런데 21세기 동아시아에서 패권적 민족주의 행태를 보이는 나라는 어디인가. 2003년 시작된 동북공정, 즉 고구려 역사를 중국 역사로 편입, 왜곡하려는 시도는 확대·발전하고 있다. 또한 한국의 안보를 위한 사드 배치에 대한 경제보복, 미세먼지의 50% 내외가 중국에서 날아오는 등 한·중 간의 문제는 갈수록 확대되고 있다. 그럼에도 정치권, 학계 등에서 이에 대해 줏대 있게 중국을 비판하는 모습은 찾아보기 힘들다. G2(주요 2개국)로 등장한 중국이 경제적 파워를 무기로 패권주의적 모습을 강화하는 상황에서 진정으로 민족주의적 정신을 세우고자 한다면 중화민족패권주의에 맞서야 비겁한 민족주의가 아닌 용감한 민족주의로 평가될 수 있을 것이다.

최근에는 유명 정치인 등이 베트남 2차 북·미회담 결렬 배경과 관련해서도 아베 신조 일본 총리 배후설, 존 볼턴 백악관 안보보좌관 악당설 등을 퍼뜨리고 있다. 이는 한반도 평화와 통일에 대단히 해악적인 행태이다. 미국의 월간지 「애틀랜틱」 4월호는 볼턴 보좌관이 어떻게 북·미협상을 결렬시켰고, 앞으로 미국의 외교안보정책을 어떻게 이끌어 갈지 분석했다. 볼턴 보좌관이 베트남 북·미협상 전까지 마이크 폼페이오 국무장관에게 북한문제를 넘겨준 것처럼 행동했으나 그것은 전술적 항복이었으며, 결국 자신의 의도를 어떻게 관철했는지가 담겨 있다. 한반도의 평화와 통일을 원한다면, 북·미협상 결렬의 원인을 '아베 탓, 볼턴 탓'을 할 것이 아니라 구체적 원인과 내용을 분석해 대안을 마련해야 할 것이다.

이번 북·미협상을 통해 확인된 것은 북한이 완전한 비핵화에 대한 의지는 없고, 나아가 한반도 비핵화론에 기초한 핵동결과 비확산에 대한 의지조차도 부족하다는 것, 한국 정부가 이 같은 북한의 비핵화에 대한 입장과 내용을 사실에 근거하지 않고 과장 홍보해 왔다는 것, 한·미 간의 북핵문제 관련 전략적 소통이 안 되고 있다는 것, 볼턴 보좌관은 북한의 완전한 비핵화와 빅딜론에 기초해 구체적 증거와 자료로 협상을 결렬시켰다는 것 등이다. 진단과 처방이 틀렸다는 것이 확인됐음에도 또 잘못된 진단과 처방을 고집하고 남의 탓이나 한다면 실패는 필연이다.

중국발 미세먼지에 대해서도 정부, 정치권 등이 중국 눈치나 보면서 제대로 목소리를 내지 못한다면 문제 해결이 제대로 될 수 없다. 중국의 경제보복을 두려워하는 사람은 한국이 중국 눈치를 보며 티베트의 정신적 지도자 달라이 라마도 초청하지 못하고 있을 때 중국에 대한 경제의존이 훨씬 큰 몽골과 베트남이 중국에 어떻게 대해 왔는지 공부할 필요가 있다.

미중 신냉전시대와
한반도 자유통일 국가 전략

3·1운동 100주년을 맞이해 민족자주 정신을 제대로 세우고자 한다면, 현시점과 미래의 우리나라에 횡포를 부리는 나라에 대해 제 목소리를 내고 투쟁하는 것으로부터 출발해야 할 것이다. 과거문제를 정치적으로 이용하려는 일본 때리기는 비겁한 민족주의에 불과하다.

11 한국보수가 솔개에게 배울 것

(「조선일보」 2005. 5. 18.)

얼마 전 한 선배로부터 솔개에 관한 이야기를 들었다. 솔개는 40여 년을 살면 발톱과 부리가 노화되고, 깃털도 두껍게 자라 날기도 힘들게 된다. 이때 솔개는 산 정상 부근으로 올라가 부리로 바위를 쪼아 부리를 깨고 빠지게 만들어 새것이 돋아나게 한다. 그 후 새로 돋은 부리로 발톱을 뽑아내어 새 발톱이 돋아나게 하며, 깃털도 다 뽑아내서 새 깃털이 자라게 한다. 이 같은 환골탈태의 수행을 약 반년 동안 거치면 솔개는 완전히 새로운 모습으로 변신하여 약 30년의 수명을 더 누리게 된다고 한다.

한국의 보수우파 세력은 1992년 문민정부 등장 이후 세력 위축 과정을 거쳐 1997년, 2002년 대선에서 두 번의 패배를 겪고 혼돈과 침체의 수렁에 빠져 있다. 한국의 보수우파는 광복 이후 이승만 주도로 자유민주주의와 시장경제를 선택하고, 한미 동맹과

미중 신냉전시대와
한반도 자유통일 국가 전략

반공(反共)을 기반으로 하여 건국을 이루어 냈다. 1960년대 이후에는 박정희를 중심으로 국민들의 피와 땀과 눈물을 밑거름으로 하여 산업화의 성과를 성취해냈다.

그러나 이 성과는 보수우파 세력이 지난 20여 년 동안 몇 번에 걸친 집권기를 '그들만의 잔칫상'으로 만들어 버림으로써 거의 상실되고 말았다. 국민들은 이승만 반공독재, 박정희 개발독재에 대해서는 비판은 하되 공을 중심으로 평가하고 일부 과오에 대해서 지적하는 것이 보편적인 정서다. 그러나 1980년대 이후 보수우파 세력을 대표해온 전두환·노태우 등 군부독재와 기득권 세력에 대한 국민의 기억은 광주시민 학살, 인권 탄압, 부정부패, 부동산 투기, 특권을 이용한 병역 면제 등의 이미지로 얼룩져 있다. 그 결과 한국의 보수우파는 국민들에게 과거 세력, 낡은 세력으로 인식되고 있으며, 젊은 세대로부터 크게 멀어져 있다. 이것이 한국 보수우파의 핵심 문제이며 이를 해결하지 못하면 보수세력은 보궐 선거에서는 이기고 총선과 대선에서는 지는 악순환을 끊어내기 어려울 것이다. 한국의 보수우파는 솔개의 환골탈태의 교훈을 배워 노블레스 오블리주의 실천, 과감한 인적 쇄신, 새로운 시대에 걸맞은 이념의 창출과 정책의 혁신 등을 통해 새롭게 태어나는 것이 절실히 요구된다.

21세기 한국의 시대정신은 광복 이후 건국과 산업화의 시대, 1980년대 이후 민주화의 시대를 넘어서 '통합된 선진국가의 건설'이라고 할 수 있다. 그런데 현재는 여와 야, 진보좌파와 보수우파 모두 선진화를 이야기하고 있기 때문에 선진화와 관련한 구체적인 미래전략과 정책 대안이 없다면 '선진화'란 명제는 공염불에 그치고 말 것이다.

지난해 한국 사회를 시끄럽게 했던 국가보안법 개폐 논쟁도 냉전 시대, 산업화 시대의 이념논쟁 차원으로 전락시킬 것이 아니라 국가의 미래전략과 관련해서 좀 더 전향적인 대안 제시가 필요하다. 이제 세계는 경제전쟁 시대이며 산업스파이 1명의 활동이 수조 원의 국고 손실을 가져오게 된다. 이런 국제 환경의 변화와 9·11테러 이후 전쟁과 전역(戰域)의 개념 자체가 바뀐 현실을 반영하여 국가의 안전수호와 관련한 새로운 대체입법을 마련하는 것이 국가의 장래발전에 도움이 된다.

또 민족의 미래와 관련해서 가장 중요한 문제가 되어있는 북핵 문제에 대해서는 그것이 근본적으로 북한의 변화와 연관되어 있음을 인식하고, 시장경제를 지렛대로 하여 북한의 개혁과 개방을 어떻게 이끌어 낼 것인지 구체적인 전략을 세워야 한다. 그리고 이를 기반으로 미국과 일본을 설득하고, 긴밀히 협조하여 북핵과 북한 문제를 해결해나가야 한다. 소모적인 정쟁이나 야기하는 자주파니, 동맹파니, 균형자니 하는 말잔치나 이념논쟁을 넘어선 구체적인 전략과 실제적인 실천이 중요한 것이다.

미중 신냉전시대와
한반도 자유통일 국가 전략

12 21세기 세계와 자유주의적 애국주의

(「세계일보」 2019. 6. 21.)

문재인 대통령이 지난 현충일 추념사에서 언급한 김원봉과 관련한 논쟁이 뜨겁다. 김원봉은 독립운동 시기 무정부주의 민족주의자였다가 해방 이후 북한의 통일전선전술에 견인돼 북한정권에 참여했고, 6·25전쟁 전범의 일원이 된 인물이다. 한편 그는 북한정권에서 비주류로 지내다 반종파투쟁을 거치면서 숙청당한 인물이다. 무정부주의 민족주의자에서 얼치기 좌파 민족주의자로 변화과정을 거쳐 불행한 최후를 맞이하게 된다.

국제문제에 관한 최고 전문지인 「포린 어페어스」 2019년 3·4월호는 신민족주의에 관한 특집을 다뤘다. 제2차 세계대전 이후 서구 지식인사회에서 비판 또는 폄훼돼온 민족주의에 관한 담론을 특집으로 다룬 것은 이례적인 일이다. 그 배경은 급속한 세계화과정의 후유증, 중화민족 패권주의를 앞세운 중국의 주요 2개국(G2) 등장, 인도·터키와 상당수 유럽국가에서 민족주의의 부상, 영국의 유럽연합 탈퇴 움직임에 이어 세계질서의 중심에 서 있는 미국에서 미국 우선주의, 경제민족주의를 앞세운 트럼프 정부의 등장과 관련된다. 「월스트리트저널」 칼럼니스트 월터 러셀 미드의 지적대로 서구 지식인사회의 민족주의에 대한 몰이해나 의도적인 자기중심적 무시와는 무관하게 현실적으로 21세기 세계는 민족주의의 새로운 부상과 이에 따른 세계질서의 대변동이 진행되고 있는 것이다.

「포린 어페어스」의 민족주의에 관한 논문은 하버드대 질 레포리 교수 등 해당분야의 대표적 학자가 발표했는데, 그중 야엘 타미르는 옥스퍼드대에서 자유주의적 민족주의를 주제로 박사학위를 받았고 이스라엘 교육부장관을 지냈다. 그녀의 논문의 핵심은 자유주의와 민족주의는 다수의 학자가 주장해 왔듯이 대립과 충돌하는 것이 아니라 공존이 가능하며, 그로 인한 자유주의적 민족주의가 현재 세계질서의 변동 이해와 향후 방향에서 중요한 이념적 토대 역할을 할 수 있다고 주장한다.

또한 프랑스 에마뉘엘 마크롱 대통령이 지난해 11월 민족주의와 애국주의는 반대개념이라고 주장한 것은 민족주의에 대한 이해가 잘못된 것이라고 지적하면서 프랑스 애국주의, 즉 관대한 국가, 보편적 가치의 수호자라는 개념은 자유주의적 민족주의와 다르지 않다고 주장했다.

미중 신냉전시대와
한반도 자유통일 국가 전략

20세기 민족주의는 패권적 민족주의 또는 제국주의와 저항적 민족주의 또는 민족해방운동으로 크게 구분됐다. 미국과 유럽의 대부분 지식인이 민족주의에 대해 부정적인 것은 민족주의를 패권적 민족주의의 폐해인 나치즘, 인종주의, 유태인학살 등과 연관시켜 생각해 왔기 때문이다.

그런데 20세기 후반 민족국가를 완성하지 못했거나 불완전했던 아시아·아프리카·라틴아메리카·중동·동유럽 국가 등에서는 민족국가의 형성이나 완성을 위한 다양한 활동이 전개된다. 또한 급속한 세계화과정과 연관된 불법이민자 문제, 이로 인한 경제사회적 문제 등이 세계적 범위에서 민족주의를 확산시키고 있다. 그리고 아시아에서는 G2로 등장한 중국의 중화민족패권주의가 새로운 차원에서 민족적 각성을 촉발시키고 있다. 동북아시아에서는 2003년 중국의 고구려 역사왜곡인 동북공정과 몽골 역사왜곡인 북방공정 등을 통해서 시작됐다.

이 같은 민족주의의 부상이 자유민주주의에 대한 이해의 부족이나 부정과 연관되면 필연적으로 민족주의 간의 충돌을 가져오게 된다. 따라서 21세기 민족주의는 개인의 자유를 존중하는 시민 민족주의, 자기 민족의 자유와 함께 다른 민족의 자유를 존중하는 포용적 민족주의, 핏줄 중심이 아닌 문화중심의 민족주의로 진화해야 한다. 본질적으로 자유민주주의에 기초한 민족주의인 자유주의적 민족주의나 자유주의적 애국주의가 돼야만 인류의 공존공영에 기여하는 민족주의가 될 수 있다. 그리고 현재 세계질서에서 자유민주주의에 기초한 자유주의적 애국주의는 미국이 주도하는 세계질서와 함께한다는 것을 의미하고 중국, 북한과 같은 일당독재에 기초한 권위주의적 민족주의와 경쟁관계에 있음을 분명히 이해해야 한다. 그렇지 못하면 해방과 분단, 전쟁의 국면에서 얼치기 좌파민족주의자로서 방황하다 결국 북한 정권에서 숙청당한 김원봉의 운명과 비슷한 처지에 놓이게 될 것이다.

미중 신냉전시대와
한반도 자유통일 국가 전략

제2부

01 주사파, 무엇이 문제인가?

(「신동아」 2012년 9월호에 기고/ 기사가 수정, 편집되는 과정에서
부적절한 표현이 되는 등 문제가 있어 객관적 이해를 돕기 위해
본래의 원고를 게재– 미래전략연구원)

지난 21일 대전국립현충원에 다녀왔다. 10여 년 전 돌아가신
아버지의 묘역을 오랜만에 간 것이다. 아버지의 묘비 바로 옆에
는 1950년 한국전쟁 당시 완주에서 전사한 분이었고, 바로 앞에
는 서산에서 전사한 분이었다. 아버지는 일본제국주의 식민시대
에는 가장이신 할아버지를 대신해서 징용에 끌려 가셨고, 해방
이후에는 화순 탄광노동자로 일을 하다 폐병을 앓기도 하셨는
데, 한국전쟁 때 의경으로 참전하셨다가 부상을 당하셨던 전형
적인 이 땅의 민초이셨다. 아버지는 필자가 어려서 공부를 잘하
여 집안의 기대주 역할을 하였기 때문에 고대 법대 입학이후에
는 사법고시를 거쳐 법조계에 진출할 것을 희망하였다.

그러나 필자는 대학입학 후 오래지 않아 학생운동에 참여하였
고, 1987년 이후에는 안기부(현재 국정원)의 내부수배를 받아 도

미중 신냉전시대와
한반도 자유통일 국가 전략

망자 생활을 하였었다. 나아가 1990년 반국가단체 주사파 지하조직인 '자주민주통일 그룹'(이하 자민통)의 수괴로 지목되어 지명수배 되었을 때, 부친은 자식이 안기부에 잡히면 사형 또는 무기징역을 받는다는 위협을 당하기도 하였다. 결국 1년 3개월 여의 감옥생활 뒤 김영삼 정부의 가석방으로 출소한 뒤에는 뒤늦은 자식에 대한 희망을 피력하기도 하였다. 그러나 필자의 사회변혁운동에 대한 고집을 꺾지 못한 채 속앓이를 하시다 지난 2000년 보훈병원에서 사망하셨다. 아버지는 말이 많지 않으셨던 분이고 필자도 말이 별로 없는 편이라 많은 대화는 하지 못하였지만, 자식이 원래 희망이었던 법조계 진출도 못하였을 뿐만 아니라 한국전쟁 부상자로서 자식이 주사파 빨갱이로 몰려 도망다니고 감옥에 갔다 오는 등의 과정에서 많은 정신적 고통을 겪으셨다.

세월이 흘러 아버지가 묻혀 계신 국립현충원에 서서 나라와 민족이 무엇인지, 애국이 무엇인지 다시 한번 생각해보게 되었다. 아버지는 학교 교육을 전혀 받지 못하신 분이었기 때문에 나라, 민족, 애국에 대해 구체적인 생각이 있는 분은 아니었고, 단지 나라가 식민지, 분단, 전쟁의 질곡을 거쳐 오는 과정에서 징용, 탄광노동자라는 맨 밑바닥 민초로 사시다 나라를 지켜야 한다는 원초적인 감성으로 전쟁에 참전하였다가 부상을 당하신 것이다. 아버지 비석 옆에 누워계신 서산에서, 완산에서 전사하신 다른 분들도 크게 다르지 않으리라 생각된다. 그 이후 수십 년의 세월이 흘러 80년대에 대학을 다닌 우리세대들은 신식민지, 분단, 독재라는 질곡을 근본적으로 혁파하겠다며 마르크스레닌주의, 주체사상을 수용하고 나아가 사회주의 혁명, 자주적 민주통일국가의 꿈을 세워 질풍노도 같은 세월을 살았다. 과연 이름 없는 민초들로서 나라를 지킨다는 원초적인 감성으로 조국을 위해 싸우다 전사하고 부상당한 그들이 진정한 애국자인지, 마르크스레닌주의 주체사상을 공부하고 변혁운동을 한다고 했던 80년대 세대들이 진정한 애국자인지 근본적인 질문을 던져보게 된다.

80년대의 대학과 학생운동

1980년대의 대학생활은 1980년 광주민주화운동, 광주시민을 학살한 사진과 이야기 등이 젊은 대학생들에게 가장 강렬한 충격을 주었다. 광주민주화운동은 한국사회에서 70년대까지의 민주화운동이 서클 수준, 명망가 위주였던 것을 사상, 조직, 대중운동 차원에서 근본적으로 전환시키게 된다. 박정희 시대에는 인권탄압의 문제는 있었지만 역사적 큰 흐름에서 산업화혁명, 근대화혁명이라는 대의에 대해 다수의 국민들이 지지를 보냈다면, 광주시민을 학살하고 정권을 찬탈하였으며, 부패로 얼룩졌

미중 신냉전시대와
한반도 자유통일 국가 전략

던 전두환, 노태우 군사독재는 그 어떤 명분도 80년대의 대학사회에서는 통하지 못했다. 이 같은 정권의 부도덕성과 광주민주화운동의 영향은 1980년대의 대학생들을 광범위하게 학생운동, 민주화운동에 참여하게 만들었다. 나아가 광주민주화운동을 탄압하는 과정에서 미국이 전두환, 노태우 군사독재를 배후조종 또는 지원했다는 논리가 광범위하게 확산되면서 대중적인 반미투쟁이 촉발되었다.

이 같은 조건에서 80년대의 서울의 주요대학, 지방의 주요대학을 기준으로 할 때 전체 학생의 과반 수 이상이 『해방전후사의 인식』, 『전환시대의 논리』 등 좌파 역사관에 기초한 이념서적을 공부하였고, 위 대학기준 학생의 10% 전후는 마르크스레닌주의 또는 주체사상을 공부하고 일부는 그것을 신념화하였다. 이러한 흐름은 80년대 대학사회를 격렬한 이념의 광장으로 이끌었으며, 학생운동, 민주화운동을 그 이전시기와 근본적으로 구별 짓게 하였다.

첫째, 사상적 차원에서 80년대 이전에는 극소수의 변혁운동가들만 마르크스레닌주의, 주체사상을 수용하였고, 다른 대부분의 민주화운동세력은 단순한 절차적 민주주의, 인권적 민주주의를 추구하였다면, 80년대 이후에는 수만 명의 대학생들이, 나아가 1987년 7, 8월 노동자대투쟁을 전후해서는 수천 명의 노동자들이 마르크스레닌주의, 주체사상을 학습하고 그에 기초하여 사회주의적 민주주의 변혁운동을 추구하였다고 할 수 있다.

둘째, 조직적 차원에서 80년대 이전의 민주화운동이 서클주의적, 명망가위주의 운동이었다면, 80년대의 민주화운동은 수만 명의 활동가들이 마르크스레닌주의와 주체사상에 기초한 조직에 직접적, 간접적으로 참여한 대중적 조직운동이었다고 평가할 수 있다.

셋째, 대중운동 차원에서 80년대 이전의 운동이 소수의 재야 민주화 인사들을 중심으로 한 이벤트성의 투쟁이 중심이었다면 80년대의 민주화운동은 강력한 사상운동, 조직운동을 기반으로 하여 활동가와 대중이 함께 움직이는 본격적인 대중투쟁의 시대를 열게 된다. 이는 1987년 6월 민주화운동을 통해 꽃을 피우게 된다.

이 같은 80년대 학생운동, 민주화운동의 분위기는 80년대 대학사회의 정치·문화적 대세가 되어 80년대 당시에 학생운동을 하였든, 하지 않았든 80년대 세대 전체에게 강렬한 의식적 영향을 끼치게 된다. 특히 80년대 세대의 특징 중의 하나는 당시에 학생운동, 민주화운동에 참여하지 못했던 사람들, 그 중에서도 전문 직종으로 진출한 사람들의 상당수는 80년대 상황에서 민주화운동에 참여하지 못했던 것에 대한 부채의식을 가지고 있다는 것이다. 대표적으로 안철수 교수가 김근태 전 의원에게 가지고 있다는 부채의식 같은 것이다. 그러나 본질적으로 더 중요한 것

미중 신냉전시대와
한반도 자유통일 국가 전략

은 부채의식이 아니라 진실이 무엇인가일 것이다. 그리고 인구학적으로 80년대 세대는 60년대 베이비붐 세대를 기반으로 하게 되면서 한국사회에서 '386세대' 또는 '486세대'로 지칭되기도 하는데 이들은 80년대 이래로 한국사회의 과거, 현재, 미래에서 그 어느 세대보다도 강력한 영향력을 발휘하고 있다. 따라서 이들 세대의 특징을 정확히 이해해야 80년대 이후 한국사회 과거, 현재, 미래를 정확히 분석할 수 있을 것이다.

주사파의 형성, 발전, 쇠퇴

한국사회에서 주사파의 뿌리는 통일혁명당(이하 통혁당)이라고 할 수 있다. 김종태 등이 북한노동당과 직접 연계하여 결성한 통혁당은 1968년 당시 중앙정보부(현 국정원)에 의해 검거 되었으며, 주모자들은 1969년 사형 당하게 된다. 그러나 통혁당의 흐름은 지속되어 1985년 한국민족민주전선(이하 한민전)으로 개칭하여 한국사회에서 북한노동당의 지침을 관철시키면서 민주화운동, 학생운동, 노동운동 등에 영향을 미치기 위해 지속적으로 활동하게 된다. 1980년 광주민주화운동 등의 영향으로 80년대 학생운동은 사상, 조직, 대중운동차원에서 획기적인 확대 발전을 도모하고 있었는데 이 과정에서 중요한 영향을 끼친 두 개의 팜플렛(80년대 학생운동에서 운동의 사상, 노선, 정책 등의 핵심을 밝히는 문건)이 등장한다.

첫번째 팜플렛은 '구미유학생간첩단사건' 관계자가 작성했다고 알려진 「예속과 함성」으로 1985년 하반기에 학생운동권에 확산되었다. 내용의 핵심은 한국현대사를 반미투쟁의 역사로 기술한 것인데 대단히 선동적인 내용들을 담고 있었다. 두 번째 팜플렛은 김영환의 「강철서신」으로 운동권의 품성론 등을 강조하면서 주체사상의 확산을 시도한 문건이었는데, 1986년 상반기에 학생운동권에 확산되었다. 첫 번째 팜플렛은 노동당의 직접 영향을 받는 주사파의 확산을 상징하는 것이고, 두 번째 팜플렛은 노동당, 한민전의 간접영향을 받는 자생적 주사파가 80년대 학생운동권에 본격적으로 형성되고 확산되고 있음을 알리는 것이었다.

특히 이러한 영향 속에서 1986년이후 학생운동권에 나타나는 핵심적인 특징은 각 대학의 자생적 주사파 조직 속에서 한민전의 「구국의 소리」를 통해 정세분석과 투쟁지침을 따르는 조직들이 확산되었고, 나아가 평양방송, 중앙방송의 '김일성대학 방송통신 강좌'를 통해 주체사상, 이론, 방법 등을 녹취하여 학생운동권의 교육자료로 활용하게 된다.

이 같은 과정을 통해 형성된 첫 번째 대표적인 자생적 주사파 조직은 1986년 김영환 등이 중심이 된 서울대의 '구국학생연맹'(이하 구학련)이다. 이 시기 주사파는 전국적 조직은 형성하지 못하면서 각 대학별로 자생적 주사파 조직이 우후죽순처럼 생겨나게 된다. 구학련은 김영환의 강철서신 등을 통해 주사파NL(민족해방계열- 대비되는 분파는 PD그룹으로 마르크스레닌주의를 이념적 기초로 함) 학생운동을 1년여 동안 사상적으로 지도하게 된다. 구학련은 1986년 안기부(현 국정원)에 의해 와해되었으나 이후 중심세력은 1988년 반제청년동맹으로 이어지며 나아가 90년대 민족민주혁명당(이하 민혁당)흐름으로 계승된다. 두번째 대표적인 자생적 주사파 조직은 '반미청년회'로 조혁, 안희정 등 고려대 학생 운동권이 중심이 되어 전대협 결성을 주도하면서 전국조직으로 발전시키게 된다. 1987~1988년 '전투적학생회론'을 앞세워 학생운동을 주도하면서 주사파의 전국적 확산을 실현시키는데 기여하였다.

그러나 반미청년회는 전투적 학생회론을 주장하면서 주사파 활동가조직을 추스르는데 실패하고, 노학연대에 대한 결핍 등의 비판에 직면하면서 쇠락하게 된다. 세 번째 대표적인 자생적 주사파 조직은 '자민통'인데, 정통주사파인 구 자민통시기를 거쳐 89년 하반기 노동운동의 새벽그룹(장명국 등)과 연대하면서 전국적인 대규모 통합적 주사파조직 신 자민통(구해우 등)을 만들게 된다. '자주적학생회운동'론을 통해 교조적 주사파 반대, 활동가조직의 중요성, 노학연대의 중요성을 앞세워 1990년, 1991년 학생운동을 주도하게 된다. 1990년 안기부에 의해 발표된 자민통 사건은 구 자민통 일부가 검거되면서 발생된 것이었다.

그러나 1980년대 주사파 조직은 3가지 원인에 의해 쇠락하고 소수화 되어 간다.

첫째는 소련, 동구사회주의권의 붕괴이다. 마르크스레닌주의를 주요 이념기반으로 하는 PD그룹이나 주체사상을 주요기반으로 하는 NL그룹 모두 근본적으로는 사회주의를 이념적 기반으로 하고 있었다. 따라서 소련, 동구 사회주의권의 붕괴는 전체 운동권에 심각한 회의와 타격을 안겨주었다. 특히 PD그룹이 입은 타격은 심대하였으며, NL주사파그룹은 상대적으로 그 타격이 덜하긴 하였지만 근본적으로는 많은 회의와 새로운 고민의 필요성을 제기하였다.

둘째는 1993년 김영삼 문민정부의 등장이다. 1980년대 학생운동권이 마르크스레닌주의와 주체사상을 쉽게 수용할 수 있었던 것은 전두환, 노태우 군사독재 정권의 비정통성, 부도덕성에 기인하였으며, 반독재 민주화운동의 수단으로 두 사상을 받아들인 것이었다. 그런데 김영삼 문민정부의 등장은 불완전하기는 하지만, 선거를 통해 등장하였고, 하나회 척결 등 군사독재 잔재의 청산 등을 보여주면서 더 이상 반독재 민주화운동의 수단으로서 마르크스레닌주의, 주체사상을 주장할 수 있는 명분을 상실시켰던 것이었다.

미중 신냉전시대와
한반도 자유통일 국가 전략

셋째는 학생운동 주체세력 내에서 교조적 주사파의 발호이다. 대중적 사상조직운동을 내세우던 신 자민통 조직의 쇠락은 학생운동 등에서 다시금 교조적 주사파가 확산되는 조건을 제공하게 된다. 이는 1992년 '중부지역당사건'을 통해서 표출된다. 또한 90년대 이후 주사파조직의 핵심적 특징은 80년대 학생운동의 자생적 주사파 지하조직과는 달리 북한의 노동당과 직접 연계성을 가지고 활동했다는 것이다. 1992년 민혁당과 중부지역당 그리고 이후 구국전위사건과 일심회사건등에서 확인된다. 이 같은 교조적 주사파의 발호와 지하조직의 북한노동당과의 연계는 주사파 NL 학생운동의 소수화로 귀결된다.

주사파와 민족주의

1987년 3월 어느 날 평소 가깝게 지내던 후배가 상의할 것이 있다고 찾아왔다. 이 후배는 김구 선생을 존경하여 김구 선생을 암살한 안두희를 언젠가 응징해야겠다는 결의를 내게 밝힌 적이 있었다. 왜냐하면 필자 역시 중학교 3학년 때 김구 선생의 「백범일지」를 감명 깊게 읽고 난 뒤 안두희를 응징하겠다고 나선 적이 있다는 것을 그 후배가 알고 있었기 때문이었다. 그런데 그날 그 후배는 안두희를 드디어 찾아냈고 권중희와 함께 안두희를 응징하기 위한 구체적인 계획까지 수립한 상태라고 말하였다. 그러나 필자는 1987년 당시 학생운동, 민주화운동에 깊숙이 참여하고 있었기에 그 후배에게 우리가 민주화운동을 계속하기 위해서는 이름이 세상에 알려지지 않는 것이 필요하다고 하면서 권중희를 옆에서 돕기만 하라고 조언한 적이 있다.

그 후배는 그 이후 주사파 학생운동의 핵심적인 활동가가 되었다. 이 이야기를 꺼낸 이유는 한국 현대사의 흐름 속에서 김구선생의 나라사랑의 정신을 따르는 청년들, 민족주의를 신념화시킨 사람들이 매우 깊고 넓게 형성되어 있음을 말하기 위한 것이다. 필자와 그 후배가 학생운동에 참여하고 주사파에 빠지게 된 중요한 요인 중의 하나는 분명히 민족주의였으며 그 길이 민족의 통일에 기여하는 것이라고 생각하였다.

80년대 주사파 조직운동의 특징 중의 하나는 '방송팀'을 운영하는 것이었다. 방송팀이란 위에서 언급한 한민전의 '구국의 소리' 방송과 평양방송 등을 녹취하여 투쟁지침, 교육자료 등을 만드는 것이었다. 그런데 필자의 경험으로는 이 '방송팀'은 평균 3명 정도가 구성되어야 자기 역할을 할 수 있는데 필자의 한 동료는 혼자서 3명이 해야 할 역할을 충실히 수행했다. 그 이유는 그만큼 그 동료의 활동에 대한 충실성, 헌신성이 높았었기 때문인데, 그것이 거의 종교적인 수준이었다.

그런데 그 동료는 소련, 동구 사회주의권이 붕괴된 이후 고민

미중 신냉전시대와
한반도 자유통일 국가 전략

의 과정을 거쳐 '대순진리회'라는 민족종교에 입문하여 지금은
그 종교조직의 주요 간부가 되었다. 그리고 다른 어떤 후배는 학
생운동, 주사파운동에 열정적으로 투신하다 사회에 나온 이후
역시 민족종교적 성향이 있다고 하는 '단학선원'의 주요간부가
되었다고 들었다. 이 같은 사례들이 80년대 주사파 운동권출신
중에서는 적지 않게 발견된다.

　주체사상은 김일성의 항일무장투쟁 과정, 북한사회주의 체제
수립 과정, 중소분쟁 과정을 거치면서 형성, 발전시켜왔다고 평
가된다. 김일성은 항일무장 투쟁 과정에서 좌익내부의 마르크스
레닌주의에 대한 교조주의, 소련공산당 또는 중국공산당에 대한
사대주의를 비판하는 과정에서 주체사상을 창시하였다고 하며
북한사회주의 체제 수립과정, 중소분쟁 과정에서 친중파, 친소
파를 숙청하면서 이를 더욱 발전시켰다고 주장한다. 그런데 그
핵심적인 사상적 배경은 한반도가 세계 4대 강국에 둘러싸여 있
는 지정학적인 조건과 연관된다.

　여기에 더해 역사적으로 외세로부터 수많은 시련과 고통을 당
하여 온 민족사의 아픔과 접목하면서 강력한 선동성을 갖추게
된다. 따라서 북한이나 한반도 전체차원에서나 민족문제에 대한
깊은 인식과 전략적 대안을 세우지 못하면 주사파의 문제는 지
속되리라고 판단된다.

　필자는 민족문제에 대한 많은 고민과 실천과 연구결과 자유주

의적 민족주의 또는 자유주의적 애국주의에 기초하여 나라와 민족을 사랑하고 조국을 위해 일하고자 하는 열정을 가진 많은 사람들을 지혜롭게 수렴해야 주사파나 반미주의 같은 잘못된 방향에 빠지는 것을 극복할 수 있다고 생각한다. 20세기의 대표적인 정치철학자인 이사야 벌린, 데이비드 밀러 등이 발전시켜온 자유주의적 민족주의는 기본적으로 첫째, 20세기의 패권적 민족주의와 저항적 민족주의 또는 발전적 민족주의를 넘어서서 세계화, 정보화의 조건에서 민족공동체간에 서로 배타시 하는 것이 아니라 공존공영하는 관계속의 민족주의, 개방적민족주의 라고 할 수 있다. 둘째, 20세기의 순혈주의적 민족주의, 핏줄민족주의를 넘어선 문명중심, 문화중심의 민족주의이다. 그래야만 공동체안의 소수민족 또는 혼혈집단 등에 대해서도 인정, 존중하는 새로운 공동체문화를 만들어낼 수 있다. 따라서 자유주의에 기반 한 민족주의가 되어야 하는 것이다. 셋째, 인류의 보편적 가치를 매개로 한, 국제사회의 연대를 기초로 해야 한다. 그래야 평화를 위협하는 민족주의가 아닌 평화를 실현하는 민족주의가 될 수 있는 것이다.

미중 신냉전시대와
한반도 자유통일 국가 전략

주사파의 3대 역사적 과오

80년대 학생운동은 한국현대사 발전과정에서 공이 70%요 과가 30%라고 할 수 있다. 공이 70%라는 것은 1980년대 학생운동이 한국의 성공적인 민주화의 실현과정에서 그 공이 지대하다고 할 수 있기 때문이다. 그리고 80년대 학생운동이 그 운동과정에서 마르크스레닌주의와 주체사상을 수용한 이유도 본질적으로는 전두환, 노태우 군사독재를 종식시키기 위한 반독재민주화투쟁의 수단으로써 선택한 측면이 강하기 때문이다. 그러나 80년대 학생운동과정에서 주체사상을 수용함으로써 한국 현대사에 끼친 과오도 존재하며 그 내용을 분명히 이해하는 것이 필요하다. 그래야만 비슷한 과오를 되풀이 하지 않게 될 것이다.

주사파의 첫 번째 과오는 민주화운동 과정에서 북한의 노동당과 직·간접적 연계를 가졌다는 것이다. 80년대의 대부분 자생적 주사파 지하조직은 한민전의 지침을 따르는 등 북한의 노동당과 간접적 연계를 가지고 활동했다고 볼 수 있다. 이 같은 행태는 민주화운동의 수단으로 주체사상을 수용했다 하더라도 그 도를 지나친 것이었다. 남과 북의 체제 대결적 상황이 지속되는 가운데 민주주의 체제의 근간을 허물어뜨릴 수 있는 전체주의 집단, 북한 노동당과의 연계는 분명히 과오로 지적되어야 할 문제이다. 그리고 90년대 이후 북한 노동당과의 직접연계는 그 문제

의 심각성이 컸으며, 특히 1993년 김영삼 문민정부의 등장 이후
에는 반독재투쟁의 수단으로서 주체사상이라는 최소한의 명분
도 상실되었다고 평가할 수 있을 것이다.

주사파 학생운동의 두 번째 구체적 과오는 북한에 의한 KAL
기 폭파테러를 조작이라고 몰고 간 투쟁을 한 것이다. 민주화운
동은 인류의 보편적 가치를 핵심 기반으로 하여야 한다. 그런데
인류의 가장 큰 적인 테러에 대해, 북한체제의 폭력성과 부도덕
성을 가장 극명하게 드러낸 1987년 KAL기 테러사건에 대해 한
민전의 '구국의 소리' 방송 등의 영향을 받아 KAL기 테러사건이
미국과 한국정부에 의해 조작된 것처럼 유인물을 만들어 잘못된
여론을 확산시킨 것은 심각한 범죄행위였다고 할 수 있다. 이 활
동은 당시 학생운동을 이끌던 반미청년회가 주도한 것으로 그
관련자들은 구체적 반성이 필요하다고 생각된다.

세번째 구체적 과오는 임수경을 평양에 보내는 등 평양축전참
가투쟁을 한 것이다. 1989년 평양축전은 북한의 노동당이 88년
서울 올림픽에 대항하는 대형이벤트로 준비한 것이었다. 이 행
사는 북한체제의 경제적 곤란을 가중시켜 90년대 말 북한주민의
대량아사 사건의 한 원인이 되기도 하였으며, 특히 1980년대 말
과 1990년대 초 소련 동구사회주의권이 대부분 붕괴되면서 북한
체제 역시 심각한 위기국면에 처했을 때 북한체제의 정당성과
우월성을 선전하는 강력한 무기 역할을 하였다. 따라서 임수경

미중 신냉전시대와
한반도 자유통일 국가 전략

등의 평양축전 참가투쟁을 조국통일운동에 기여했다는 식으로 칭찬만 하는 것은 남북관계와 북한체제에 대한 너무나 나이브한 인식의 결과이다. 이 활동은 1989년 전후로 활동한 주사파의 또 다른 분파인 '조국통일그룹'에 의해서 추진되었는데, 추진 과정에서 동의해준 필자 역시 그 책임으로부터 자유롭지 못하다.

주사파 운동가들의 방향 전환

1994년 여름 80년대 주사파 조직들을 이끌던 김영환, 조혁, 필자 등은 80년대의 사상운동, 조직운동, 대중운동에 대한 반성을 하면서 새로운 사회운동의 전환을 모색하게 되며, 1년 후 '푸른 사람들'(1기회장; 구해우, 2기회장; 김영환)이라는 조직을 만들어 활동하게 된다. 필자의 기억으로는 1994년 7월 8일 김일성 사망일에 푸른사람들 준비위원회 차원에서 위의 사람들과 함께 관악산을 등반하다가 라디오로 김일성 사망뉴스를 들었다. 주체사상의 창시자 김일성의 사망한 날 80년대 주사파 운동가들은 새로운 방향전환을 모색하면서 등산을 하고 있었던 것이었다.

당시 '푸른사람들'의 창립 취지는 현대적 국민정당운동의 청년적 기초를 세우자는 것으로 80년대식의 지하조직운동을 청산하고 모든 조직을 합법영역으로 끌어내어 새로운 사상운동, 새로운 대중운동을 하자는 것이었다.

그러나 '푸른 사람들' 등은 1996년 하반기 김영환 등과 필자 의 견해 차이로 두 가지 흐름으로 형성되어갔다. 김영환 등은 1996년 하반기 이후 '북한붕괴 가능성론'을 제기하였으며, 1997년초 황장엽의 망명 이후에는 공동의 흐름을 형성해나가게 된다. 나아가 1998년 '민혁당사건'을 거치면서 근본적인 사상전향에 기반하여 1999년부터는 '북한민주화네트워크'(1기회장; 조혁)를 결성하여 본격적인 북한민주화운동을 추진해나가고, '시대정신'을 통해서는 사상운동을, '자유주의 연대'를 통해서는 뉴라이트운동을 주도해나가게 된다.

반면에 필자는 1996년 하반기 이후 북한의 개혁·개방 운동의 중요성을 제기하였고, 2004년까지는 햇볕정책이 통일문제 해결에 중요한 역할을 할 수 있다는 미련을 가지고 있었다. 이 과정에서 80년대 세대의 통일과 관련한 역사적 역할론을 제기하면서 1996~1999년에는 「정론21」이라는 잡지를 냈었고 2000년부터는 브루킹스 같은 싱크탱크, 마쓰시다 정경숙 같은 교육기관을 통해 통일에 기여해보자는 취지로 미래전략연구원, 미래재단을 설립하여 활동해오고 있다. 그리고 2004년 말부터 근본적인 노선전환에 기반하여 박세일 교수 등과 함께 대한민국선진화운동, 북한선진화운동을 시작하였으며, 2006년부터는 한미FTA 지지운동 등을 전개하고 있다.

미중 신냉전시대와
한반도 자유통일 국가 전략

그러나 이 같은 80년대 주사파 주요활동가들의 방향전환에도 불구하고 최근 통합진보당 사태에서 확인되듯이 80년대와 비교하여 양적으로는 현저하게 줄어들었지만, 합법적 진보정당에 강력하게 뿌리를 내린 종북주사파들의 활동은 지속되고 있다. 그런데 이 같은 종북주사파 활동의 본질은 이석기, 김재연과 같은 인물이 중요한 것이 아니라 북한 노동당의 지하조직 활동과 통일전선전술과 긴밀하게 연관되어 있다는 것이다.

필자가 2001년 SK그룹의 북한담당 상무로 평양에 갔을 때 노동당의 고위간부가 김정일과의 면담을 제안했었다. 그것은 SK그룹의 대북사업과는 아무 상관이 없고, 북한노동당이 추진하는 지하당사업과 연계된 것임을 필자의 오랜 활동 경험으로 분명히 인식할 수 있었다. 그들은 이미 필자의 80년대 주사파 조직 활동 등 거의 모든 정보를 다 가지고 있었으며, 그에 따라 김정일이 면담을 제안했던 것이었고, 따라서 필자는 그 제안을 거절하였던 것이다. 이 같은 경험을 통해 필자는 현재까지도 북한노동당의 지하조직 활동 또는 통일전선전술이 지속되고 있다고 확신하며, 그 손길이 통합진보당에도 분명히 미치고 있다고 생각한다. 따라서 현재의 종북주사파 문제를 단순히 몇몇 인물중심으로 접근하는 것은 문제의 본질적 해결에 한계가 있을 것이다.

사상을 전환한다는 것

한국현대사에서 가장 극적인 사상전향의 사례는 박정희 대통령의 경우라 할 수 있다. 남로당의 마지막 책임자로 알려진 박갑동은 필자와의 지난해 만남에서 박 대통령의 사상전향과 관련한 중요한 증언을 해주었다. 남로당의 당 군사조직의 간부였던 박정희 대통령은 1948년 여순반란사건과 연루되어 사형선고를 받은 상태에서 사상전향을 선언하고 생명을 구제받게 된다. 박 대통령은 대통령이 된 이후 친형 박상희의 친밀한 남로당 동료였던 박갑동을 청와대로 총 세 차례 초청하게 되는데 첫 번째 초청이 1962년이었고, 이때 박갑동에게 왜 자신이 전향을 하게 되었는가에 대해 인간적인 고백을 하였다고 한다. 그 사연은 형 박상희가 1946년 대구폭동 당시 맞아 죽었는데, 그날 박 대통령의 모친이 형 박상희의 시신을 지게꾼의 지게에 얹어 집에 도착하였을 때 박 대통령이 모친을 맞이하였고, 그 때의 모친의 비통함, 망연자실한 표정을 지울 수가 없어서 결국 전향을 하였다는 것이었다.

이후 박 대통령은 철저히 대한민국을 위해 헌신하기로 결심하였다고 한다. 결국 박 대통령은 한국의 산업화혁명, 근대화혁명에 지대한 기여를 하였고, 군사쿠테타의 절차적 문제, 인권탄압의 문제 등으로 일정한 논란은 있지만 대한민국 현대사의 발전

미중 신냉전시대와
한반도 자유통일 국가 전략

에 공이 70%요 과가 30%라고 평가할 수 있을 것이다.

　김영환 등 뉴라이트운동, 북한민주화운동그룹은 80년대 주사파운동의 핵심적 활동가들이었고, 특히 『강철서신』으로 유명한 김영환은 주사파운동의 대표적인 리더였는데, 1991년 김일성과의 면담 이후 오히려 북한의 현실, 북한지도부의 사상문제에 대한 이해의 빈곤에 실망하고 회의하여 결국 사상전향을 모색하게 된다. 역사적 흐름에서는 80년대 말, 90년대 초에 전개된 소련, 동구사회주의권의 붕괴도 영향을 주게 된다. 결국 90년대 중반 '푸른사람들' 등의 모색과정을 거쳐 1998년 '민혁당사건'을 계기로 근본적인 사상전향을 하게 된다.

　그리고 1997년 초 망명한 황장엽에 의해 북한의 주체사상은 허구이고, 진짜 주체사상, 인간중심의 철학을 근본적으로 새롭게 모색해야 한다는 주장이 제기되었고, 북한민주화운동그룹은 황장엽과 이 같은 견해를 교류하고 협력하게 된다. 소위 '황장엽주사'가 제기된 것이었다. 80년대 운동권 중에서 장명국 등에 의해 주도된 새벽그룹은 「새벽」지를 통해 사상, 이론문제를 정리하면서 일부에서 이를 '장명국주사'라고 칭하기도 하였었다. 이는 주체사상 또는 주체사상적 사고가 북한체제의 현실과 연관되어 있으면서도, 다른 한편으로 한국사회의 현실, 한반도의 현실을 어떻게 인식하고 어떻게 변화시켜 나갈 것인지와 연관되어 있기 때문에, 주체사상적 사고에 대해 좀 더 근본적으로 철학사상적인 차원에서 연구되고, 극복이 될 필요성이 있음을 보여주는 것이라고 생각한다.

필자의 경험으로는 80년대 10년 가까이를 마르크스레닌주의와 주체사상을 학습하고, 실천하면서 형성된 사고를 극복하는데는 실로 많은 시간과 노력이 필요했다. 90년대 초 소련, 동구 사회주의권의 붕괴를 보면서 마르크스레닌주의에 대해 회의하기 시작하였고, 1994년 봄 중국을 방문하여 중국사회주의의 실상을 보고서야 마르크스레닌주의를 버렸다. 그런데 주체사상은 민족문제, 통일문제와 긴밀하게 연관되어 있고, 북한체제가 불안정하지만 지속되고 있었기 때문에 주체사상에 대한 미련이 몇 년은 지속되었다. 그 이후에는 주체사상적 잔영과 햇볕정책에 대한 기대가 결합되기도 하였다. 결국 주체사상의 잔영, 햇볕정책에 대한 미련을 극복하는데 까지는 마르크스레닌주의를 버린 시점으로부터도 10년이 걸렸다. 그 과정에서는 엘빈 토플러가 제시한 역사관 등 새로운 책들, SK 등의 기업경험도 많은 도움이 되었다.

또한 2004년 근본적인 노선전환을 하여 선진화운동을 한 이후에도 스스로의 사상과 통일전략, 국가전략에 대한 견해를 정립하는데 까지는 5년이라는 세월이 더 필요했다. 자유주의적 애국주의와 공화주의에 기초한 북한선진화전략, 통일전략에 대한 견해를 부족하나마 체계적으로 정리할 수 있었고 이를 얼마 전『김

미중 신냉전시대와
한반도 자유통일 국가 전략

정은 체제와 북한의 개혁개방』(나남출판사)이라는 책으로 출간 할
수 있었다. 이 같은 사상적 전환과 발전의 과정은 독재정권의 강
압에 의한 것도, 어떤 이해관계에 의한 것도 아닌 치열한 연구와
고민과 실천의 과정을 거친 것이기 때문에 좌파세력들이 주장하
는 전향, 변절, 배신으로 규정하는 것은 적절치 않다. 필자의 경
험으로는 오히려 노태우 군사독재시절 안기부 지하밀실에서 잠
안 재우기 고문, 약물 고문, 각종 살해 협박 속에서 혼절을 하고
각혈을 하면서도 목숨을 걸고서 지켰던 몇몇 동료들로부터 2004
년 선진화운동을 고민하고 있을 때 필자가 보수화되어간다는 것
을 명분으로 배신을 당하였던 적도 있었다. 사상을 전환한다는
것은 한국사회와 현대사의 특수성속에서 많은 고통을 수반하게
된다.

사상문제와 한국사회-주사파 10만 명은 어디로 갔는가?

한국사회의 현실 속에서 주사파 등, 사상문제가 제기되면 흔
히 이념공세, 색깔공세라는 반격이 나오게 되고, 중도적인 언론
에서 조차 대개의 경우 이념과잉의 문제를 지적하곤 한다. 그런
데 사상이란 한 국가공동체에서 대단히 중요한 것이다. 조선시
대의 경우에 정도전 등이 성리학을 국시로 내세우면서, 장점으

로는 조선왕조 500년의 근간을 구축하게 되었고 단점으로는 중화사대주의에 빠지게 되어 근대화 과정에서 조선왕조 몰락의 중요한 원인이 되기도 하였다.

최근 한국사회 주요이슈 중의 하나로 등장한 다문화가정의 문제도 사상적·정책적 기초가 제대로 세워지지 않은 채 인기영합주의 식으로 가게 되면 향후 필연적으로 다문화사람들과 한국사회 빈곤층간의 갈등, 각종 사회적 문제의 중요한 원인 역할을 하게 될 것이다. 다문화 가정의 경우에 '자유주의적 애국주의' 즉 핏줄중심의 민족주의가 아닌 문화중심의 민족주의, 애국주의여야 한다는 원칙하에 한국사회에 당연히 포용해나가야 한다.

그러나 그 포용의 원칙은 공화주의에 기초해야 한다. 공화주의란 아리스토텔레스, 마키아벨리 등이 발전시켜온 것으로, 첫째, 자유와 공공선을 위한 철학적 이상이고, 둘째, 혼합정체 즉 견제와 균형의 원리를 중심으로 한 헌정질서에 기초한 정치를 말하며, 셋째, 시민들의 정치에 참여할 준비 즉 덕성이 있고 지혜로운 시민들의 형성이 중요하고 이들에 의해 민주주의를 실현해야 한다는 것이다. 따라서 다문화가정이 한국사회에 온전하게 포용되기 위해서는 그들을 위한 얄팍한 복지를 내세우기에 앞서 대한민국의 헌법에 대한 교육, 한글과 한국의 역사와 문화에 대한 교육을 제대로 하는 것이 우선되어야 한다. 그렇지 않으면 이미 유럽 여러 국가가 직면하고 있는 것처럼 향후 한국사회의 큰

미중 신냉전시대와
한반도 자유통일 국가 전략

문제의 근원이 될 것이다.

한국사회의 현재 가장 큰 사상적 문제는 종북주사파보다 친북좌파의 문제이다. 종북주사파는 최근 통합진보당 사태로 한국사회의 큰 이슈가 되었지만, 역사적으로 평가해볼 때 종북주사파는 80년대의 전성기를 거쳐 90년대 이후 쇠락하였고, 현재는 통합진보당 등 합법 제도권 영역에 진출하긴 하였지만 그 세력은 현저히 약화된 상태이다. 그런데 80년대 종북주사파는 자신의 전성기에 약 10만 명의 주사파 운동권 출신을 사회로 배출한 것으로 평가된다. 필자가 관여한 자민통사건의 경우에 당시 안기부는 그 조직원이 2만 명에 달한다고 발표하였는데, 실제 자민통 조직의 경우에 운동권 핵심활동가들의 조직이었기 때문에 200여 명 정도였지만, 이들은 전국 각 대학의 주사파활동가 조직을 간접적으로 지도하는 관계를 형성하고 있었고, 그 활동가들까지 포괄한다면 당시 자민통이 영향력을 발휘할 수 있는 주사파활동가들이 약 2만 명 정도 되었다고 평가할 수 있다.

이 같은 조직력을 발휘하여 1990년 광주 전남대에서 진행한 선대협 발속식에 약 10만 명 가까이를 결집하였고, 90년 여름 농촌활동의 경우에 전국적으로 약 20만 명 가량의 대학생들을 참여시키게 된다. 이런 활동과정과 전국 각 대학에 존재하는 각종 사회과학 학습서클 들을 통해 주사파가 역점을 기울인 의식화 내용은 반미반독재·친북적 사고이다. 따라서 이 같은 활동과정에 참여한 대학생들은 주사파활동가들의 직·간접적 영향 하에 반미반독재·친북적 인식을 확대·심화시켰다고 평가할 수 있다.

필자의 분석으로는 이처럼 80년대 주사파조직이 배출한 반미·반독재·친북적 사고를 가진 활동가 약10만 명이 한국사회의 다양한 영역으로 진출하여 현재 한국사회의 이념적·정책적 지형에 지대한 영향을 끼치고 있다고 평가된다. 이들은 한국 현대사 과정에서 6월 민주항쟁 등 민주화 실현에 커다란 공을 세웠고, 1993년 김영삼 문민정부 등장이후에는 반독재 수단으로서 주체사상을 활용한다는 명분은 없어졌지만 약 2000년을 전후한 시기까지는 일정하게 한국 민주주의의 진전에 기여한 측면이 있다. 그러나 2000년 이후에 80년대 민주화세력은 민주화의 과잉문제를 보이기도 하였고, 관성적인 반미·친북적 인식 속에서 편향된 대중투쟁을 벌이기도 하였다. 나아가 김대중, 노무현 정부 10년이라는 집권기간 동안 이들은 또 다른 한국사회의 기득권세력화된 측면이 존재한다.

그리고 80년대 주사파가 한국사회에 깊이 드리운 사상적 그늘은 반미·친북적 사고인데, 그것을 대표적으로 표출시킨 2000년대 사건은 2002년 '효순이 미선이 사건'과 2008년 '광우병 촛불시위 사건'이다. '효순이, 미선이 사건'의 경우에 미군이 의도적으로 무고한 어린 학생을 죽인 것이라면, 한국 사람으로서 당연히 분노해야 하고 주한미군 규탄시위를 할 수 있을 것이다. 그런

미중 신냉전시대와
한반도 자유통일 국가 전략

데 이 사건의 경우는 의도적인 살인이 아니라 교통사고와 같은 우발적 사고인데, 재판절차와 미군의 대응과정에서의 문제점을 매개로 10만 명이 넘는 시위가 촉발되었던 것이다. 그리고 2008 년 '광우병촛불시위 사건'의 경우에도 광우병 문제가 더 심각했던 유럽과의 한·EU FTA체결 과정에서는 전혀 문제 제기가 안되었는데, 쇠고기 검역 문제와 관련한 문제 제기를 매개로 수십만 명이 참여하는 반미·반정부 투쟁으로 발전하였었다. 이 같은 대중적인 시위의 배경에는 80년대 주사파 조직이 배출한 반미·반독재·친북적 사고를 가진 활동가들이 다양한 방식으로 영향을 미쳤다고 할 수 있다. 이들은 이제 더 이상 종북주사파는 아니지만, 친북좌파적 성향을 갖는 정치인, 시민운동가, 언론인, 법조인 등으로 한국사회에 커다란 영향력을 발휘하고 있는 것이다.

현재 한국사회에서 대한민국의 미래와 관련한 외교·안보·통일분야 4대 이슈는 '한미FTA', '천안함폭침사건', '북한인권법', '제주도 해군기지 문제'라고 할 수 있다. 한국의 친북좌파는 한미 FTA추진과정에서 농업의 타격 등을 내세워 격렬히 반대했지만, 산업적인 영향이 거의 비슷한 한·EU FTA추진 과정에서는 거의 아무런 문제제기도 없었다. 그리고 '천안함폭침사건'의 경우에도 친북좌파는 정부 발표상의 몇 가지 문제점을 매개로 북한이 했다는 구체적 증거가 없다는 식으로 몰고 갔는데, 이는 1987년 북한에 의한 KAL기 폭파테러사건 당시 주사파 운동권이 제기한 방식과 대단히 유사하다. '북한인권법'의 경우에도 친북좌파는 인류의 보편적 가치이자 같은 민족의 인권문제를 개선해야 한다는 당연한 이유조차 북한당국이 불편해 한다는 이유로 반대하고 있다. 또한 친북좌파는 제주도해군기지의 경우에 중국이 불편해 해서 평화에 도움이 되지 않는다는 등의 이유로 반대하고 있다. 이 같은 친북좌파의 행태의 근본적 배경에는 그들의 반미·친북적 인식과 깊숙이 연관되어 있으며, 이는 결국 국가정책의 중요한 부분들을 잘못된 방향으로 이끌 수 있는 근본적 원인이 되고 있는 것이다.

통일문제와 종북주사파, 친북좌파, 친중파 문제

향후 대한민국의 미래와 관련하여 핵심적 과제는 통일문제의 해결이다. 그런데 이 통일문제의 해결을 위해서는 종북주사파, 친북좌파, 친중파의 문제를 정확히 이해하고 지혜롭게 극복해 나가는 것이 대단히 중요하다. 종북주사파의 문제는 위에서 지적한대로 과거에 비해 그 양적 세력은 많이 축소되었지만, 그들이 통합진보당 등 제도권으로 진출하는 과정에서 국가 안보적인 차원에서 구체적인 문제를 일으킬 수 있는 가능성이 확대되었다. 따라서 종북주사파의 문제는 국가보안법 등 법률적 차원

미중 신냉전시대와
한반도 자유통일 국가 전략

에서 그 문제를 정확히 파악하고 대응하는 것이 필요할 것이다.

그런데 한국사회 전체적인 차원에서는 종북주사파보다 더 심각한 문제는 친북좌파의 문제이다. 왜냐하면 종북주사파의 한국사회에서의 영향력은 그리 크지 않지만, 친북좌파는 김대중정부, 노무현정부를 거치면서 한국사회의 상당한 기득권세력으로 성장하였을 뿐만 아니라 각종 국가정책을 결정하는데 대단히 중요한 위치들을 점유하고 있기 때문에 친북좌파의 실상과 문제점을 구체적으로 파악하고 이를 국민들에게 정확히 알리는 것은 대한민국의 미래와 관련해서 대단히 중요한 문제이다. 이를 위해서는 우선 위에서 언급한 외교·안보·통일 분야 4대 이슈와 관련한 친북좌파의 주장 내용과 그 진행과정 등을 정확히 분석하여 그 문제점이 무엇인지에 대해 정확히 밝히는 것이 필요하다.

그리고 친북좌파 사고의 핵심근간이 되는 반미·친북적 인식이 대한민국의 미래와 관련해서 어떤 심각한 문제점을 안고 있는가를 국민들에게 정확히 알려야 한다. 이 과정에서 필요하다면 강력한 사상투쟁도 주저하지 말아야 할 것이다.

한국 좌파의 과거, 현재, 미래를 분석해본다면, 과거 한국좌파의 핵심적인 문제가 종북주사파이고 현재 한국좌파의 핵심적인 문제가 친북좌파라면 미래 한국좌파의 핵심적인 문제는 친중파가 될 것이다. 현재 한국과 미국 및 중국은 심각한 관계변화 (2000년 총 무역액 중 대중수출 11% 수입8%, 대미수출22% 수입18%

에서 2010년 총 무역액 중 대중수출 1168억불/ 25% 수입 715억 불/ 17%, 대미수출 498억 불/ 11% 수입 404억 불/ 10%) 즉 무역 총액 기준으로 한국의 대중국 무역액이 대미 무역액을 두 배가 넘어가는 변화를 겪고 있다. 나아가 2008년 세계금융위기 이후 중국은 G2 즉 미국과 함께 세계 초강대국이 되어 아시아의 룰메이커 역할을 하려 하고 있다.

중국은 강력해진 정치적·경제적 파워를 배경으로 한반도에 대해 동북공정이라는 역사왜곡을 앞세워 그 영향력을 확대하려 하고 있고, 국제사회에서 고립된 북한체제의 지원자 역할을 하면서 북한을 친중 종속국가화 하려는 작업을 구체화 하고 있다. 이같이 엄중하게 변화되고 있는 한반도 주변정세 속에서 중국은 2008년 북경올림픽을 앞두고 서울에서 티벳인들이 자신들의 민족적 주장을 알리려고 하자 한국에 와 있는 유학생 등을 동원하여 서울 한복판에서 오성홍기를 날리며 폭력적인 시위도 마다하지 않았었다.

그리고 최근에는 김영환 씨에 대해서도 잠안재우기 고문, 전기봉 고문 등을 자행한 바 있다. 만약 미국인들이 자신들의 주장을 알리기 위해 성조기를 날리며 서울 한복판에서 폭력적인 시위를 하였다면 친북좌파들이 어떤 대응을 했을까? 대한민국 국민이 범죄자도 아니고 인권과 민주주의라는 가치를 위해 활동하다가 미국에서 체포되었는데 미국정부가 그 사람을 고문하였다

미중 신냉전시대와
한반도 자유통일 국가 전략

면 친북좌파가 어떤 반응을 보였을까? 아마도 '효순이 미선이 사건 촛불시위', '광우병 촛불시위' 그 이상으로 격렬한 투쟁을 하였을 것이다.

21세기 한반도 통일문제의 해결과 밝은 미래를 위한 핵심적인 과제는 세계 초강대국으로 부상한 중국 문제에 대한 지혜로운 대응이다. 필자는 이를 위한 전략의 하나로 2008년 '남한·북한·몽골 3자 연방 통일국가' 방안(2008년 「신동아」 11월호 기고)에 대한 고민을 제안한 바 있다. 그런데 이를 위한 선결적 과제는 북한 문제의 해결이다. 북한 문제의 해결을 위해서는 북한의 개혁·개방, 북한의 선진화를 한국이 주도하여 실현해나가야 한다. 북한의 개혁·개방이 중국 주도로 이루어진다면 북한은 친중 종속국가화 되고 한반도의 분단은 고착화될 것이다.

그리고 다른 한편으로 한국사회에서 종북주사파, 친북좌파, 친중파의 문제를 극복해 나가야 한다. 특히 종북주사파, 친북좌파는 북한이 그 어떤 매력도 가지고 있지 않다는 것은 대부분 인정하고 있기 때문에 그들은 역사적, 구조적 흐름에서 볼 때 친중파가 되어 갈 것이다. 그 같은 징후는 위에서 언급한 한미FTA, 천안함폭침사건, 제주도 해군기지, 북한인권법 이슈 등에서 이미 이들이 중국 측의 입장과 유사한 태도를 취하고 있는 것을 통해서 확인되고 있다. 한반도의 현실을 고려할 때 한미 동맹의 강화가 우선적 과제이지만 한중협력도 확대되어야 한다.

그러나 한중협력의 확대는 분명한 원칙과 민주주의적 가치에 기초하여 추진되어야 한다. 그렇지 못하면 한반도는 중국이라는 거대한 블랙홀로 빨려 들어가 불행한 민족적 미래를 감수해야 할 것이다.

지금은 역사적인 대전환의 시기이다. 13세기에 징키스칸, 쿠빌라이 칸에 의해 건설된 몽골제국이 제1차 세계화 과정을 실현하면서 동양문명이 서양문명의 발전을 촉진시키고 주도했었다면 18세기 산업혁명이래로는 영국, 미국중심의 서양문명이 제2차 세계화 과정을 실현하면서 동양문명까지도 이끄는 역할을 20세기까지 수행하였다고 할 수 있다. 그런데 21세기에는 세계 초강대국 중국의 부상으로 새로운 세계질서의 재편이 시작되고 있다. 이 같은 국제정세의 조건에서 한반도의 통일과 미래와 관련한 한반도 주변정세의 현실을 고려할 때 종북주사파, 친북좌파, 친중파 문제의 본질을 정확히 이해하고 대응하는 것은 현 단계 대한민국 앞에 놓인 대단히 중요한 역사적 과제라고 할 수 있을 것이다.

미중 신냉전시대와
한반도 자유통일 국가 전략

02 우파주관주의로 대북정책 혼란 박근혜–남재준 '중국 역할론' 대립

(「신동아」 2014년 9월호)

朴정부 '1기 국정원' 고위인사 작심토로

"우파주관주의와 막연한 바람(Wishful Thinking)에 근거한 국정원의 정책 판단이 박근혜 정부의 1기 대북정책에 혼란을 야기했다."

구해우 전 국가정보원 북한기획관은 7월 29일 사석에서 기자에게 이렇게 말했다. 구 전 기획관은 박근혜 정부 출범 직후 남재준 당시 국정원장의 추천으로 국정원에 들어가 올해 초까지 북한 문제를 다뤘다.

「신동아」는 구 전 기획관에게 박근혜 정부 1기 국정원의 대북정책 방향과 관련한 인터뷰를 요청했다. 그는 직무상 얻은 정보와 관련한 질문에는 답하지 않는 조건으로 요청을 수락했다. 국정원법은 전·현직 직원이 직무상 취득한 비밀을 누설하면 처벌하게 돼 있다.

국정원 고위인사(1급)가 현직에서 물러난 직후 언론 인터뷰에 응한 것은 이례적인 일이다. 구 전 기획관은 "잘못된 정책 판단 탓에 통일의 초석을 쌓을 호기를 잃은 것 같다"면서 "정보가 아닌 정책과 관련해 할 말은 하기로 했다"고 말했다.

구 전 기획관은 20년 넘게 북한 문제에 천착해왔다. 고려대 법대를 졸업하고 고려대 대학원에서 북한 개혁·개방을 주제로 법학 박사학위를 받았다. 2000년대 초반 SK텔레콤 북한담당 상무로 남북경협 현장에서 뛰었다. 미국 하버드대 한국학연구소 객원연구원을 지냈다. 박세일 서울대 명예교수, 윤영관 서울대 교수, 최장집 고려대 명예교수가 2001년 미래전략연구원을 꾸릴 때 산파 구실을 했다. 국정원에서 근무하기 직전에는 미래전략연구원 이사장을 맡았다.

인터뷰는 7월 31일, 8월 7일 서울 종로구 미래전략연구원 사무실에서 두 차례에 걸쳐 이뤄졌다.

질문 국정원의 북한 관련 핵심 직책에서 일한 것으로 아는데.

구해우 남 전 원장이 취임 직전 함께 일하자고 제의했다. 의기가 투합했다. 올 초 대북정책과 관련한 견해 차이로 사직할 때까지 1차장(해외 및 북한담당) 산하 북한담당기획관으로 일했다. 국정원장을 보좌하면서 대북정책과 관련해 조언했다. SK텔레콤

미중 신냉전시대와
한반도 자유통일 국가 전략

북한담당 임원으로 일할 때부터 북한, 중국에서 북측 인사를 수십 차례 만나면서 많은 대화를 나눴다. 개인적인 채널로 확보한 정보를 국가기관이 획득한 정보와 비교·분석하는 유익한 경험을 했다.

국정원은 정부 어느 부처와도 비교할 수 없을 만큼 두터운 인적·물적 자원을 갖고 있다. 또한 남북통일 과정에서 핵심 역할을 수행할 조직이다. 국정원에서 일하면서 국가와 정부 차원에서 통일을 위해 무엇이 필요한지 파악할 수 있었다. 다만 통일을 실천적·구체적으로 추진해나가야 할 중차대한 시기에 의미 있는 정책을 실제적으로 구현하지 못한 것에 깊은 아쉬움이 있다.

질문 남 전 원장은 안보관이 투철한 인사다. 또한 강한 보수주의자다. 가까이에서 본 남 전 원장은 어떤 사람인가.

구해우 남 전 원장은 투철한 애국심을 가졌을 뿐 아니라 국가를 위해 밤낮을 가리지 않고 일하는 헌신적인 사람이다. 안보 문제에 대한 높은 식견, 공직자가 가져야 할 청렴성에서도 남 전 원장에 비견할만한 사람을 찾기 어렵다. 참된 보수주의자다. 존경할만한 분이다.

그는 이렇게 덧붙였다.

다만, 21세기 국정원은 변화한 시대적 조건 속에서 일해야 한다. 한국 사회는 세계화·정보화·민주화됐다. 복잡한 사회 현실을 구체적으로 이해하고, 그것에 기초해 조직을 개혁하면서 일해야 한다. 감사원에서 20년 넘게 근무한 후배가 '수많은 원장이 거쳐 갔지만 하나같이 취임 후 3~6개월이 지나면 감사원 직원들의 논리와 메커니즘에 포획됐다. 단 한 번도 예외가 없다'고 말한 적이 있다. 국정원에서도 비슷한 일이 벌어졌다고 생각한다. 남 전 원장 또한 예외가 되지 못한 것을 안타깝게 생각한다.

질문 남 전 원장은 소문난 '강골' 아닌가.

구해우 강골이건 아니건 상관없다. 북한문제에 대한 깊은 식견이 부족하면 보고하는 사람에게 의존하게 마련이다. 액면 그대로 받아들이지 않고 종합적으로 판단할 수 있어야 한다.

막연한 바람으로 움직여서야

질문 염돈재 전 국정원 1차장(2003~2004년)은 「월간조선」 8월호 인터뷰('원장들이 국정원 망쳤다' 제하 기사)에서 "군 출신과 외교관은 국정원 책임자로 부적합하다"고 했다.

구해우 염 전 차장 인터뷰 기사를 읽어봤다. 국정원 경험이 없는 사람이 원장을 맡았을 때 문제가 많았다는 게 골자다. 염 전 차장의 이야기를 일률적으로 적용하기는 어려울 것 같다. '관피아'라는 단어가 회자된다. 순수 국정원 출신 간부만으로는 개혁을 해내기 어렵다. 정치 개입이 일어난 데도 중앙정보부 시절 이

미중 신냉전시대와
한반도 자유통일 국가 전략

래 국정원 간부들의 관성이 영향을 미쳤다고 본다. 외부 인사와 국정원 출신이 상호보완적으로 개혁을 추진해야 한다.

질문　남 전 원장은 취임 이후 1급 간부 거의 모두를 해임하고 군 출신 측근을 요직에 배치한 것으로 전해졌다. 구 전 기획관 역시 군 출신은 아니지만 측근 그룹으로서 영향력을 행사한 것으로 알려졌다. 박근혜정부 대북정책 수행 과정에서 남 전 원장의 역할은 지난해 말까지 무소불위에 가까웠다는 평가가 나온다. 대통령이 가장 신뢰하는 정보는 국정원의 정보일 수밖에 없다. 구 전 기획관은 1기 국정원과 관련해 '우파주관주의' 'Wishful Thinking(막연한 바람)'이라는 표현을 썼다.

구해우　남 전 원장이 재임할 때 박근혜정부의 대북정책은 봉쇄·압박을 통해 북한을 붕괴시켜 통일을 추진하는 것이었다. 이명박정부 때 대북정책에 영향력이 컸던 김태효 전 대통령대외전략기획관 주도로 추진돼 별다른 성과를 남기지 못한 정책과 비슷하다.

이 같은 정책은 우파 주관주의의 산물이다. 김 전 기획관이 추진한 이녕박정부 대북정책이 실패한 것은 '객관'적으로 정보를 해석해 정책을 수립한 게 아니라 자신이 믿는 생각에 따라 '주관'적으로 해석해서 'Wishful Thinking'을 바탕으로 움직였기 때문이다. 한반도가 가진 지정학적 조건을 고려할 때 봉쇄·압박만으로 정책 변화를 강제하거나 붕괴를 이끌어내는 것은 매우 어렵다.

북한이 중국과의 관계가 다소 소원해지자 일본, 러시아와 관계 개선, 협력 확대에 나선 것에서도 봉쇄·압박정책의 한계를 확인할 수 있다.

질문 박근혜정부와 '1기 국정원'의 대북정책이 성과보다 한계가 더 많았다는 얘기인가.

구해우 노무현정부의 햇볕정책과 이명박정부의 봉쇄·압박정책이 가진 한계를 뛰어넘어 통일을 실질적으로 준비하는 대북정책을 마련해야 하는 과제를 안고 있는데도 정권 초기부터 지금껏 이명박 정부 식의 봉쇄·압박정책을 답습하는 데서 크게 벗어나지 못했다. 안타까운 일이다. 최근엔 북한과 관련한 중국의 역할에 과도하게 기대는 현상까지 나타났다. 북핵 및 북한 문제를 해결할 의지와 노력이 구체적으로 보이지 않는다. 우려스럽다.

집단적 사고의 늪

질문 지난해 2월 북한의 3차 핵실험으로 한반도에 위기가 고조됐다. 평양은 전쟁 위협에 나서면서 개성공단 폐쇄마저 단행했다. 박근혜정부는 '원칙 있는 협상'을 거쳐 개성공단을 재가동하는 등 위기 국면에 적절하게 대응하지 않았나. 국민도 다른 분야와 달리 대북정책, 외교정책에는 높은 점수를 줬다.

미중 신냉전시대와
한반도 자유통일 국가 전략

구해우   정부가 북한의 3차 핵실험과 개성공단 폐쇄에 맞대응한 과정은 원칙 있는 협상을 했다는 점, 위기관리를 잘했다는 점에서 높은 평가를 받아야 한다고 생각하지만, 대북정책의 궁극적 목표는 통일이어야 한다. 역사적 과제를 고려할 때 좀 더 능란하고 전략적인 대응이 필요했다. 중국의 부상 등 동북아 정세가 급변한다. 통일을 위해 주어진 시간이 많지 않다. 남북 간에 벌어지는 사건마다 전략적 시각에서 조망해 전략적으로 대응해야 하는데 그러지 못했다.

질문   박근혜 대통령은 1월 "통일은 대박"이라고 강조했다. 3월에는 독일 통일의 상징 격인 드레스덴에서 대북 구상을 내놓았다. 북한 문제를 해결하겠다는 강력한 의지가 엿보이는 대목이다.

구해우   통일은 대박이라는 어젠다를 제시한 것은 시의적절했다. 보수와 진보를 넘어 모든 국민에게 통일의 긍정성을 알리고 의지를 북돋는 차원에서 선명한 어휘를 내놓은 것이 중요한 역할을 했다고 생각하지만, 구체적인 정책과 해법이 뒷받침되지 않으면 드레스덴 구상 또한 이명박 정부의 '통일항아리 운동' '비핵개방 3000구상'과 차별성을 만들어내기 힘들 것이다.

질문   똑같은 생각을 가진 이들만 모여 집단적 사고의 늪에 빠져 정보를 해석하면 결과물은 주장(主張)이 돼버린다. 노무현 정부 대북정책의 '이념 과잉'이 대표적이라고 하겠다. 장성택 숙청 후 남 전 원장은 집단적 사고를 바탕으로 김정은 체제가 불안정해졌다는 쪽에 무게를 두고 정책을 수립한 것 같다. "2015년 통일을 위해 다 같이 죽자"는 남 전 원장 발언이 외부에 알려지기도 했다.

구해우　　장성택 숙청은 평양 내부 정세뿐 아니라 북중관계·남북관계·한중관계에 심대한 영향을 끼친 일대 사건이다. 2009년 5월 북한의 2차 핵실험 두 달 뒤에 열린 중국공산당 한반도공작소조(조장·시진핑) 회의 이후 중국의 대북정책은 투트랙(Two-Track)으로 진행됐다.

한편으로는 북핵 문제 악화를 방지·관리하면서 다른 한편으로는 북한 내부에 친중세력을 확산해 정권의 변화를 추진하는 것이었다. 북한 내 친중세력의 핵심인사가 누군가? 장성택이다. 김정은 체제의 친위세력이 장성택을 숙청한 것이 사태의 본질이다. 장성택은 거칠게 말해 연남생에 비유할 수 있다. 고구려 말 권력투쟁에서 밀린 연개소문의 아들 연남생이 당나라와 협력해 고구려에 칼을 겨눈 사례와 비교해 해석이 가능하다. 장성택은 중국을 이용해 권력을 공고히 하려 했으나 실패한 것이다. 요컨대 장성택 숙청 사태 이후 김정은 체제는 불안정성이 커질 가능성보다는 오히려 안정화할 가능성이 높아졌다고 할 수 있다.

「조선일보」가 지난해 12월 보도한 국정원 핵심간부 송년회에서의 남 전 원장 발언은 우파주관주의의 실체를 상징적으로 드러낸 것이다. 정보 해석이 Wishful Thinking에 따라 이뤄졌다고도 할 수 있다. 장성택 숙청으로 북한이 불안정해졌으니 압박을 더

미중 신냉전시대와
한반도 자유통일 국가 전략

강화해 김정은 체제를 와해하고 통일을 이루자는 게 골자다. 북한을 봉쇄·압박할 것이 아니라 평양 내부 정세와 북중관계를 분석해 한국의 통일전략에 기초해 전면적 대북 개입에 나섰어야 했다.

南 "2015년 통일" 발언 배경

「조선일보」는 지난해 12월 24일 남 전 원장이 핵심 간부 송년회에서 "우리 조국을 자유민주주의 체제로 통일시키기 위해 다 같이 죽자"고 말했다고 보도했다. 한 송년회 참석자는 「조선일보」에 "2015년에는 자유 대한민국 체제로 조국이 통일돼 있을 것" "국가보안이라 말할 수는 없지만 조국 통일을 위한 '구체적 플랜'도 논의했다"고 밝혔다. 남 전 원장은 이 보도 내용을 부인한다. 국정원 안팎에 따르면 장성택 사후 국정원 내부에서 정책 방향을 두고 논쟁이 벌어진 것으로 알려졌다. 절대 다수 의견이 평양을 더 압박해 붕괴시키자는 쪽이었다고 한다. 군 출신 인사들이 특히 그렇게 판단한 것으로 알려졌다.

맹동주의 문제점 증명돼

구 전 기획관은 이렇게 말했다.

구해우 자유민주주의에 대한 신념에 기초해 북한체제를 고립시키고 봉쇄·압박하면 통일이 이뤄진다는 것이 우파주관주의의 요체다. 이건 더 나아가면 '우파맹동주의'가 된다. 이명박정부 대북정책이 별다른 성과를 내지 못한 것에서 우파주관주의, 우파맹동주의 문제점은 확인·증명됐다. 한반도의 지정학적 조건에 대한 몰이해와 북한체제에 대한 깊이 있고 구체적인 인식이 부족했던 것이다."

질문 김대중 노무현정부의 대북정책은 북한 핵 개발을 사실상 방조했다는 비판을 피하기 어렵다. 이명박정부의 봉쇄 정책 또한 별다른 성과를 거두지 못했다. 이대로 놔두면 북한 핵이 파키스탄 모델로 나아가는 것은 시간문제로 보인다. 장성택 사후 전면적 대북 개입에 나섰어야 한다는 게 구체적으로 어떤 뜻인가.

구해우 북한은 파키스탄과 유사한 형태로 사실상의 핵보유국이 되려 한다. 2003년부터 북한이 파키스탄 모델로 핵 개발을 추진했으니 대응이 필요하다고 역설했으며, 2009년 5월 2차 핵실험 이후에는 북한이 파키스탄 모델에 진입했다고 분석한 바 있다. 북한이 핵 개발을 진행하는 과정에서 햇볕정책도 봉쇄·압박 정책도 효과적으로 대응하지 못했다. 앞서 말했듯 중국은 2009

미중 신냉전시대와
한반도 자유통일 국가 전략

년 7월 이후 북핵이 악화, 확산하지 않게 관리하면서 북한 내 친중파 확산을 통한 정권의 변화를 꾀했다. 앞서 말했듯 그 과정에서 중국이 지목한 핵심 인물이 장성택이다.

한국은 2009년 5월 2차 핵실험 이후 중국보다 더 적극적·전략적·종합적으로 투트랙을 운영했어야 했다. 6자회담 참가국과 함께 북핵의 동결 및 확산 방지 정책을 추진하면서 개혁·개방을 이끌어내는 방안을 마련했어야 했다. 미국과 전략을 공유하면서 한미 자유무역협정(FTA)의 역외가공지역을 인정하는 조항을 활용해 개성공단과 같은 특구를 대폭 늘렸어야 했다.

한국이 참여한 특구가 5개 정도 마련되면 김정은 체제는 필연적으로 정권 진화(Regime Evolution)의 길을 밟게 된다. 이 과정에서 북한 내 개혁·개방 추진 세력을 육성해낼 수 있다면 그것이 통일로 가는 길이 될 수 있다.

박근혜 정부가 이 같은 방향의 개입 정책을 구사하는 것이 '통일 대박'의 길이라고 믿는다. 지금도 늦지 않았다. 한반도 주변 정세를 고려할 때 6자회담 참가국(한국 북한 미국 중국 일본 러시아)에 1991년 두만강유역공동개발에 참여한 몽골을 더해 7개국이 최우선적으로 나진·선봉특구를 공동 개발하면 큰 성과를 내리라고 본다.

이와 함께 북한의 자생적 개혁·개방 추진 세력을 어떻게 육성할지 구체적인 방안을 수립해야 한다. 국정원이 이 같은 공작에 앞장서야 한다. 북한 개혁·개방이 중국 주도로 이뤄지는지, 한국 주도로 이뤄지는지에 따라 한반도의 운명은 바뀔 것이다. 중국이 주도하면 남북의 분단은 고착화할 것이다. 한국이 주도하면 통일의 길이 열린다.

중국에 환상 갖는 건 더 위험

구해우 박근혜 정부 '2기 국정원'과 통일준비위원회 활동이 본격화하면 대북정책의 흐름이 바뀔 수 있다고 보지만, 수정된 대북정책의 내용이 중국의 역할에 대한 과도한 기대, 다시 말해 '중국 환상론'과 결합해버리면 '유사(類似) 햇볕정책'으로 전락할 수도 있다. 중국 환상론은 통일에 도움 주는 게 아니라 분단 고착화에 기여할 뿐이다. 중국의 전략을 오판하면 한반도의 미래에 혼란이 야기될 수 있다. 중국 환상론이 우파주관주의보다 더 위험하다고 생각한다.

질문 정치권 인사들에 따르면 남 전 원장은 북한 문제 해결과 관련해 중국의 역할을 기대하는 박 대통령의 생각에 대해 '그것은 실제가 아닌 허상일 뿐'이라면서 부정적 태도를 보였다고 한다. 그로 인한 갈등도 있었다고 들었다.

구해우 대(對)중국 외교를 두고 박 대통령과 남 전 원장의 의

미중 신냉전시대와
한반도 자유통일 국가 전략

견이 달랐다. 남 전 원장은 중국의 역할을 기대하는 것은 잘못된 것이라고 여겼다. 중국에 대한 남 전 원장의 비판적 태도와 정책적 소신이 경질의 중요한 배경이었다고 본다. 중국과 관련해 나는 남 전 원장과 생각이 비슷하다.

중국은 한미 동맹 균열 전략을 단계적으로 관철해왔다. 한국을 중국 쪽으로 끌어당기려는 것이다. 5월 상하이에서 열린 '아시아 교류 및 신뢰구축회의(CICA)'에서 한 중국 인사가 한국 외교관에게 조공 외교를 권유하는 듯한 발언을 해 속내를 드러낸 적도 있다. 중국은 한중 정상회담을 의도적으로 미국 독립기념일을 끼고 진행해 한국이 미국보다 중국을 환대한다는 식의 모습도 연출해냈다. 하얼빈의 안중근기념관은 한·미·일 동맹을 균열시키는 도구로 이용되고 있다. 중국의 이 같은 일련의 행동은 왕후닝(王滬寧)의 작품인 것으로 보인다.

CICA는 1992년 카자흐스탄의 제안으로 결성된 지역안보협의체로 중국, 러시아 주도로 26개국이 참여했다. 시진핑 중국 국가주석은 5월 21일 CICA 기조연설에서 "CICA를 아시아 안보 대화 협력의 플랫폼으로 만들어 지역안보 협력을 위한 새로운 틀을 건설하자"고 제안했다. 미국을 배제한 중국 주도의 안전보장 체제를 아시아에 구축하겠다고 선언한 것이다. 시 주석은 7월 3, 4일 한국을 국빈 방문했다. 미국 독립기념일은 7월 4일이다. 왕후닝 중국공산당 중앙정치국원 겸 정책연구사무소 주임(부총리급)

은 시진핑 주석의 핵심 책사다. 1995년부터 정책연구사무소에서 중국의 '국가 대전략'을 연구해왔다.

곡학아세(曲學阿世)하는 일부 좌파

구 전 기획관의 주장을 계속 들어보자.

구해우   지난해 12월 조 바이든 미국 부통령은 박근혜 대통령을 접견한 자리에서 '미국의 반대편에 베팅하는 것은 좋은 베팅이 아니다'라면서 '미국은 계속 한국에 베팅할 것'이라고 말했다. 중국 편에 설 것인지, 미국 편에 설 것인지 확실히 하라고 강조한 것이다. 말 실수가 아니다. 미국 핵심부가 가진 속내를 드러낸 것이다. 한반도의 지정학적 조건에서 한미 동맹이 확고하지 않으면 통일은 고사하고 혼란의 수렁에 빠질 것이다. 한중협력을 확대하더라도 외교에서의 우선순위는 분명히 해둬야 한다는 것이다.

일부 좌파 학자는 공공연히 '중국이 강성했을 때 한반도가 평화로웠으며 조공외교가 경제적 번영을 가져다줬다'고 선동한다. 중국이 강성하던 한나라 무제 때 고조선이 멸망하고 한사군이 설치된 것, 당나라 태종 때 고구려가 침략당하고 결국 멸망한 것, 원 제국이 등장해 고려를 지배한 것, 청 제국의 등장과 함께

미중 신냉전시대와
한반도 자유통일 국가 전략

병자호란을 겪은 것 등 피의 역사를 덮어둔 채 곡학아세(曲學阿世)하는 것이다.

그는 "박근혜정부에서 북한 문제 해결과 관련해 중국의 역할을 과도하게 기대하는 현상이 나타난 것이 가장 우려스럽다"면서 이렇게 덧붙였다.

구해우　중국 환상론이 한미 동맹의 미래와 동북아 질서의 변화에 가져올 악영향에 대해 냉철하고 정확한 인식을 가져야 한다. 정부는 한중 정상회담에서 한반도 비핵화 원칙에 합의한 것을 과대평가한다. 북중관계를 면밀히 들여다보면 평양에 대한 베이징의 개입은 매우 제한적이다. 특히 장성택 숙청 이후 북핵 및 북한 문제에 대해 중국의 역할을 바라는 것은 '닭 쫓던 개 지붕 쳐다보는 격'이 될 것이다.

한중FTA 협상에서도 중국이 주장해온 서비스 분야의 포지티브(원칙적 미개방 후 개방 분야 별도 지정) 방식에 양보하는 등 체결 자체에 지나치게 매달리는 경향이 있다. FTA는 단순한 경제협정이 아니라 국가안보 전략과 긴밀히 연관돼 있다. 한중FTA는 중국과의 경제 및 안보관계뿐 아니라 미국, 일본과의 경제 및 안보관계, 나아가 국가의 종합전략에 기초해 신중하게 추진해야 한다. 그러지 않으면 중국이라는 블랙홀에 급속히 빨려들어가고 말 것이다.

해외·북한파트, 국내파트 분리해야

질문　굴기(崛起)한 중국에서 민족주의가 발호하는 것을 우려하는 시각도 있다.

구해우　중국뿐 아니다. 민족주의가 발호하는 것이 21세기의 특징 중 하나다. 우크라이나나 중동 사태, 중국과 베트남 및 필리핀의 갈등에서도 이런 특징이 확인된다.

질문　국정원은 적으로부터 국가를 지키는 안보의 보루이면서도 북한과 대화의 길을 열기도 한다. 민간 출신으로 국정원 내부를 들여다본 몇 안 되는 북한 전문가로서 국정원의 가장 이상적인 모습은 무엇이라고 보나.

구해우　국정원이 정권의 안보기구가 되거나 정보 관료조직으로 전락하면 국가의 안전을 보장하면서 통일을 이뤄내는 과정에서 중추적 역할을 할 수 없다. 국정원 공작원은 어떤 어려운 조건에서도 자신의 임무를 수행하는 야생의 늑대와 같아야 하는데, 국민의 눈에 비친 이미지는 정권의 사냥개 또는 정보 공무원에 가깝다고 하겠다.

국정원 개혁을 이뤄내려면 좌파와 우파, 보수와 진보가 당파를 초월해 개혁안을 이끌어내야 한다. 미국 중앙정보국(CIA)과 연방수사국(FBI)처럼 해외·북한파트와 국내파트를 분리하는 게 현명하다고 본다. 그러려면 검찰권 등 사법개혁을 동반해야 해 여

미중 신냉전시대와
한반도 자유통일 국가 전략

야 합의가 필수적이다.

해외·북한파트와 국내파트의 분리는 북한·해외정보를 담당하는 요원을 국내 정치로부터 자유롭게 만들어 공작활동에 집중하게 할 수 있다. 국정원은 정부 조직 안에서 국가안보실, 국방부, 외교부, 통일부와 협력해 통일전략, 국가전략을 입안해야 한다. 또한 국정원은 정보 수집 및 공작활동에 총력을 기울이면서 통일 이후를 내다본 해외정보 수집 및 공작활동을 강화해야 한다.

03 국정원 무엇이 문제인가?

대담: 구해우 (미래전략연구원 원장 / 전 국가정보원 북한담당기획관)

송홍근 기자, (「신동아」 2015년 8월 8일)

국가정보원이 2012년 1월과 7월 이탈리아 소프트웨어 업체 '해킹팀'에서 휴대전화 전방위 해킹이 가능한 'RCS(Remote Control System)' 프로그램을 구입한 사실이 드러났다. 카카오톡 해킹 기술에 대한 진전 사항을 해킹팀에 문의한 사실도 밝혀졌다. 국정원은 '대북·대테러용' '국내 실험용'이라고 해명했으나 7월 18일 해당 업무를 담당한 임모(45) 과장이 자살하면서 사태는 눈덩이처럼 커졌다.

해킹 프로그램을 도입할 당시 근무한 국정원 차장급 이상 핵심 간부 중 현재까지 자리를 지킨 이는 없다. 박근혜정부가 들어선 후 3명의 원장(남재준·이병기·이병호)이 임명되면서 실·국장도 대부분 바뀌었다. 국정원은 '차단의 원칙'을 지키면서 일한다. 다른 부서나 동료가 하는 일을 알지 못하고 알려고 하지도 않는다.

훗날 불법 감청 및 해킹 의혹 사건의 불똥이 다른 곳에서 튈 수도 있는 것이다.

지난해 2월 '탈북자 유우성 씨 간첩수사 증거 조작' 시비가 불거졌을 때 국정원은 "조작이 아니며 우리는 관여한 바 없다"고 청와대에 보고했으나 나중에 증거를 조작한 것으로 드러났다.

이병호 현 원장은 올 3월 국회 인사청문회에서 "정치 개입이 국정원을 망쳤다"면서 "결코 역사적 범죄자가 되지 않겠다"고 밝혔다. "은폐가 더 무거운 범죄라는 것을 잘 안다"는 말이 흰소리가 돼서는 안 된다.

국정원 안에 정보·안보·공작 업무를 전체적으로 조망하는 부서는 없다. 원장, 기조실장도 모든 것을 아는 게 아니다. 세포가 제각각 구실하는 생물(生物) 비슷한 측면을 지녔다. 휴대전화 불법 감청 및 해킹 의혹의 실체적 진실이 무엇이든 전모는 드러나지 않으리라는 게 대체적 관측이다. 또한 정보기관 속성상 밖에서 실체를 들여다보는 것은 거의 불가능하다.

국정원의 업무 처리 절차, 외부에 대한 대응 방식, 직원의 사고 방식을 들여다보면 '정치 개입 댓글 사건' '간첩수사 증거 조작 사건' '휴대전화 불법 감청 및 해킹 의혹 사건'의 본질에 다가가기 쉽다.

태생적, 체질적 한계

8월 8일 박근혜 정부의 국정원에서 고위직(1급)으로 일한 인사와 인터뷰했다. 국정원 인사가 현직에서 물러난 지 얼마 안 돼 인터뷰에 응한 것은 이례적인 일이다. 구해우 전 기획관(북한 담당)은 국정원 재직 당시 '실세'로 통했다. 국정원법은 전·현직 직원이 직무상 취득한 비밀을 누설하면 처벌받게 돼 있어 그의 답변 내용 중엔 '행간'을 읽어야 할 대목이 적지 않다.

구 전 기획관은 "국정원은 정권안보기구로 출범했다는 태생적·체질적 한계를 극복하지 못했다"면서 "국가 안보보다 정권 안보를 중시하는 체질 때문에 정치권력에 줄 대는 행태가 나타났다"고 지적했다. 그는 또 "정보기관 요원들이 댓글 공작이나 하고, 북한과 관련해 소설 같은 이야기를 흘리는 언론플레이 공작이나 하는 것은 부끄러운 일"이라며 "해외 및 북한 파트와 국내 파트를 분리하는 것을 포함한 구조 개혁을 단행해야 한다"고 주장했다.

송홍근 한국은 분단돼 있습니다. 안보 위기가 상존하고요. 국정원이 올바르게 서야 합니다.

구해우 산업화, 민주화를 성취한 우리는 통일이라는 역사적 과제를 눈앞에 뒀습니다. 또한 지정학적으로 4대 강국의 이해관계가 충돌합니다. 정보기관의 정확한 정보 수집과 분석 및 전략

미중 신냉전시대와
한반도 자유통일 국가 전략

수립은 국가 생존과 관련이 있죠. 다양한 비밀공작 또한 국가 생존의 밑바탕이 되는 필수 사안입니다. 무엇보다 국정원은 정부의 다른 부처와는 비교조차 할 수 없을 만큼의 인적 자원을 가졌으며 막대한 예산을 씁니다. 국가 안보와 통일 달성의 핵심 축 기능을 해야 하는데 그렇지 못한 게 현실입니다.

(국정원의 조직, 인원은 국가 기밀이다. 국정원 사정에 밝은 한 인사는 "국정원의 '국(局)' 한 곳이 통일부와 같은 내각의 '부(部)'와는 비교할 수 없을 만큼 인원이 많다"고 말했다.)

송홍근 국정원 본연의 임무는 물밑에서 국가 안보의 버팀목 구실을 하는 것입니다. '정권의 시녀' '대통령의 사냥개'라는 말을 들어서야….

구해우 미흡한 부분이 많은 게 사실입니다. 국정원의 국내 정치 정보와 관련한 활동은 세계 최고 수준인 반면 해외 및 북한 정보 수집 및 공작 능력은 50점 넘게 주기 힘든 수준입니다.

이해관계 따라 정보 왜곡

송홍근 개인의 자유를 최대한 보장하는 쪽으로 세상이 바뀌었는데 국정원은 예전의 방식을 답습한다는 지적이 나옵니다. "댓글 공작 등 상식에 어긋나는 일로 정치 논란만 일으킨다" "국정원의 국내 정치

정보 수집 기능을 폐지해야한다"는 등의 주장이 그것인데요.

구해우 국내 정치 개입 문제 등이 발생하는 핵심 원인은 구조적인 부분에서 찾아야 합니다. 국정원장 개인의 성향이나 직원 개개인에게도 문제가 있을 수 있으나 그건 작은 문제죠. 국정원은 5·16 군사정변 직후 정권안보기구로 출범했습니다.

21세기 들어서도 국정원은 이 같은 태생적·체질적 한계를 극복하지 못했습니다. 1993년 김영삼 정부가 들어선 후 선거를 통해 성향이 다른 정파로의 정권교체가 이뤄지면서 상당수 국정원 직원이 정치 바람에 노출됐습니다. 국정원 직원들은 권력의 변화에 대단히 민감합니다. 국가 안보보다 정권 안보를 위한 기능을 중시하는 체질이 길러졌기 때문이죠. 정치권력 또한 그렇게 인식해왔고요. 이렇다보니 정치권력에 줄을 대려는 행태가 나타났습니다.

송홍근 국정원의 대북 정보 수집 및 분석이 원장의 뜻이나 내부 이해관계에 따라 왜곡된다고 지적하는 이들도 있습니다.

구해우 국정원은 역사적으로 정치권력의 향방에 대단히 민감했기에 대통령과 원장 등의 의중을 살펴 권력자의 입맛에 맞게 정보 가공을 해온 경우가 많습니다. 그렇다보니 복합적 이해관계에 따라 정보를 왜곡하는 결과를 초래하고, 국가가 적확한 전략을 수립하는 데 커다란 부정적 영향을 끼치게 됩니다.

송홍근 민감한 일을 하는 이들은 국정원의 해킹을 우려해 PC가 아

미중 신냉전시대와
한반도 자유통일 국가 전략

닌 외장 하드나 USB에 정보를 저장합니다. e메일로도 중요한 자료를 보내지 않고요. 국정원 휴대전화 불법 감청 및 해킹 의혹 사건의 실체적 진실과는 무관하게 상시적으로 감청, 해킹을 당한다고 느끼는 사람이 많습니다.

구해우　　정보화 시대는 양날의 칼을 가졌습니다. 편의성 증대와 프라이버시 침해 우려가 공존합니다. 온라인과 모바일상에서 보안 조치를 취해도 그것을 뛰어넘는 새로운 해킹 기술이 반드시 나옵니다.

정보화 시대의 기술을 편의성 확대 차원에서 활용하면서도 비즈니스 차원의 비밀 보호든, 프라이버시 보호든 민감한 사안에 대해서는 늘 조심하고 면대면(面對面) 만남을 통해 해결하는 게 현실적입니다.

왜 하위직 간부가 책임지나

송홍근　　7월 18일 국정원 임모 과장이 자살했습니다. 왜 이런 일이 벌어질까요.

구해우　　그의 자살과 관련해 구체적 정보를 아는 게 없습니다. 일반론 차원에서 답하겠습니다. 불미스러운 사태가 벌어지면 하위직 간부에게 책임이 전가되는 경향이 있으며, 그것을 감당하지 못한 직원이 불행한 선택을 하곤 했습니다. 이런 일이 발생하는 것은 조직문화 차원에서 바람직하지 않으며 실체적 진실과도 부합하지 않습니다.

국정원은 상명하복 풍토가 강한 곳입니다. 원장, 차장 등 정무직 간부의 권한이 어떤 조직보다 막강하죠. 어떤 조직이든 권한과 책임이 비례해야 합니다. 책임질 일이 발생하면 막강한 권한을 가진 정무직 간부가 책임지는 게 도리고요. 이런 조직문화가 정착돼야 불행한 선택을 하는 이가 사라질 것이며, 직원들이 국가와 조직에 대한 충성심을 갖고 신명을 다해 일할 것입니다.

송홍근 왜 개인이 책임지는지요.

구해우 조직이 정상적으로 운영되지 않으면 책임 또한 정상적으로 묻지 못하게 됩니다. 책임질 위치에 있는 사람이 잘못이나 책임을 인정하면 비정상적 운영을 스스로 인정한 것이 되면서 종국에는 대통령 책임으로까지 번질 수 밖에 없습니다. 그렇기에 개인의 일탈로 치부할 수 밖에 없으며, 그것을 감당하기 어려운 개별 직원이 극단적 선택을 할 소지가 커집니다.

송홍근 국정원장을 지낸 이들의 말로가 대체로 안 좋았습니다.

구해우 김영삼 정부가 출범한 1993년 이후 국정원장은 두 갈래로 나뉩니다. 한 부류는 원장직을 유지하는 것을 기본 활동으로 삼은 이들입니다. 정보 관료들의 활동에 얹혀 임기를 보낸 것으로, 뒤탈은 없었으나 국정원의 엄청난 인력과 막대한 예산

미중 신냉전시대와
한반도 자유통일 국가 전략

을 제대로 활용하지 못했기에 국민 세금을 낭비한 것입니다. 다른 부류는 정치적 욕심을 과도하게 앞세운 경우로 교도소에 가는 등 불행한 결말을 맞았습니다. 정권안보기관으로서의 역할을 수행하거나 개인의 출세를 위해 문제를 일으킨 인사로는 김만복(노무현 정부), 원세훈(이명박 정부) 원장이 대표적입니다.

　국정원을 근본적·구조적으로 개혁하지 않으면 국정원장의 불행한 말로는 계속될 겁니다. 2013년 이스라엘 정보기관 모사드의 전 책임자 메이어 다간이 방한했을 때 전임자인데도 모사드 직원들이 에스코트를 해왔는데, 부러웠습니다. 정보기관에 대한 신뢰 수준을 고려하면 한국에서는 상상하기 어려운 일이죠.

송홍근　이명박 정부 시절 국정원이 댓글 공작을 통해 국내 정치에 개입한 것으로 드러났습니다.

구해우　앞서 언급했듯 5·16 이후 정권 안보에 주안점을 두고 출범한 게 국정원입니다. 해외 활동, 대북공작 활동조차 정권의 안보와 연계해 수행한 경우가 많습니다. 군사독재 시절의 악명은 말할 것도 없고, 민주화 이후에도 국정원은 이런 한계를 극복하지 못했습니다. 권영해 전 안기부장이 일으킨 북풍 사건, 국정원 미림팀의 전방위 불법 감청 사건, 댓글사건 등 국내 정치 개입이 끊이지 않았습니다. 박근혜 정부에서는 휴대전화 불법감청 및 해킹 의혹이 불거졌고요. 여전히 정권안보기구로 작동한다는 의심의 근거가 되는 일이 계속 드러난 겁니다.

120% 집행 메커니즘

(국정원은 권위주의 정권은 물론이고 김대중정부 때도 불법 감청을 자행해 임동원, 신건 전 원장이 처벌받은 전력이 있다. 이탈리아 해킹팀으로부터 RCA를 구입한 35개국 97개 정보기관 중 국정원에서만 불법 감청 및 해킹 의혹이 불거진 것은 이런 전력과 국민의 낮은 신뢰 탓이다.)

송홍근　　대법원은 대선 개입과 관련해 원세훈 전 원장에게 유죄를 선고한 상고심 판단이 잘못됐다며 파기 환송했습니다.

구해우　　사법부의 결정은 실체적 진실을 고려하지만, 법률적으로 인정 가능한 증거에 대한 평가가 더 중요하게 작용합니다. 사법부의 최종 결정과는 다른 차원에서 댓글 사건의 본질을 들여다봐야 합니다. 댓글 사건의 본질은 앞서 지적한 국정원의 구조적 문제와 관련됩니다. 정권안보기관적(的) 전통과 체질, 철저한 상명하복적 문화는 대통령과 원장이 어떤 주문을 강력하게 하면, 예컨대 '종북세력을 척결하라'고 권력자가 명령하면 100% 수행을 넘어 120%를 집행하는 메커니즘이 작동됩니다.

원세훈 전 원장이 대선 개입 차원에서 댓글과 관련한 지시를 했을 소지는 거의 없다고 봅니다. '종북세력을 척결하라'는 지시를 집행하는 과정에서 발생한 문제라고 판단합니다. 그렇더라도 정보기관 요원들이 댓글 공작이나 하고, 북한과 관련해 소설 같은

미중 신냉전시대와
한반도 자유통일 국가 전략

이야기를 흘리는 언론 플레이 공작이나 하는 것은 부끄러운 일입니다.

송홍근　탈북자 출신 공무원 유우성 씨가 실제로 간첩인지 아닌지는 논외로 치더라도, 국정원이 간첩 증거를 조작했습니다.

구해우　남재준 원장 시절 국정원은 간첩과 종북세력 색출, 북한 붕괴공작을 어느 때보다 의욕적으로 추진했습니다. 하지만 이 같은 국정원의 안보 및 공작 활동은 세계화, 정보화, 민주화 등 변화된 시대적 조건과 북한과 중국의 전략을 정확히 인식하지 않고는 성공하기 어렵다는 것이 드러났습니다. 유우성 사건은 간첩 행위 의혹이 있더라도 그것을 입증하는 과정에서 법률을 고려하지 않고 중국 당국이 비협조할 경우 심각한 역풍을 맞는다는 것을 확인시켰습니다. 변화된 시대 환경에 맞게 좀 더 똑똑한 방식으로 일해야 합니다.

송홍근　정보당국에서 일한 어느 인사는 "과거에는 사생활을 포함해 전방위로 모든 것을 감청했는데, 현재는 그렇게 하지 않는 것 같습니다. 고위 장성과 관료가 잇따라 비리에 연루되는 것은 정보기관이 제 임무를 제대로 못하기 때문"이라고 주장하기도하고요.

구해우　세계는 사이버 전쟁 시대에 접어들었습니다. 최근 미국 연방인사관리처(OPM) 전산시스템이 중국 측으로 추정되는 이들에 의해 해킹돼 공무원 2000만 명의 신상정보가 유출됐습니다. 가볍게 여길 수 없는 중대한 사안이죠. 한국에 대한 북한의 해킹 공격도 수시로 발생하고요. 북한의 해킹 대상은 대부분 국익 및 안보와 깊이 관련된 곳입니다. 국가 차원에서 구체적인 사이버 전쟁 전략을 수립, 실행하는 게 절실합니다.

또한 국가안보 업무를 행하는 인력에 대한 상시 감찰은 불가피한 면이 있습니다. 다수 국민도 정권 안보가 아닌 국가안보를 위한 정보 수집과 관련한 필요악은 이해하고 수용할 겁니다. 다만 독재 국가나 권위주의 국가와는 달리 민주국가에서는 사이버 전쟁 또한 법에 의거해 수행해야 합니다. 사이버 전쟁 시대에 부응하는 법률적 장치를 마련하는 게 시급해 보입니다.

北 사이버전 역량 위협적

(통신비밀보호법은 휴대전화 감청을 허용하지만 통신사에 감청 설비를 설치할 법적 근거가 없다. 감청의 오남용을 우려하는 목소리가 커서다. △휴대전화에 대한 합법적 감청 △오·남용에 대한 철저한 감독 △불법 행위에 대한 엄중한 처벌로 가는 게 순리겠으나 그러려면 국정원에 대한 국민의 신뢰가 뒷받침돼야 한다.)

송홍근 국정원은 정보기관과 관련한 정치적 의혹이 발생할 때마다 북한을 방패막이로 삼습니다. 북한의 해킹부대와 도·감청 능력은 어

미중 신냉전시대와
한반도 자유통일 국가 전략

느 정도인가요.

구해우 2001년, 2002년 남북통신협상을 위해 평양을 방문한 적이 있습니다. 그때 북한이 최우선적으로 필요하다고 밝힌 게 통신 네트워크에 감청 시스템을 구축하는 것이었습니다. 북한은 2000년대 초반부터 정보기술(IT) 분야를 육성하면서 해커부대 양성을 적극적으로 추진해 왔습니다. 평양을 함께 방문한 IT 전문가는 '북한 인력의 기초수학 실력이 매우 탄탄하다. 한국보다 알고리즘 개발 등에 장점이 있다. 북한 특성상 해커들이 집단작업을 효율적으로 수행할 수 있어 파괴력이 대단히 크다'고 평가했고요.

북한이나 중국은 국가기관이 수행하는 감청, 해킹 등에 법률적 제약이 거의 없습니다. 한국을 비롯한 자유민주주의 국가보다 사이버 전쟁에서 유리한 조건을 가진 겁니다. 국가 안보와 개인의 자유라는 서로 다른 가치를 균형 있게 실현하려면 훨씬 스마트한 전략과 대응이 요구됩니다.

송홍근 국군기무사령부 소속 영관급 해군장교가 중국에 포섭돼 군사 기밀을 누설한 혐의로 최근 군 검찰에 의해 구속됐습니다. 한민구 국방부 장관은 "형법상 간첩 행위의 대상을 '적국'으로만 한정해 놓아 북한이 아닌 중국 등 제3국에 국가기밀을 누출한 경우 간첩 혐의를 적용하기 어렵다"고 밝혔습니다. 한국을 상대로 공작을 벌이는 국가는 북한뿐이 아닙니다.

구해우　부끄러운 일입니다. 국방부는 사드 체계와 관련된 군사 기밀이 유출된 사실을 감추려 했습니다. 구속된 해군장교에게 간첩죄를 적용하는 것에도 소극적이었고요. 국가보안법과 형법상의 간첩 행위 관련 규정이 개정될 필요가 있으나 국가 안보의 핵심인 국방부와 국방부 수장이 군사 기밀을 중국 측에 팔아먹은 명백한 간첩 행위에 미지근한 태도를 보인 것은 용납하기 어렵습니다. 북한과 종북세력에는 서슬 퍼런 칼날을 들이대면서 외세에 기밀을 팔아먹은 행위를 엄중히 처벌하지 못한다면 국가로서 자격이 없는 겁니다. 한국 정보기관은 북한을 상대하는 것을 넘어 중국, 일본 정보기관과 경쟁해야 합니다.

송홍근　미국 국가안보국(NSA) 전 요원 에드워드 스노든이 자신이 몸담았던 기관의 전방위적 감시 행태를 폭로한 후 미국 정치권이 문제를 해결해가는 방식과 한국 정치권이 민간인 해킹 의혹에 대응하는 방식에는 차이가 커 보이는데요.

구해우　스노든이 NSA의 행위를 폭로하면서 세계적으로 파장이 일었습니다. 오바마 정부는 6개월에 걸쳐 국가 안보와 개인의 자유 및 프라이버시 문제를 어떻게 균형 잡힌 형태로 풀어낼지 다각적으로 검토한 후 NSA 개혁안을 발표했습니다. 공화당, 민주당은 물론이고 대다수 국민이 큰 이견 없이 개혁안을 수용했습니다.

한국의 상황을 보죠. 국정원은 개인의 자유 침해에 대한 국민의

미중 신냉전시대와
한반도 자유통일 국가 전략

우려는 아랑곳없이 무조건 믿어달라고만 합니다. 야당은 '국민 정보지키기위원회'라는 명칭에서 확인되듯 국가 안보에 대한 고려가 빈약한 상태에서 개인의 자유, 프라이버시 침해와 관련한 의혹을 최대한 부풀리느라 바쁩니다.

오바마의 NSA 개혁

구해우 오바마 대통령은 국가 안보와 관련해 NSA가 해야 할 일을 국민에게 역설하면서도 개인의 자유, 프라이버시 침해에 대한 우려가 충분히 근거가 있다고 밝히고, 이 같은 우려를 수용하면서 백악관, 행정부, 입법부, 사법부가 어떤 대안을 내놓을지 구체적으로 설명했습니다. 그리고 이 같은 노력이 옛 소련이나 중국 같은 권위주의 국가와 다른 미국 체제의 우월성을 나타내는 것이라고 주장했습니다. 한국에서도 정략적 정쟁을 넘어선 구체적 처방과 해결책이 나와야 합니다.

(6월 2일 미국 의회는 NSA의 불특정 다수 개인에 대한 무차별 통신정보 수집을 불허하는 '미국 자유법(USA Freedom Act)'을 통과시켰다. 자유법은 NSA 사찰 활동의 근거가 됐던 '애국법(Patriot Act)'의 대체 법안이다. 2013년 6월 스노든의 NSA 무차별 사찰 폭로 이후 2년 만에 법적 정비를 마친 것이다.)

송홍근　새정치민주연합이 국정원 민간인 해킹 의혹과 관련해 꾸린 국민정보지키기위원회 활동은 어떻게 보셨습니까.

구해우　두 갈래로 지적하고 싶습니다. 첫째, 현재의 야당은 국가 안보에 대한 인식이 약합니다. 해킹 사태와 관련해서도 국가 안보와 사이버 전쟁 대비 등에 대한 분명한 인식을 바탕으로 개인의 자유를 침해하는 부분을 지적하고 대안을 내놓아야 국민을 설득할 수 있을 겁니다.

둘째, 과잉 행동은 신뢰를 떨어뜨립니다. 국정원이 정권안보기구 행태를 표출했다고 해서 활동 대부분을 불법이라고 간주하는 것은 지나칩니다. 정권안보기관으로서의 병폐와 문제점을 구체적으로 집어내 해결책을 제시하는 게 야당의 임무입니다.

송홍근　국정원이 정권안보기관 행태를 보이는 것은 구조적인 문제 탓이라고 앞서 답하셨습니다. 구조적 문제는 구조를 바꿔야 해결되지 않는지요.

구해우　그렇습니다. 국가안보기관으로서의 역할을 재정립하고, 해외 및 북한 파트와 국내 파트를 분리하는 것을 포함한 구조개혁을 단행해야 합니다.

미중 신냉전시대와
한반도 자유통일 국가 전략

국정원·검찰·정치권 상생案

송홍근 　구체적으로 설명해주신다면…

구해우 　안보기관 및 사정기관의 선진화와 발전적 재정립이 가능하려면 일대 개혁이 필요합니다. 정권안보기구로서의 성격이 강한 국정원뿐 아니라 검찰 또한 과도한 권력집중 및 정치화의 병폐를 갖고 있습니다. 정치권력에서 불어오는 바람으로부터 자유롭게끔 해외 및 북한을 담당하는 국가정보기관과 국가중앙수사기관으로 안보·사정기관을 재정립해야 합니다.

국정원의 국내 분야는 경찰의 수사기능과 합쳐 미국 연방수사국(FBI)과 비슷한 형태의 중앙수사국(KFBI)으로 통합하는 게 옳습니다. 경찰은 치안 서비스를 지방자치단체로 이관하고 수사 기능만 분리해 KFBI에 합류합니다. 검찰은 수사 기능을 KFBI에 넘기고 미국식 공소유지 전담기구로 재편한다. 지방자치단체에 이관된 경찰 기능은 치안 서비스를 제공합니다.

이런 방식으로 안보·사정기관을 재정립하면 국정원은 해외 및 북한을 담당하는 독립 정보기구가 됩니다. 국내 정보수집과 수사를 하는 KFBI는 미국처럼 법무부 장관의 지휘와 의회의 감시를 받게 하고요. 이렇게 재정립하면 안보기관, 사정기관이 대통령 개인의 정치기구로 전락하는 것을 막을 수 있습니다.

또한 국가정보기관(해외 및 북한 담당)은 국내 정치에 휘둘리지 않는 조건에서 해외 및 북한 관련 정보 수집과 분석 및 전략 수립, 공작업무에 전념하게 돼 국가 안보와 통일을 위한 핵심 조직으로 거듭날 겁니다.

송홍근　국정원과 검찰이 권력을 내놓는 개혁에 동의할까요? 대통령도 대선 후보 때는 국정원, 검찰 개혁을 외치다 집권하면 생각이 바뀌게 마련입니다.

구해우　국가안보기관과 사정기관의 재정립안은 국정원과 검찰, 정치권 3자 모두 상생할 방안입니다. 특정 기관에 타격을 주는 게 아닙니다. 국정원 국내 파트와 해외 및 북한 파트의 분리는 정치개입 논란을 없애고 각자의 전문성을 살려 정권안보기관이 아닌 명실상부한 국가안보기관으로 거듭날 기회입니다. 검찰도 과도한 정치권력화 탓에 주기적으로 정치적·사회적 문제를 일으켰는데, 이를 극복하고 명실상부한 법률 전문가 집단으로 발전할 수 있습니다. 정치권도 정보기관, 사정기관의 정치적 칼날이 언제든 자신을 향할 수 있다는 합리적·이성적 인식을 한다면 여야 공히 수용할 수 있을 것입니다. 보수와 진보가 이 같은 인식을 토대로 미래지향적 개혁에 나서야 합니다.

미중 신냉전시대와
한반도 자유통일 국가 전략

04 '북핵, 북한문제 해법과 서기실의 진실'

(평화재단, 미래전략연구원 공동주최 토론회 2016년 3월 14일)

한반도 문제는 산수로 풀리지 않기 때문에 고등수학을 적용해야 한다. 최근 고등수학의 정점에는 바둑 세계챔피언 이세돌과의 대결로 많은 한국인, 세계인의 관심을 모은 구글의 알파고가 있고, 그 안에서 최고 관심사는 알파고의 작동방식이었다. 관련 전문가들에 의하면 알파고는 크게 세 가지 즉 몬테카를로 시뮬레이션과 정책망(policy network), 그리고 가치망(value network)으로 작동된다고 한다.

먼저 한반도 문제 중에서 최근 큰 이슈가 된 '개성공단 폐쇄' 문제를 몬테카를로 시뮬레이션에 적용해보면 어떨까? 이 이슈와 관련된 정부관계자는 '개성공단 폐쇄는 강력한 유엔제재를 이끌어 내기 위해 불가피 했다'라고 한 바 있다. 그런데 북한의 지난 1, 2, 3차 핵실험 이후 실행된 유엔 제재의 사례들을 분석해보면, '개성공단 폐쇄' 같은 조치가 없었어도 국제관행과 세계질서의 원칙에 따라 제재 결의가 이루어졌음을 확인할 수 있다.

다음으로 이번 강력한 제재가 북한의 비핵화 입장을 이끌어낼 수 있을 것이라는 견해가 있다. 알파고를 북한으로 상정하고 알파고를 이기기 위한 전략을 세우기 위해서는 북한의 가치망(value network)을 이해할 필요가 있을 것이다. 북한의 가치망을 주체사상, 선군사상을 기반으로 2012년 헌법에도 명시한 '핵무기 보유국가'로 상정할 때 이번 제재로 북한이 비핵화로 입장을 바꿀 수 있다고 보는 것은 너무나 나이브한 것이다. 북한은 90년대 말 100만 명 내외의 주민이 아사하고, 핵문제로 중국이 각종 수단으로 강력하게 압박해도 한 번도 흔들리지 않고 자신의 가치망을 추구해왔다고 평가된다.

한반도 문제 해법의 출발점은 북한체제에 대한 정확한 이해다.

지난 1월 6일 북한의 핵실험과 2월 7일 장거리로켓발사, 이에 따른 2월 10일 개성공단 폐쇄, 3월 3일 유엔안보리 제재 결의로 이어지는 과정을 통해 한반도의 긴장은 최고도로 고조되고 있고 남북한은 일촉즉발의 위기 상황에 놓여있다. 이 같은 위기의 출발은 북핵문제, 북한문제이다.

미국의 한반도 문제 최고 전문가였던 보스워스 대사를 비롯한 여러 외교전문가들은 북한 외교관들을 강인한 협상가(tough

미중 신냉전시대와
한반도 자유통일 국가 전략

negotiator)로 평가한 바 있다. 그런데 북한체제의 특성은 그 강인한 협상가들을 서기실의 전략가들이 배후조종하고 있다는 것이다. 강인한 협상가들로 평가되는 그 외교관들보다 한두 수는 더 높은 고수들이 한반도 상황을 지휘하고 있는 것이다. 북한은 80년대 김정일의 실질적 통치기간부터 수령, 당, 대중 통치시스템을 발전시켜 왔는데, 94년 김일성 사후에는 명실상부한 절대적 권력자 김정일 수령을 중심으로 통치해왔다. 이 과정에서 발전되어 온 것이 수령의 통치를 실무적으로 뒷받침하는 서기실 시스템이다.

이에 따라 이 시기에는 노동당의 역할이 수령과 서기실의 지시를 집행하는 실무 집단화되었고, 이는 소련, 동구 사회주의권 붕괴이후 비상사태 상황과 맞물리면서 정당화되었다. 그러다가 2011년 김정일 사후 통치시스템의 변화와 2010년 이후 실질적 핵무기 보유국가가 되어 체제 보전에 대한 자신감 등을 배경으로 노동당의 역할을 상대적으로 정상화시키고 있는 과정에 있고 그 대표적 상징이 올해 36년 만에 이루어지는 7차 당 대회인 것이다.

그러나 김정일 시대에 발전되어온 수령의 통치를 뒷받침하는 서기실 시스템은 여전히 유지되고 있다. 특히 명실상부하게 절대적 수령이었던 김정일 사후에는 서기실을 중심으로 집단지도체제를 구축하고 이를 노동당 조직지도부를 통해 통치를 실현시키는 시스템으로 분석된다. 결과적으로 김정일 시대에는 내용과 형식이 일치하는 절대적 수령을 중심으로 수령, 당, 대중 통치시스템이 작동되었다면, 김정은시대에는 김정은이 형식적인 수령으로 나서고 있지만, 실질적으로는 그 시스템을 서기실을 중심으로 한 집단지도체제에 의거하여 구현하고 있는 것이다.

따라서 일부 강경보수 세력이 주장하는 참수작전 등을 통해 김정은을 제거한다 하더라도 북한의 수령, 당, 대중 통치시스템은 또 다른 형식적 수령을 내세울 것이다. 나아가 김정은 정권교체 시도는 성과는 거두지 못한 채 국지전, 또는 전면전을 촉발시켜 한반도에 대재앙을 야기 시킬 수도 있다.

박근혜정부가 진정으로 남북관계의 변화 또는 북핵문제와 북한문제 해결을 원한다면 북한체제에 대한 깊고 정확한 이해로부터 출발해야 한다. 그리고 그 출발점은 박근혜정부 출범이후 북핵문제, 북한문제에 대한 잘못된 이해에 기반하여 혼란스러운 정책을 보인 외교안보통일팀에 대한 문책 인사를 단행하는 것이라 생각된다.

한반도 문제 혼란을 야기 시키는 북한 붕괴론과 정권교체론

1980년대 말 소련, 동구사회주의권 붕괴이후 북한체제 붕괴론은 크게 보아 네 번 있었다. 첫 번째는 80년대 말, 90년대 초 소련 동구사회주의권 붕괴시기, 두 번째는 90년대 말 100만 명 내

미중 신냉전시대와
한반도 자유통일 국가 전략

외의 아사자가 발생한 사회경제적 위기시기, 세 번째로 김정일 사망 직후 통치시스템 혼란 가능성에 대한 시기, 네 번째로 장성택 숙청사태 전후 중국의 개입 또는 내부 권력투쟁을 통한 위기 시기였다. 그런데 이 네 번의 시기에도 붕괴론 예측들은 매번 실패했고, 그 예측들이 실패한 이후에도 여러 가지 '주관적 바램(wishful thinking)'등과 연관된 붕괴론들이 반복적으로 등장하였고 이번에도 마찬가지다. 그 같은 주장이 등장할 때마다 '이번에는 다르다, 다른 요소가 있다'는 논리를 내세운다. 이번의 경우에 상대적으로 경청할만한 논리는 북한 수출의 절반가량을 차지하던 석탄과 철광석 가격의 급락과 중국 수요의 감소가 북한경제에 상당한 타격을 줄 것이라는 예측과 북한 경제의 대외의존도가 50%에 이르는 상태로 변화되었기 때문에 이번 유엔제재가 상당한 실효성을 거둘 것이라는 주장이다.

그러나 북한의 지정학적 조건과 그들이 역사적으로 구사해온 전략들을 고려하면, 이 같은 상황들은 북한주민들의 생활에 고통을 더 주는 것과 북한과 중국, 북한과 러시아간의 경제적, 정치적 거래를 확대하는 결과를 초래할 뿐이다. 물론 북한 통치집단도 상당한 수준의 고통을 느끼게 되는 측면도 있을 것이지만, 그들이 헌법에 명시한 핵무기 보유국가를 포기하게 하거나 정권교체까지 실현할 수 있다고 판단하는 것은 반복되는 '주관적 바램'이요, 반복되는 정책적 실수로 이어질 뿐이다.

북한의 변화를 추진하기 위해서는 실효성 없는 북한붕괴론, 북한정권교체론에 매달릴 것이 아니라 좀 더 현실적이고 합리적인 전략을 세워야 한다.

중국공산당은 2009년 5월 북한의 2차 핵실험 이후 한반도공작소조(조장 시진핑)를 구성, 집중 토의 끝에 북핵 문제와 북한 문제에 대한 분리정책을 취하게 된다. 북핵은 악화되지 않도록 관리하고 북한 문제에 대해서는 중장기적으로 친중 정부를 세우게 하자는 것이었다. 이는 중국이 선택할 수 있는 현실적인 전략이고, 장성택 숙청사태 등 이런저런 우여곡절이 있었지만 이 같은 기조는 지속되고 있다고 평가된다.

북한은 중장기적으로 보아 경제적으로는 개혁·개방의 길로 갈 것인데, 이를 중국이 주도하면 북한이 친중 국가가 되어 분단 고착화의 길로 갈 것이고, 한국이 북한의 개혁·개방을 주도하면 통일의 길로 갈 것이다. 그리고 이 같은 경제적 개혁·개방은 북한정권의 진화(regime evolution)를 촉진시킬 것이다. 이에 더하여 한국이 전략적으로 북한 내의 개혁·개방 선호세력을 지원, 육성한다면 북한체제의 정책적 변화를 단계적으로 이끌어 낼 수 있을 것이다.

따라서 지금 필요한 것은 몽상적인 북한붕괴론, 북한정권교체론에서 벗어나 북한정권의 진화를 실현시킬 수 있는 구체적인 전략인 것이다.

미중 신냉전시대와
한반도 자유통일 국가 전략

개성공단의 부활과 북한개혁개방전략

박근혜정부에서 개성공단 폐쇄의 논리로 내세운 것은 강력한 유엔제재를 이끌어 내기 위해서였다는 것과 개성공단근로자 임금이 북한의 핵과 미사일자금으로 유용되기 때문에 이에 대한 응징조치라는 것이었다. 두 가지 논리는 부분적으로 그런 측면이 없는 것은 아니지만 개성공단 폐쇄의 정당성을 주장하기에는 대단히 취약하다. 나아가 개성공단 폐쇄로 한국이 잃게 되는 것은 대단히 많고 심각하다. 첫째, 북한과의 마지막 경제적 연결고리를 끊어버림으로써 향후 북한에 대한 경제적 개입, 통일과정에서 통일경제를 형성해나가야 하는 전략에 심각한 타격을 주었고, 둘째, 남북 간의 긴장을 고조시켜 한국의 경제적, 안보적 리스크를 대단히 높이는 결과를 초래했고, 셋째, 향후 북한 개혁개방 추진과정에서 핵심적인 동력 역할을 할 수 있는 기반을 스스로 없애버렸으며, 넷째, 한국의 관련 중소기업인, 근로자 등과 북한의 근로자들에게 실제적인 경제적, 생활적 타격을 주었다. 그러나 박근혜정부의 대북정책 경향을 고려할 때 정권교체 이전에 개성공단 부활은 거의 힘들 것이다. 그런데 정권교체가 된다 하더라도 개성공단을 부활, 발전시키고 나아가 북한 내 경제특구를 확대하여 북한을 개혁개방으로 유도하기 위해서는 개성공단 문제에 대한 좀 더 구조적인 이해가 필요하다.

개성공단은 미국과 국제사회의 이해와 협조가 없으면 구조적으로 불안정하다. 그런데 미국은 개성공단에 대해 적극적으로 반대하지는 않았지만, 긍정적 효용성에 대해 소극적 또는 회의적 태도를 취해왔다. 그 이유는 개성공단 근로자 임금 등이 북한 체제 유지에 도움이 될 수 있고, 핵, 미사일개발자금으로 유용될 수 있다는 등의 논리가 작용하였다.

이를 극복하기 위해서는 먼저 한미 간에 북핵 문제, 북한 문제를 어떻게 해결해나갈 것인가에 대해 전략적 차원에서 인식의 공유가 무엇보다 중요하다. 특히 개성공단이 단순한 남북 간의 경제합작 사업으로서만이 아니라 북한의 개혁개방을 유도하여 북한이 국제사회에 정상국가로 참여할 수 있게 하는 강력한 지렛대 역할을 할 것이라는 점에 대해 한미 간에 인식을 공유할 필요가 있다.

다음으로 개성공단 등 경제특구를 미국과 국제사회의 이해와 협조에 기반하여 발전시킬 수 있는 제도적 조건을 마련하는 것이다. 필자는 2006년 한미 FTA협상 이래로 한미FTA 부속합의서에 개성공단 생산제품에 대한 'Made in Korea' 표시를 인정받는 것이 갖는 중요성에 대해 강조해왔다. 결국 2010년 최종타결안에 이 내용이 들어가긴 했지만 이를 실행하기 위한 '한반도역외가공위원회' 구성과 운영에 대한 소극성, 한미 간 협의 부족 등의 이유로 유명무실화되어있는 상태이다. 따라서 위원회의 구성과 운영을 현실화시킬 구체적 정책이 요구될 것이다. 이를 통해

미중 신냉전시대와
한반도 자유통일 국가 전략

미국이 제도적으로 개성공단 제품에 대해 'Made in Korea' 표시를 인정하게 되면 개성공단 등 북한 내의 경제특구는 획기적으로 발전할 것이며 북한 개혁개방의 가능성도 높아갈 것이다.

사드 문제, 방사포 문제와 국가안보

지난 3월 3일 북한 4차 핵실험과 장거리로켓 발사에 따른 유엔제재결의 2270호가 통과된 직후인 4일 사드의 주한미군 배치를 논의할 한미 공동실무단이 공식적으로 출범하였다. 그리고 북한은 지난 3일 대전 계룡대까지 타격할 수 있는 300mm 방사포를 동해안으로 발사하였다. 국가안보와 관련하여 두 가지 중대한 사안이 연이어 정국의 중요이슈로 등장한 것이다.

사드 이슈와 관련하여 무엇보다 중요한 문제는 사드 한반도 배치 문제가 비유하자면 '미국과 중국이 두는 동아시아 장기판에서 한국이 졸이 되 버린' 것이다. 다시 말하여 사드의 한반도 배치가 한국의 국익과 안보라는 자율적인 판단에 따라 진행되지 못하고 미국과 중국의 전략게임의 한 부분으로 전락했다는 점이다. 사드는 군사전략적 차원에서 보면 점증하는 북한의 핵과 미사일 위협을 방어하기 위해 킬 체인, 사드, KAMD로 이루어진 다층 방어를 구축하는 수단의 일부이다. 그런데 중국의 아시아지역 헤게모니를 위한 '반접근지역거부(2AAD; AntiAcess Area-Denial) 전략'에 따른 공세 수단이 되었고, 박근혜정부의 일관되지 못한 입장, 그리고 미국이 중국의 '반접근지역거부 전략'을 무력화 시키고 한반도에서 자신들의 우위적 위치를 지키고자 하는 전략과 맞물리면서 결국 미중 전략게임의 한 부분으로 전락한 것이다. 이에 따라 북한의 4차 핵실험 직후 박근혜대통령의 사드배치 언급에도 불구하고 미국과 중국의 협의 하에 유엔제재를 통과시킬 때까지 중국의 체면을 세워주기 위해 사드배치 협의 실무단 구성을 유보하다가 제재결의 직후 실무단 구성을 실행한 것이다.

그리고 북한은 유사시 그 어떤 무기보다 한국의 군사안보시스템에 심각한 타격을 안겨줄 수 있는 300mm 방사포를 2013년 5월 이후 지속적으로 발사하면서 그 발전을 도모하고 단계적으로 실전배치하고 있는 것으로 보인다. 이에 대한 방어시스템은 사거리 80여km인 차기 다연장로켓(MLRS) '천무'와 사거리 300km인 단거리 탄도탄 에이태킴스(ATACMS)등이 있으나 전체적인 방어에는 한계가 많다고 평가된다. 특히 북한이 300mm 방사포로 선제공격할 경우 대전 계룡대까지 심각한 타격이 예상된다.

이 같은 안보위기 상황에서 우리의 대응원칙은 두 가지가 필요하다.

먼저 자주국방의 의지를 확고히 세우고 자주국방의 범위를 최대한도로 높여야 한다. 세계는 2008년 세계금융위기 이후 민족국가 중심의 치열한 경쟁이 가속화되고 있고, 세계제국 역할을

미중 신냉전시대와
한반도 자유통일 국가 전략

해온 미국은 국내 문제 등 때문에 제국의 역할을 축소할 수밖에 없는 상황이 되고 있다. 따라서 국가안보문제를 한미 동맹에 과도하게 의존적으로 가서는 안보상의 심각한 위기를 맞이할 수 있기 때문에 사드배치 문제, 방사포 대응 문제 등에 대해서도 우선 자주적 차원에서 국방전략을 세우는 것이 필요하다.

다음으로 자주국방의 범위를 최대한 높이더라도 한미 동맹은 여전히 한국 안보에서 핵심적 요소이다. 세계 초강대국을 제외한 영국, 독일, 프랑스, 일본조차도 독자적 차원에서만 안보전략을 세우는 나라는 없다. 자주적 차원의 안보전략과 동맹적 차원의 안보전략을 병행해서 구축하고 있다. 우리 역시 부상하는 수퍼파워 중국의 패권주의적 경향, 일본의 군사대국화 경향이라는 환경 속에서 자주적 차원의 안보전략과 한미 동맹을 핵심으로 하는 동맹적 차원의 안보전략을 병행해서 구축하는 것은 불가피한 선택이다. 문제는 얼마나 스마트한 전략을 세우는가이다.

핵무장론 그리고 비핵화와 평화협정문제

북한의 4차 핵실험과 장거리로켓발사에 따른 국민들의 안보불안감을 배경으로 급속히 부상하고 있는 것이 핵무장론이다. 이는 정몽준 의원이 2013년 북한의 3차 핵실험 이후 주장한 바 있으며, 지난 2016년 2월 15일 여당 원내대표인 원유철 의원이 주장하면서 한국사회의 중요한 이슈로 등장하고 있다. 그러나 한국의 핵무장론은 첫째, 한미 동맹에 중대한 훼손을 가해 한국에 경제적, 안보적 차원에서 심각한 손상을 줄 것이라는 점, 둘째, 한국의 핵무장은 일본과 대만의 핵무장을 촉발시키는 등 동아시아를 무한 핵무기 경쟁의 장으로 몰아감으로써 세계평화에 저해된다는 점, 셋째, 남과 북이 핵무기 보유국가로 될 경우 분단고착화의 가능성이 높아질 것이라는 측면 등에서 많은 문제를 안고 있다.

따라서 한국은 우선 미국의 핵우산 하에 한미 동맹을 기반으로 핵문제에 대한 좀 더 구체적인 대응책을 세울 필요가 있다.

다음으로 한미원자력협정을 개정하여 미일원자력협정 수준의 내용을 확보하는 것이 현 단계에서 가장 중요한 과제이다. 1988년 체결된 미일원자력협정은 핵재처리, 농축우라늄 등의 조건에서 일본정부가 결정할 경우 3개월 이내에 다량의 핵무기를 제조할 수 있는 상태이다. 그러나 2015년 4월 타결된 한미원자력협정은 핵재처리와 농축우라늄 등의 조건에서 2014년 초 체결된 미국-베트남 간 원자력협정보다도 더 불리한 내용으로 되어 있는 등 문제가 많다. 따라서 북한의 4차 핵실험과 추가 핵실험 가능성을 명분으로 한미원자력협정 재개정 협상을 시작하는 것이 필요하다.

그리고 다른 차원에서 비핵화와 평화협정 문제를 어떻게 해결할 것인지에 대한 전략을 세워야 한다.

미중 신냉전시대와
한반도 자유통일 국가 전략

「월스트리트저널」은 2월 21일 익명의 미국 정부 관계자들을 인용해 핵실험 전에 미국과 북한이 비핵화와 평화협정 문제에 대한 논의가 있었으나 협상이 무산되었었다고 보도한 바 있다. 그리고 2월 23일 워싱턴 미국 케리 국무장관과 중국의 왕이 외교부 장간의 회담과 기자회견에서 케리 장관은 "우리에게 필요한 것은 북한이 비핵화 협상 테이블로 나온다면 국제사회에 합류해서 미국과도 궁극적으로 평화협정을 맺어 한반도의 미해결 이슈들을 풀 수 있다는 점을 이해시키는 것(It can actually ultimately have a peace agreement with the United States of America that resolves the unresolved issues of the Korean Peninsula, if it will come to the table and negotiate the denuclearization.)"이라 했고, 왕이 부장은 한반도 평화 체제와 비핵화 논의를 병행해서 하자는 제안을 강조하였다. 이후에도 미국은 국무성 대변인등을 통해 비핵화와 평화협정 문제를 전향적 차원에서 병행적으로 논의할 수 있음을 띄우고 있다. 이처럼 미국과 중국이 동시에 비핵화와 평화협정 문제를 띄우고 있는 배경은 무엇인가? 그것은 무엇보다 북한의 4차 핵실험과 장거리로켓 발사 이후 박근혜정부의 대응이 대단히 강경해서 한반도의 긴장이 그 어느 때보다 높아져가고 있는 상황을 깊이 우려하여 남북한 간의 긴장을 완화시켜야 한다는 판단을 미국과 중국이 공유하고 있는 것과 연관된다.

그런데 미국은 케리 장관의 언급에서 확인되듯이 평화협정 문제는 비핵화협상의 진전을 조건으로 궁극적으로 협상할 수 있다는 정도이고, 더 중요하게는 미국이 현재 대선을 앞두고 있고 對이란협상, 對쿠바협상을 마무리해야 하는 조건에서 북한과 협상을 진지하게 진행할 실질적 의지가 있다고 보기는 힘들다.

따라서 우리 입장에서는 현재의 국면에서 미국과 중국이 복잡한 배경 속에서나마 비핵화와 평화협정 문제를 띄우고 있는 상황을 능동적, 적극적으로 활용해서 이를 현실화시키는 전략이 필요하다. 이를 위해서 반기문 유엔사무총장이 메르켈 독일 총리를 '한반도 비핵화, 평화협정 특사'로 임명할 것을 제안한다. 메르켈 총리는 자본주의, 사회주의를 다 경험해본 점, 분단국가와 통일국가를 경험해본 점, 미국, 중국, 한국 지도자와 신뢰관계를 형성하고 있는 점 등에서 최적의 특사이다.

이러한 특사 전략이 성공한다면 북한의 4차 핵실험이후 일촉즉발의 위기까지 치닫고 있는 한반도의 위기상황을 탈출할 수 있는 전략이자 나아가 한반도 평화와 통일을 위한 중대한 전환 국면으로 발전시킬 수 있을 것이다.

미중 신냉전시대와
한반도 자유통일 국가 전략

결론

앞에서 한반도 문제는 산수로 풀 수 없고 고등수학으로 해결해야 한다고 언급한 바 있는데, 특히 현재의 한반도 문제는 남한과 북한, 미국, 중국, 일본, 러시아가 함께 얽혀있을 뿐 만 아니라 핵문제, 미사일 문제 등 다양한 사안이 상호 복잡하게 연관되어 있기 때문에 상황과 사안에 대한 정확한 인식을 가지고 종합적, 복합적, 다층적 전략과 대응이 필요하다. 현재 상황에서는 반기문 유엔사무총장이 독일 총리 메르켈을 '한반도 비핵화, 평화협정 특사'로 임명하는 것이 의미 있는 출발점이 되리라 생각된다.

그리고 한국은 전체적인 차원에서 북핵, 북한 문제를 해결하기 위해서 지난 10여 년의 역사적 과정을 통해 한계가 드러났던 햇볕정책, 대북봉쇄, 중국역할론을 넘어선 새로운 정책이 필요하다.

그 핵심은 첫째, 북핵 문제와 북한 문제를 분리해 투 트랙으로 대응해야 하며 북핵문제에 대해서는 메르켈 특사를 통해 비핵화와 평화협정을 위한 북미 간 협상을 시작하는 것으로부터 출발해야 한다. 그리고 북핵 문제는 2단계 해결전략이 현실적이다. 1단계는 북핵의 동결과 비확산에 초점을 맞추어야 하며 2단계 북핵 문제의 완전한 해결은 북한정권의 진화(regime evolution)

와 연관하여 해결해나가야 한다. 따라서 메르켈총리의 중재에 의한 북미협상과 뒤이은 남북협상, 6자회담 등을 통해 북핵 문제 해결의 1단계 목표인 동결과 비확산 문제를 우선적으로 해결하면서 평화협정을 통해 한반도평화체제를 구축해야 한다.

둘째, 한미 동맹을 재정립하고 더욱 강화해나가야 한다. 한미 동맹이 균열된 상태에서는 북한 핵실험 등과 관련한 핵심적인 정보도 제대로 공유하기 힘들 뿐만 아니라 남북관계는 불안정한 상황으로 치달으면서 기본적인 한반도의 평화적 관리도 힘들어질 것이다. 또한 개성공단 등 북한 내 경제특구개발을 통한 북한의 개혁개방 촉진과 통일경제 준비 등도 힘들어지고, 한반도 평화에 위험한 핵무장론 등에 대응하기도 힘들다. 나아가 평화적 통일을 이루려면 독일의 통일 과정 등을 볼 때 미국의 협력과 지원이 우선적이고 핵심적 사안임을 분명히 인식해야 한다.

셋째, 북핵 문제의 근본적 해결을 위해 북한 문제는 맞춤형 개입정책(optimized engagement policy)을 통해 남북경협을 활성화함으로써 북한의 개혁·개방을 확대하고, 북한 내 개혁·개방 선호 세력을 지원·육성해 정권 진화(regime evolution)를 추진해야 한다. 이는 많은 부작용을 야기할 수 있는 정권붕괴 또는 체제교체(regime change)와는 분명히 구별된다. 북한 정권이 진화하면 북핵의 완전한 평화적 해결과 한반도의 평화적 통일을 성취할 수 있을 것이다.

미중 신냉전시대와
한반도 자유통일 국가 전략

05 북한 김정은 통치체제의 특징 및 북한 문제 해법

『신동아』 2016. 5월호 인터뷰)

구해우 미래전략연구원장은 30년 넘게 평양을 들여다본 북한 전문가다. 박근혜 정부의 국가정보원에서 북한담당 기획관(1급, 2013~2014)으로 일했다. SK텔레콤 남북경협 담당 상무이던 2001년 6월에는 주규창 당시 북한 노동당 기계공업부장과 남북 통신협상을 벌였다.

구 원장은 고려대 법대 재학 중 비합법 좌파운동을 했다. 1980년대 주사파 3대 조직 중 하나인 '자민통' 리더였다. 다른 2개 조직은 '강철서신' 김영환 씨가 이끌던 구학련, 안희정 충남지사가 참여한 '반미청년회'다.

그가 2001년 남북통신협상을 위해 평양을 방문했을 때 일화 한 토막. 한 노동당 간부가 "장군님을 뵙겠냐"고 제안했다. 그는 "김정일과 만나도 더 협의할 게 없다"고 거절하면서 "자주적으로 살려면 당신들 더 고민해야 한다"고 쓴소리를 했다. 간부는 "너 이 XX, 그냥 안 둔다. 평양에서 못 나가는 수가 있어"라면서 그를 겁박했다.

평양 측이 그에게 이 김정일 면담을 제안한 것은 1980년대 그의 이력을 알았기 때문인 것으로 보인다. 2000년대 초반 좌파에서 북한 선진화 운동가로 노선을 전환한 구 원장은 대학 시절 북한 방송을 들으면서 평양을 들여다본 것을 시작으로 북한 및 통일 문제 외길을 걸었다.

너 이 XX, 그냥 안 둔다

3월 30일 서울 서대문구 충정각에서 그를 만나 '북한의 통치 구조 및 북한 4차 핵실험과 장거리 로켓 발사 이후 한반도 문제 해법'을 주제로 인터뷰했다.

그는 "김정은을 제거해도 또 다른 수령이 나타나는 통치 시스템이 평양에 구축됐다"며 "북한의 통치 구조는 서기실 중심의 집단지도체제"라고 말했다. "명실상부한 절대적 수령 김정일과 달리 김정은은 집단지도체제에 올라탄 형식적 수령"이라는 주장이다.

또한 "북한·북핵 문제를 분리해 투트랙으로 풀어야 한다"면서

미중 신냉전시대와
한반도 자유통일 국가 전략

"미국과 중국이 제기한 비핵화·평화협정 문제를 능동적으로 현실화해야 한다"고 강조했다. 유엔이 앙겔라 메르켈 독일 총리를 '한반도 비핵화·평화협정 특사'로 활용하는 방안도 제시했다.

송홍근　시진핑 중국 국가주석이 한중 정상회담에서 대북 제재의 충실한 이행을 약속했다. 현 단계에서는 제재를 통해 북한 비핵화를 이끌어내는 것 외에는 다른 수단이 없어 보인다.

홍용표 통일부 장관은 「신동아」 4월호 인터뷰에서 "북한이 진정성 있는 비핵화 의지를 안 보이는 상황에서의 대화는 북핵 고도화 시간을 벌어줄 뿐"이라고 강조했다.

구해우　북한을 정책망과 가치망으로 구동되는 '알파고'로 상정해보자. 북한의 가치망은 주체사상, 선군사상을 기반으로 2012년 헌법에도 명시한 '핵무기 보유국가'다. 제재를 통해 북한이 비핵화에 나서리라고 보는 것은 너무도 나이브(naive)하다. 북한은 중국이 각종 수단으로 압박해도 흔들리지 않고 자신들의 가치망을 구축해왔다. 중국이 강력한 제재에 나서면 괴로워지긴 할 테지만 그래도 핵을 포기하진 않는다. 중국이 북한 체제가 붕괴할 만큼 제재에 나설 가능성도 거의 없다.

김정일 뒷받침한 서기실

송홍근   어떤 식으로든 김정은을 제거해야 핵 문제가 해결된다는 시각이 있다. '참수작전'이라는 군사용어도 회자된다.

구해우   한반도 문제는 산수로 풀리지 않는다. 고등수학을 적용해야 한다. 북한 체제에 대한 깊고 정확한 이해가 필요하다. 참수작전 등으로 김정은을 제거해도 북한의 수령-당-대중 통치 시스템은 또 다른 형식적 수령을 내세울 것이다. 김정은 정권에 대한 섣부른 교체 시도는 성과를 못 거둔 채 국지전이나 전면전을 촉발해 한반도에 대재앙을 야기할 수도 있다. 북한 통치 시스템은 김정은을 형식적 수령으로 내세웠지만, 실질적으로는 서기실을 중심으로 한 집단지도체제에 의해 구현된다. 김씨 일가이든 아니든, 또 다른 형식적 수령이 나타나는 구조다.

송홍근   다소 생소한 분석이다.

구해우   김일성 때와 김정일 때의 통치 시스템이 다르다. 김일성 시대에는 노동당 정치국 상무위원회의 위상이 높았다. 김일성이 총비서를 맡은 노동당 중심의 통치였다. 김정일은 1974년 후계자로 내정됐다. 후계자로 확정된 것은 정치국 상무위원회를 통해서다. 상무위원회는 김일성, 김영주, 최용건, 최현, 오진우 5인으로 구성됐다. 김영주와 최용건은 김정일의 이복동생인 김평일에게 기울었고, 최현과 오진우는 김정일을 밀었다.

미중 신냉전시대와
한반도 자유통일 국가 전략

수령-당-대중 통치 시스템이 구축된 것은 1980년대를 거치면서다. 주체사상을 완성한 것도 김정일이다. 김일성-김정일 공동정권 시대로 일컬어지는 1980~1994년에 김정일에게 권력이 대부분 넘어갔다. 이 과정에서 노동당의 역할이 축소되고 수령 권력의 절대화가 심화한다. 1994년 김일성 사망 이후 김정일은 명실상부한 절대적 수령으로서 통치했다. 김정일을 실무적으로 뒷받침하는 조직으로서 발전해온 곳이 서기실이다.

송홍근　김정은시대는….

구해우　김정일 시대에 노동당은 수령과 서기실 지시를 집행하는 실무집단이 됐다. 옛 소련과 동유럽 사회주의 국가 붕괴 이후 상황과 맞물리면서 이 같은 통치 시스템이 정당화됐다. 손꼽히는 한반도 전문가인 스티븐 보스워스 전 주한 미국대사 등 워싱턴의 외교 전문가들은 북한 외교관들을 '강인한 협상가(tough negotiator)'로 평가한다. 강인한 협상가들을 서기실의 전략가들이 배후조종한다는 것이다.

북한은 현재 핵무기 보유 등에 힘입은 체제 보전 자신감을 배경으로 노동당의 역할을 상대적으로 정상화하는 과정을 밟고 있다. 1980년 이래 36년 만에 이뤄지는 7차 당 대회(5월 예정)가 이 같은 변화의 상징이다.

그럼에도 김정일 시대 수령의 통치를 뒷받침하면서 역할을 확대한 서기실 시스템이 여전히 유지되고 있다. 김정일 사후 서기실 중심의 집단지도체제가 형성됐으며, 이 체제가 노동당 조직지도부를 통해 통치를 구현하는 시스템인 것으로 파악된다. 요컨대 김정일 시대에는 내용과 형식이 일치하는 절대적 수령을 중심으로 수령-당-대중 통치 시스템이 작동했다면, 김정은시대에는 수령과 서기실을 중심으로 한 집단지도체제에 의해 통치가 이뤄지고 있다.

(그는 "민감한 정보가 대부분이라 구체적 정보와 관련한 얘기는 빼고 이론적으로 설명할 수밖에 없다"며 말을 이어갔다.)

통치구조가 장성택 제거

구해우 북한은 수령의 권력을 절대화하면서 실질적 권한을 가진 사람은 외부에 공개하지 않아왔다. 김정일의 사망은 평양으로선 체제 위협을 느낄 사건이다. 북한 체제가 위협을 느낄 때 가장 먼저 무엇을 체크할 것 같은가.

송홍근 미국, 특히 미군 동향 아닐까.

구해우 그렇다. 김정일이 죽은(2011년 12월 17일) 뒤 두 달 보름이 안 돼 북미 간 2·29 합의가 이뤄졌다. 평양 처지에서 북·미 간 합의는 남북 간 합의보다 더 중요하다. 북한 핵심부가 동의해야 사인할 수 있다. 김정일 사망 직후에 북미 협의가 진행된 것이

미중 신냉전시대와
한반도 자유통일 국가 전략

다. 김정일이 죽었는데도 수령−당−대중 통치 시스템이 공백 없이 작동됐다. 김정은이 틀어쥐고, 숙청하고, 안정화한 것은 기왕의 시스템이 그대로 작동된 덕분이다. 장성택도 이 같은 통치 시스템이 제거한 것이다.

(북한 노동당 간부로 일하다 김정일 사망 직전 한국으로 망명한 A씨는 이와 관련해 4월 6일 "김정은시대 북한 통치구조가 수령−서기실로 이뤄진 집단지도체제라는 분석에 동의한다"고 말했다.

구 원장은 "제재를 통해 북한 정권을 교체하려는 시도는 성공하기 어렵다"면서 이렇게 주장했다.

"북한 붕괴론은 크게 4차례 불거졌다. 소련 및 동구권 붕괴 시기, 식량난으로 대표되는 사회·경제적 위기 시기, 김정일 사망 직후 시기, 장성택 숙청 전후 중국의 개입 혹은 내부 권력투쟁 가능 시기다. 북한 통치구조는 이 같은 위기를 거치면서 내구성을 입증해냈다. 4차 핵실험 이후 국제사회의 제재 국면에서 북한 통치집단이 다소 고통은 느끼겠으나 위험의 강도는 과거 붕괴론이 거론될 때보다 오히려 훨씬 낮다. 제재를 통해 핵무기를 포기하게 한다거나, 더 나아가 정권을 교체할 수 있다고 생각하는 것은 '희망적 사고(wishful thinking)'에 가깝다." 그는 중국공산당을 예로 들었다.)

구해우　중국공산당은 2009년 5월 2차 핵실험 이후 한반도공작소조(조장 시진핑)를 구성해 집중 토의를 벌인 후 '북핵 문제'와 '북한 문제'를 분리했다. 북핵 문제는 악화하지 않도록 관리하고 북한 문제는 중장기적으로 친중 정부를 세우자는 것이다. 중국이 현실적인 대북 전략을 수립했다고 하겠다. 장성택 숙청 사태 등 우여곡절이 있었는데도 이런 기조가 지속되는 양상이다. 우리도 실효성 없는 북한 붕괴론, 정권교체론에 매달릴 게 아니라 좀 더 현실적·합리적 전략을 세워야 한다. 중장기적으로 북한은, 경제적으로는 개혁·개방의 길로 갈 수밖에 없다. 중국이 이를 주도하면 북한이 친중 국가가 돼 분단 고착화의 길로 갈 것이고, 한국이 주도하면 통일의 길로 갈 것이다. 경제적 개혁·개방 국면은 북한 정권의 진화(regime evolution)를 촉진할 것이다. 한국이 전략적으로 북한 내 개혁·개방 선호세력을 지원·육성한다면 단계적 변화를 이끌어낼 수 있다.

송홍근　북한이 변하겠나. 회의적이다.

구해우　변하게 하는 것이 우리가 할 일이다. 비핵화 및 평화협정 문제를 어떻게 풀 것인지 전략을 세워야 한다. 2월 23일 존 케리 미국 국무장관은 왕이 중국 외교부장과 회담 후 기자회견에서 '북한이 비핵화 협상 테이블로 나온다면 우리에게 필요한 것은 미국과도 궁극적으로 평화협정을 맺어 한반도의 미해결 문제를 풀 수 있다는 점을 이해시키는 것'이라고 말했다. 왕이 부장도 한반도 평화체제 및 비핵화 논의를 병행해 진행하자고 강

미중 신냉전시대와
한반도 자유통일 국가 전략

조했다. 미국과 중국이 동시에 비핵화 평화협정을 띄우는 배경이 뭔가. 긴장을 완화해야겠다는 생각을 두 나라가 공유한 것이다.

獨 메르켈을 특사로

송홍근 기왕의 핵을 유지한 상태에서 미국과 평화협정을 맺겠다는 게 북한의 일관된 전략이다. 나쁜 짓한 동생을 징치(懲治)하기는커녕 동생이 원하는 쪽으로 가는 형국이 될 수도 있다.

구해우 북한과 미국의 2·29 합의도 비확산·동결에 준한 것이다. △동결·비확산 △정권 진화·핵 폐기의 2단계 전략이 요구된다. 미국과 중국이 각각 복잡한 속내에서나마 비핵화와 평화협정 문제를 띄우는 상황을 능동적, 적극적으로 활용해 이를 현실화하는 방안의 하나로 반기문 유엔 사무총장이 메르켈 독일 총리를 '한반도 비핵화 · 평화협정 특사'로 임명할 것을 제안한다. 메르켈 총리는 자본주의와 사회주의, 분단국가와 통일국가를 다 경험해본 점, 한·미·중 지도자와 신뢰가 형성된 점 등에서 최적의 특사다. 성공한다면 북한의 4차 핵실험 이후 일촉즉발의 위기로까지 치달은 위기 상황을 벗어나는 동시에 한반도 평화와 통일을 향한 중대 전환국면을 조성할 수 있다. 메르켈 총리는 노벨평화상을 받게 될 것이다.

(그는 끝으로 이렇게 덧붙였다.)

구해우　세 갈래로 요약해 결론 형식으로 말하겠다. 첫째, 북핵 문제와 북한 문제를 분리해 투 트랙으로 대응해야 한다. 그 과정에서 메르켈 총리를 비핵화 평화협정 논의의 중재자로 활용하자. 둘째, 한미 동맹을 재정립해 더욱 강화해야 한다. 미국과의 협력 없이는 통일을 이뤄낼 수 없다. 셋째, 정권 붕괴나 정권 교체가 아닌 맞춤형 개입정책(optimized engagement policy)을 통한 북한 정권 진화를 추진해야 한다. 그래야만 북핵의 완전한 해결과 평화통일을 성취할 수 있다.

미중 신냉전시대와
한반도 자유통일 국가 전략

06 박근혜, 남재준의 대북정책과 친중문제

(「동아일보」, [이진영 기자의 필담] 게재: 2016. 12. 19.)

　나라의 존립을 좌우하는 외교안보 정책에도 비선 그룹이 관여했다는 얘기들이 나온다. 현 정부의 대북정책을 주도했던 남재준 초대 국가정보원장이 비선 그룹을 조사하다가 경질됐다고 세계일보가 15일 보도했다. 신동아 12월호는 익명의 취재원을 인용해 "대북정책은 정호성(전 청와대 제1부속비서관)이 다 했다"고 폭로했다. 사실 확인을 위해 남 전 원장에게 여러 차례 전화했으나 받지 않았다.

　현 정부가 출범한 해인 2013년 5월 1일부터 이듬해 1월 7일까지 국정원 1차장(해외 및 북한 담당) 산하 북한담당기획관(1급)을 지낸 구해우 미래전략연구원 이사장(52)은 "국정원직원법상 구체적인 정보를 밝히긴 어렵다. 하지만 대북 및 외교정책에 정윤회와 정호성이 상당 부분 개입한 것은 맞다"고 증언했다. 그는 박근혜 정부 외교안보 정책의 가장 큰 문제로 친중(親中) 노선을 지목하면서 "도널드 트럼프라는 역대 최강의 '마초형' 미국 대통령 당선인이 등장한 상황에서 친중 정책이 대가를 치르게 될까 봐 걱정"이라고 말했다.

그는 고려대 법대 재학 시절 주사파 리더로 주체사상을 공부하면서 북한과 인연을 맺었다. 국가안전기획부(현 국정원)의 수배를 받던 사람이 국정원 1급 공무원이 된 것이다. 김대중 정부 시절이던 2000년 9월~2002년 1월 SK텔레콤에서 남북경협 담당 상무를 지냈다. 고려대에서 북한 개혁·개방을 주제로 법학 박사 학위를 받았고, 2000년 최장집 고려대 명예교수와 박세일, 윤영관 서울대 명예교수를 도와 외교안보 싱크탱크인 미래전략연구원을 만들어 16년째 운영하고 있다.

대북 정책에 정윤회 정호성 관여

이진영 국정원에 있을 때 최순실의 존재를 알고 있었나.

구해우 당시 최순실은 심부름하는 집사 비슷한 역할이었고 대북이나 외교안보 정책에 관여한 건 정윤회, 그리고 문고리 3인방 중에선 정호성이었다.

(정윤회는 박근혜 대통령이 국회의원이던 시절 비서실장으로 보인상

미중 신냉전시대와
한반도 자유통일 국가 전략

고를 졸업하고 경희대에서 관광경영학 석사 학위를 받은 것으로 알려졌다. 정호성은 경기고와 고려대 노어노문학과를 졸업했고 고려대 정치학 석사다. 박 대통령의 국회의원 시절엔 정무기획 담당을 했다.)

이진영　2014년 3월 독일 드레스덴 연설문은 최순실이 고쳤다던데….

구해우　연설문에 코멘트 한 정도일 것이다. 최순실은 2014년 말부터 분탕질한 거고 분야도 문화·체육 분야에 제한돼 있다.

이진영　'통일은 대박'이라든가, 드레스덴 구상도 정윤회와 정호성의 아이디어였나.

구해우　(즉답을 피한 채) 국방장관, 외교장관, 안보실장 모두 단 한 번도 자기 소신을 갖고 정책 결정을 하지 않았다. 모두들 심부름꾼 역할만 했다. 자기 소신대로 논쟁하고 직언한 사람은 남재준 전 원장이 유일하다.

이진영　그러다가 경질된 건가.

구해우　최순실 그룹과 충돌이 있었다. 정부가 미국보다 중국 쪽에 가까워지는 데 대해 반대했던 것도 경질 사유이다.

이진영　「신동아」 12월호에는 문고리 3인방이 세월호 문제 해결책을 마련하라고 국정원에 요구했는데 남 전 원장이 '국내 문제에는 개입할 수 없다'고 거절해 경질됐다고 나온다.

구해우　그 부분은 잘 모른다.

(남 전 원장은 박근혜 정부의 대북정책을 상징하는 인물이었다. 국정원의 대선 개입 사건과 탈북 위장 서울시 공무원 간첩 사건 증거 조작 파문으로 정치적 타격을 입었을 때도 건재했던 그다. 하지만 2014년 세월호 참사 후 5월 김장수 당시 대통령국가안보실장과 함께 전격 경질됐다. 김 전 실장은 이후 주중 대사로 재기용됐지만 남 전 원장은 돌아오지 못했다.)

구해우: 남 전 원장은 대통령에 이어 현 정부의 2인자였다. 남 전 원장 시절 국정원 차장급 인사는 대통령이 했지만 1급은 원장이 했다. 이후 이병기 전 원장, 이병호 원장 모두 1급 인사를 단 한 명도 못 했다. 모두 청와대가 좌지우지했다.

앞으로 친중 정책의 대가 치를 것

이진영 보수 정권임에도 왜 중국 쪽에 기울었나.

구해우 정윤회나 정호성은 모두 세계 질서가 어떻게 돌아가는지 모르는 사람들이다. 정서적으로는 반미(反美)였던 것 같다. 김재규 전 중앙정보부장이 박 대통령과 최태민의 관계를 박정희 대통령에게 보고했고, 박정희 시해사건 당시 미국의 사주를 받았다는 말이 있었으니. 그리고 박 대통령을 통일국가의 여성

미중 신냉전시대와
한반도 자유통일 국가 전략

대통령으로 만들고자 했다. 중국이 도와주면 가능하지 않을까 'wishful thinking'(희망에 근거한 생각)을 한 거다.

이진영 남 전 원장도 2013년 12월 국정원 핵심 간부 송년회에서 '2015년 통일을 위해 다 같이 죽자(열심히 하자는 뜻)'고 했다던데, 사실인가.

구해우 그렇다. 2013년 12월 장성택 숙청 후 다들 북한이 곧 붕괴될 것처럼 얘기했다. 난 장성택 숙청 후 오히려 북한 체제가 안정될 거라고 예상했다. 이런 견해차로 남 전 원장과 사이가 벌어졌다. 그 송년회에 1급 간부들이 다 참석했는데 난 부르지도 않았다. 2014년 1월 7일 사직서 쓰고 나왔다.

이진영 결과적으로는 구 이사장의 예상이 맞았지 않나.

구해우 장성택은 야심이 큰 사람이었다. 2009년 5월 2차 북핵 실험 후 중국은 북핵과 북한 문제를 분리해 북핵 문제는 악화되지 않도록 관리하면서 북한 문제는 친중 정부를 세워 해결하자는 전략을 세웠다. 친중 세력을 만드는 데 대표적인 성공 사례가 장성택이다. 장성택의 세력이 커지자 북한의 주류인 노동당 서기실이 잘라낸 거다.

이진영 올 3월 세미나에서 북한은 노동당 서기실 중심의 집단지도 체제로 김정은은 형식적 수령에 불과하다는 주장을 했다. 일종의 '얼굴 마담'이라는 건데….

구해우 2011년 12월 17일 김정일이 죽은 지 석 달도 되지 않은

2012년 2월 29일 북-미 간 2·29 합의가 이뤄졌다. 김정일이 죽은 직후 중요한 합의를 한 것이다. 이걸 김정은이 컨트롤했을까. 재벌권력도, 정치권력도 지켜봤지만 그렇게는 안 된다. 이미 시스템이 구축돼 있었던 거다.

이진영　올 9월 뉴욕타임스가 김정은을 "합리적인 인물(too rational)", 월스트리트저널이 "노련한 독재자(very skilled dictator)"라고 보도했는데 이는 집단지도 체제이기에 가능한 평가였을까.

구해우　그렇다. 김정은 참수 작전을 통한 북한 정권 교체 시도는 실효성이 없다. 북한 붕괴론이나 북한 정권 교체론에 근거한 대북정책으론 안 된다. 합리적인 집단지도 체제가 가동한다는 걸 전제로 전략을 짜야 한다.

사드, 미국 보복은 두렵지 않나

이진영　북핵 위기의 해법으로 북한의 '레짐 체인지(regime change·정권 교체)' 운운했는데, 우리가 레짐 체인지를 하게 됐다. 국정 공백기여서 안보 위기에 대한 우려가 크다.

구해우　'트럼프 쓰나미'가 몰아닥칠 것이다. 트럼프 시대를 이해하는 키워드는 경제적인 국익을 우선시하는 경제민족주의(economic nationalism)다. 트럼프는 이를 실행할 외교 수장(首長)으

미중 신냉전시대와
한반도 자유통일 국가 전략

로 렉스 틸러슨 엑손모빌 최고경영자(CEO)를 지명했다. 블라디미르 푸틴 러시아 대통령과 17년 지기인 틸러슨의 등장이 뜻하는 또 다른 하나는 미국의 주요 경쟁국이 러시아에서 중국으로 옮겨가고 있다는 것이다. 이런 트럼프를 거의 유일하게 지지하는 정통 외교 관료가 헨리 키신저 전 국무장관이라는 점은 흥미롭다. 그는 1979년 미중 수교의 1등 공신이다. 당시는 소련을 견제하기 위해 중국과 손잡은 것이다. 그랬던 키신저가 이번엔 중국을 견제하기 위해 러시아와 손을 잡을 수 있다는 태도로 바뀌었다.

이진영　사드 문제로 미중 사이에서 어려운 상황에 처해 있다.

구해우　사드는 1차적으로 주한미군을 방어하기 위한 것이다. 미국 예산으로 자국민을 보호하겠다는데 이걸 반대한다. 트럼프는 미국우선주의자에 포퓰리스트(인기영합주의자)다. 주한미군을 철수할 수도 있는 거다. 사드는 외교적 이슈이기도 하다. 2013년 시진핑(習近平) 주석이 등장하면서 중국은 미국의 아시아 접근을 막기 위해 반(反)접근지역거부(A2AD) 전략을 세웠는데 그 두 가지 축이 동북아의 사드와 남중국해 영유권이다. 사드를 배치하지 않으면 중국의 이 전략이 먹히고 한반도에서 미국의 영향력은 쇠퇴한다. 한미 동맹이 와해되는 것이다. 트럼프는 신사가 아니다. 계산기를 두드려보고 죽일 수도, 뒤통수를 칠 수도 있다.

이진영　사드가 배치되기도 전에 중국은 경제적 보복을 하고 있다.

구해우　왜 중국만 보복을 할 거라고 생각하나. 사드 배치를 안 하면 미국은 가만히 있을까. 미국은 중국처럼 보복한다고 말하고 하는 나라도 아니다. 최중경 전 지식경제부 장관이 지난번 인터뷰 때 '아베노믹스가 미국이 엔화 평가 절하를 눈감아줬기 때문에 가능했다'고 했다. 박근혜 정부의 친중 정책 덕분에 경제가 나아졌나. (미국과 가까웠던) 일본이 경제적으로는 더 좋았던 것 아닌가. 내년 대선에서도 사드가 핵심 이슈가 될 것이다. 야당에선 정권 교체를 기대하지만 총선은 심판이고, 대선은 미래를 보는 선거다. 박근혜 심판은 이미했다. 탄핵안을 국회에서 가결했고, 정유라도 퇴학됐다. 사드 배치 반대는 한미 동맹을 깨자는 얘기인데 중국에 종속적인 국가로 가자고? 그런 야당을 박 대통령이 밉다고 해서 국민들이 찍어줄까?

이진영　트럼프 쓰나미에 어떻게 대응해야 하나.

구해우　한미 동맹을 토대로 정보, 경제, 안보적 자강(自强) 전략을 세워야 한다. 정보적 자강을 위해서는 국정원을 개혁해야 한다. 최순실 게이트는 국가의 정보 기능과 사정 기능이 마비돼 터진 거다. 정보기관이 보고하고 사정기관에서 잘라내야 국가 시스템이 작동하는데, 국정원이 몰랐을 리 없다. 그건 또 다른 죄다. 지금과 같은 상황에서 정보기관 역량을 강화하면 엉뚱한 사람에게 밥상 차려주는 꼴이 된다. 개혁을 전제로 해야 한다. 미국처럼 해외·북한 파트와 국내 파트를 나눈 뒤 기소권과 공소

미중 신냉전시대와
한반도 자유통일 국가 전략

유지권은 검찰이 갖고, 나머지 수사권은 미국의 연방수사국(FBI) 같은 조직이 갖도록 해야 한다. 지금 한반도는 트럼프, 푸틴, 시진핑, 아베 신조 등 역대급 마초들에게 둘러싸여 있다. 죽어 있다시피 한 정보수집 기능부터 살려내지 않으면 언제 팔다리가 잘려 나갈지 모른다.

07 북한집단지도체제의 핵 '서기실' 주목하라

(「월간중앙」, 2017년 4월호)

지난 2월 말레이시아에서 벌어진 김정남 암살사건 이후 북한 체제의 전망과 관련한 논의가 확대되고 있다. 이는 두 가지 요소를 배경으로 한다. 먼저 지난해 북한의 4차, 5차 핵실험과 SLBM인 북극성1호 발사 등 연이은 도발로 확인되는 북한의 전례 없는 공격적 성향이다. 특히 3월 9일자 미국의 외교전문지 「포린폴리시(Foreign Policy)」 기사에 따르면 지난 3월 6일, 4발을 동시 발사한 미사일은 한미 연합 군사훈련인 독수리연습 중 북한의 지도부를 포함한 선제 타격작전에 대한 대응훈련이라는 것이다. 단순한 테스트가 아니라 한미의 선제공격에 대응해 일본 내 미군기지를 핵 탑재 전략탄도미사일로 공격하는 핵전쟁 연습인 것이다.

다음으로 지난 1월 시작된 미국 트럼프 정부의 공격적 대 아

미중 신냉전시대와
한반도 자유통일 국가 전략

시아정책과 연관된다. 「월스트리트저널」 3월 2일자 보도에 의하면 북한의 중·장거리 전략탄도미사일 발사와 김정남 암살사건을 계기로 미국은 백악관 국가안보 부보좌관 맥파랜드 주관으로 대북 군사력 사용 또는 체제전환전략(Regime Change)을 포함한 모든 옵션을 검토했다고 한다. 이러한 북한과 미국의 강경파 대 강경파의 대결은 한반도를 심각한 위기국면으로 몰아넣을 것이다. 이런 때일수록 북한 체제에 대한 정확하고 깊이 있는 이해가 중요하다.

김정남 암살과 관련해 일부 전문가와 언론은 김정은이 북한 체제 변화 과정에서 자신의 대체인물이 될 수 있고, 중국의 지원 가능성이 있는 김정남을 없애려 한 것이 암살의 중요한 배경이라고 밝혔다. 그러나 이는 사실과 거리가 멀다. 그 이유는 첫째, 김정남은 기본적으로 여자·술 문제 등으로 생활이 문란해 북한 노동당과 중국공산당에서 정치적 신뢰도가 대단히 낮은 인물이다. 둘째, 김정남은 장성택의 경우와 달리 북한 내에 정치세력도 없고, 북한체제를 지도하려는 야심을 세우지도 않았다. 따라서 김정남을 북한 내에서든 중국에서든 김정은의 대체인물로 세우려 했을 가능성은 거의 없다.

김정남 암살의 배경을 찾아본다면 세계 어느 곳보다 비밀이 많은 김정은 체제가 내부기밀 유출 가능성을 우려했을 수 있다. 김정남은 성장과정에서 김정일의 동생 김경희가 대모 역할을 해왔는데, 김경희는 북한체제와 관련해 그 누구보다 많은 비밀을 알고 있다. 따라서 김경희—김정남 라인을 통한 정보유출 문제가 암살의 배경일 수 있다.

피살된 김정남과 사형당한 장성택의 차이

중국이 북한에 친중정권을 세우기 위한 공작 차원에서 김정남을 김정은의 대체인물로 세우려 했다는 것도 근거가 부족하다. 중국공산당은 2009년 5월 북한의 2차 핵실험 이후 정치국 상무위 산하에 한반도공작소조(조장 시진핑)를 구성해 북핵·북한 문제에 대한 기본정책을 재정립했다. 그 핵심은 북핵 문제와 북한 문제를 분리해 북핵 문제는 단계적, 중·장기적으로 해결하고, 가장 중요하게는 친중정권을 세워 북핵·북한 문제를 궁극적으로 해결해나가는 것을 추구하게 된다.

이러한 정책기조 하에 두 가지 핵심 사업을 추진한다. 첫째는 북한의 대표적 친중파에 정치적 야심과 세력까지 갖춘 장성택을 지원하는 것이었다. 이는 장성택의 판결문에 잘 나타나 있다. 그러나 장성택은 2013년 12월 초 김정은 체제의 핵심인 서기실·조직지도부·보위부가 주도하는 숙청의 칼날에 쓰러진다. 중국공산당의 두 번째 사업은 1957년 김일성에 의해 숙청된 친중 공산

미중 신냉전시대와
한반도 자유통일 국가 전략

주의자 그룹인 '연안파'의 후손들을 재정비, 교육해 북한체제 전환 과정에서 중요한 역할을 할 수 있도록 준비를 추진한다. 한국전쟁 이후 김일성은 북한노동당 내의 유일적 지도체제를 구축하기 위해 남노당파를 숙청한 데 이어 1957년에는 친중파인 연안파와 소련파를 숙청한다. 이 과정에서 수천 명 이상의 연안파가 숙청을 피해 중국으로 피신한다. 2009년 중국공산당이 대북정책과 관련해 체계적인 북한의 친중파 육성을 위해 선택한 것이 바로 이 연안파의 후손들이었다.

김정일 통치체제와 김정은의 서기실

이처럼 중국의 북한 내 친중파 육성은 대단히 치밀하고 조직적으로 추진되어 왔다. 따라서 김정남의 경우 생활의 문란함으로 보나 정치적 신뢰도로 보나 중국공산당이 김정은의 대체 인물로 고려했다는 것은 상상하기 힘들고, 구체적 근거가 부족한 것이다.

필자는 지난해 3월 북한의 4차 핵실험 이후 북한 문제 해법을 모색하는 토론회에서 처음 공개적으로 북한 통치체제의 핵심인 서기실의 존재와 역할에 대해 밝힌 바 있다. 그 배경은 북한의 지난해 1월 4차 핵실험과 2월 광명성4호 발사 이후 미국과 한국

일부에서 제기된 '김정은 참수작전'의 위험성을 경고하기 위함이었다. 서기실의 존재와 역할에 대해서는 북한 내에서도 비공개로 해온 탓도 있어 한국의 북한 전문가들조차 그에 대한 이해가 부족하다.

필자는 2001년과 2002년 방북해 SK텔레콤 북한담당 상무로서 남북통신협상을 진행한 바 있다. 사회주의체제, 그중에서도 북한에서 통신은 체제의 안전과 직결되기 때문에 통신문제와 관련해서는 통치체제의 핵심들이 관여할 수 밖에 없다. 남북통신협상은 단순한 남북경제협력사업과는 다른 것이었다. 따라서 협상 파트너는 체신성과 조선체신회사가 아니라 군수공업부와 북한 통치체제의 핵심인 서기실 간부들이었다. 이러한 경험 등을 통해 북한 통치체제에서 서기실의 존재와 역할 등에 대해 이해하게 되었다. 최근에는 지난해 7월 탈북한 전 영국 주재 북한대사관 공사 태영호의 증언으로 서기실의 역할이 부각되었다. 그는 서기실에 대해 '공식 기관인 조직지도부와 달리 서기실은 숨겨진 기구다. 김정은을 보좌하는 집단으로 그 힘이 막강하다'고 증언한 바 있다.

김일성 시대에는 서기실이 존재하지 않았으며, 노동당의 비서국이 총비서인 김일성을 보좌하는 역할을 수행하는 정도였다. 당시 실질적 권력의 중심은 노동당 정치국 상무위원회였다. 대표적 사례가 김정일이 김일성의 후계자로 내정된 1974년 정치국

미중 신냉전시대와
한반도 자유통일 국가 전략

상무위 회의다. 이 회의에서 김정일이 후계자로 내정되기 전까지 김일성은 최종 결정을 유보한 상태였다. 당시 김일성의 처인 김성애와 김일성의 동생이면서 정치국 상무위원인 김영주, 빨치산 원로로 역시 정치국 상무위원인 최용건은 김일성과 김성애의 아들인 김평일을 후계자로 밀었다. 반면 김정일은 1960년대 말부터 치열한 권력투쟁을 전개하면서 당시 정치국 상무위원이던 빨치산 원로 최현과 오진우의 지지를 이끌어냈다. 결국 김정일·최현·오진우의 강력한 추진력에 의해 1974년 정치국 상무위 회의에서 김정일을 후계자로 내정하고, 1980년 6차 당대회에서 공식적으로 김정일을 후계자로 지명하게 된다.

오바마와 트럼프의 한반도정책 차이

김정일은 1980년 후계자로 공식화된 이후 주체사상의 수령론에 기초한 새로운 통치제제를 구축해 나간다. 수령론에 기초한 통치체제란 김일성 시대의 노동당 중심 통치가 아닌 수령-당-대중의 새로운 통치 시스템으로, 당보다 수령의 절대적 지위와 역할에 기초한 통치 시스템이라 할 수 있다. 김정일은 이 같은 새로운 통치 시스템을 김일성·김정일 공동 통치기간으로 평가되는 1980년부터 1994년 김일성 사망 시기까지 과도적으로 운영하다 김일성 사후 명실상부하게 수령의 절대적 지위와 역할에 기반한 수령-당-대중 통치 시스템을 구축하게 된다. 이 과정에서 수령을 보좌하기 위한 조직으로 서기실의 존재와 역할이 단계적으로 확대됐다. 서기실은 엄밀히 말하자면 당 조직이 아닌 수령의 비서조직이라 할 수 있고, 당의 조직지도부 등을 통해 자신의 지도력과 집행력을 담보하고 있다. 그러나 김정일 시대의 서기실은 공포정치와 분할통치에 능했던 김정일의 통치술에 의해 실무적 지원 기능 중심으로 역할했다고 할 수 있다.

김정일의 낙점에 의해 2010년 9월 당대표자대회에서 후계자로 지명된 김정은은 2011년 말 김정일 사망 이후 북한의 수령으로 등극했지만 김정일과 달리 명실상부한 수령이라고 평가하기는 힘들다. 형식상 수령의 지위에 있지만 실질적으로는 김정일 시대 북한 통치체제의 핵심 역할을 해왔던 서기실과 함께 내용적으로 집단지도체제적 통치 시스템을 구축한 것으로 평가된다.

따라서 명실상부한 북한의 지도자였지만 노동당 중심의 통치를 했던 김일성 시대와, 수령-당-대중의 통치 시스템에 기반해 명실상부한 절대적 수령으로서 지위와 역할을 가졌던 김정일 시대와 형식적으로는 수령이지만 내용적으로는 김정은과 서기실 핵심 인사를 중심으로 한 집단지도체제적 성격을 가진 김정은시대의 특징을 분명히 이해해야 정확한 북핵·북한 문제 해결책을 마련할 수 있다.

미중 신냉전시대와
한반도 자유통일 국가 전략

오바마 정부의 대북정책은 '전략적 인내(Strategic Patience)'로 대표된다. 그러나 현실적으로는 이라크전쟁과 아프가니스탄전쟁 수습, 대테러전쟁, 대이란협상, 유럽에서 러시아 위협에 대한 대응 등과 관련한 정책 우선순위에 밀려 실효성 있는 정책을 실행한 것이 없다시피 했다. 대아시아정책과 관련해서는 '아시아로의 중심이동(Pivot to Asia)'을 위한 환태평양경제협력체(TPP)등을 추진했지만 결국 실현되지 못했다. 한국과 관련해서는 2016년 1월 북한의 4차 핵 실험 전까지 박근혜 정부의 친중정책에 대한 우려를 가지고 있다 사드배치 결정 이후 한미 관계가 회복되었지만 북핵·북한 문제 해결을 위한 진전된 해결책은 내놓지 못했다.

그런데 올해 등장한 트럼프 정부는 오바마 정부와 전혀 다른 대아시아정책·대한국정책·대북정책을 전개할 것으로 보인다. 첫째, 트럼프 정부는 제2차 세계대전 이후 세계전략의 제1의 경쟁자로 상정했던 소련-러시아를 중국으로 바꾸려 한다. 1970년대 미·중 수교에 기반해 소련을 고립시키는 전략을 구사했던 키신저가 이번에는 중국을 견제하기 위해 미국과 러시아가 연대하는 새로운 세계전략을 조언하고 있다. 키신저는 트럼프 정부의 신임 국무장관 틸러슨과 새로운 대북 전략을 위한 회의를 주관하는 맥파랜드 백악관 국가안보 부보좌관을 추천했다고 한다. 미국의 중국 견제를 핵심으로 하는 새로운 세계전략은 동북아시아에 중대한 영향을 끼칠 것이다. 특히 북핵·북한 문제라는 민감한 문제와 결합되어 있는 데다 사드 문제를 둘러싸고 미·중 간의 아시아 헤게모니를 위한 경쟁의 장이 돼버린 한국이 대표적인 약한 고리라 할 수 있다.

둘째, 트럼프 정부의 핵심 키워드인 '경제민족주의(Economic Nationalism)'는 대한정책의 중요한 변동을 야기할 것이다. 트럼프는 미국경제의 양극화와 경제회복을 위해 백악관 수석전략가 배넌의 조언에 따라 경제민족주의를 내세우고 있다. 경제민족주의는 미국·유럽 등 선진자본주의 국가의 양극화 문제, 중동 등 실패국가의 이민자문제, 세계화의 후유증 등과 맞물려 영국의 브렉시트(Brexit) 등을 거치면서 미국과 유럽을 휩쓸고 있다.

이는 상당기간 세계사의 중심적인 이념적·정책적 배경이 될 것이며, 트럼프 정부의 경제 민족주의와 미국우선주의에 기초한 미국의 대한반도정책은 큰 변화가 예측된다. 정책 내용의 변화뿐만 아니라 실행방식에서도 신사적이고, 한국에 대해 우호적 감정이 많았던 오바마와는 다를 것이다. 오바마 정부 시기에 예외적 사례인 바이든 부통령의 2013년 말 방한 시 '한국은 미국편에 설 것인지, 중국편에 설 것인지 분명히 해야 한다'는 식의 발언 이상으로 더욱 분명한 한국의 국가전략을 묻게 될 것이다. 이는 향후 한국과 한반도의 운명을 가르는 중대한 전환점이 될 것이다.

미중 신냉전시대와
한반도 자유통일 국가 전략

셋째, 트럼프 정부의 대북정책에서는 참수작전 등 군사행동 가능성이 높아지고 있다. 위에서 언급한 대로 트럼프 정부는 북한의 연이은 핵실험 및 전략탄도미사일 발사와 김정남 암살 등을 배경으로 군사행동을 포함한 모든 옵션을 테이블 위에 올려놓고 있다. 특히 매티스 국방장관, 맥마스터 국가안보좌관은 말만 많고 행동은 없는(All talk No action) 것을 대단히 싫어하는 강경파 장군들이다. 오바마 정부와는 근본적으로 다르다. 특히 최근 거론되는 김정은 참수작전, 정밀 타격(Surgical Strike)은 북한의 강성대응과 맞물려 한반도에서의 전쟁 가능성을 한국전쟁 종전 이후 최고수준까지 끌어올리고 있다.

'북한 정권의 선진화' 유도가 현실적 대책

그런데 현재 미국과 한국의 일부 강경파가 거론하는 김정은 참수작전 또는 정밀타격작전은 성공 가능성에 대한 정확한 해답이 필요하다. 그렇지 못하면 작전의 목표는 성공하지 못한 채 한반도는 전쟁이라는 대재앙에 휩쓸릴 것이다.

북한은 한국전쟁 시 평양까지 융단폭격 당한 경험을 배경으로 전 국토를 요새화하고 핵심 시설을 지하화하는 작업을 오랜 기간 진행해왔다. 또한 통치 시스템도 김정일 시대에 수령−당−대중 유일적 독재체제를 구축하고 어떤 위기상황에서도 신속히 대응할 수 있는 수령과 서기실 중심의 지휘체계를 구축했다고 평가된다. 이는 김정일 사후와 장성택 숙청 전후 과정을 통해 그 체제 내구성을 증명했다고 할 수 있다. 따라서 북한 통치체제의 특성을 고려할 때 김정은 참수작전 또는 정밀타격작전으로 북한의 체제전환(Regime Change)을 실현시키기는 대단히 힘들다.

결국 북핵·북한 문제 해결은 이 같은 군사작전이 아닌 종합적 전략을 기반으로 북한정권의 선진화(Regime Evolution)를 이끌어 내는 것이 현실적이다. 북한체제 최대 위기였던 1990년대 말 100만 명 내외의 아사사태를 야기했던 식량난을 해결한 것은 북한 노동당도 아니었고, 한국이나 중국의 지원도 아닌 시장이었다. 2002년 '7.1경제관리개선 조치' 이후 2014년 '5.30조치'까지 우여곡절을 거치지만 시장의 허용이 조금씩 확대되는 과정에서 북한 주민들은 시장을 통해 스스로의 힘으로 식량난을 극복해왔다. 이 과정에서 북한주민들과 당 간부들 내에서 시장의 필요성, 개혁개방의 필요성을 이해하고 이를 확대시키려는 세력들이 성장하고 있다고 평가된다.

미중 신냉전시대와
한반도 자유통일 국가 전략

한미 동맹 강화를 통한 '맞춤형 개입정책' 필요

따라서 북핵문제는 1단계에서는 남·북·미·중 협상 등을 통해 동결과 비확산을 실현하고, 2단계 완전한 해결과 북한 문제의 근본적 해결은 '시장을 통한 변화'라는 대전략 위에서 북한정권의 선진화를 위한 맞춤형 개입정책(Optimized Engagement Policy) 또는 종합전략이 필요하다. 이 종합 전략에는 남북경협 확대를 기반으로 한 북한 내의 시장경제 확산과 개혁개방을 선호하는 정치세력을 육성하는 전략이 핵심이다.

그리고 미국 트럼프 정부의 등장으로 한반도 전쟁 가능성 고조라는 위기와 한미 동맹에 기초한 스마트한 전략으로 한반도 통일을 실현할 수 있는 역사적 기회가 동시에 오고 있음을 이해해야 한다. 전쟁 가능성을 높이는 핵심 요소는 북한 노동당 내의 30% 정도로 추정되고 여전히 적화통일을 추진하는 강경파와 트럼프 정부에서 미·중 간 전쟁 가능성까지 고려하는 대중 강경파 배넌 및 군사적 행동에 주저함이 없는 매티스 국방장관, 맥마스터 국가안보보좌관 등의 강경파가 충돌할 경우다. 이러한 전쟁 가능성을 차단하고 평화적 통일을 추진할 수 있는 핵심 관건은 한·미동맹의 강화다. 한미동맹이 약화하면 미국은 한미 간의 협의 없이 한반도에서 군사행동을 취할 가능성이 그 어느 때보다 높다. 사드배치의 경우 이를 반대하거나 어정쩡한 태도를 취하는 것은 자신들의 의도와 상관없이 한반도 전쟁 가능성을 높이는 것임을 명심해야 한다.

따라서 한반도의 평화적 통일을 위해서는 경제민족주의와 자유주의적 애국주의에 기초한 한미 동맹을 새롭게 강화, 발전시켜야 한다. 세계사적 추세인 경제민족주의를 이해하고, 나아가 시민민족주의(Civic Nationalism), 포용적 민족주의(Inclusive Nationalism) 개념을 포괄하는 자유주의적 애국주의에 기초한 새로운 한미 동맹의 재정립과 발전이 필요하다. 이 같은 새로운 한미 동맹에 기초해 군사작전이 아닌 시장을 통한 변화라는 한미의 공동 전략으로 북한을 변화시켜야 한다. 특히 트럼프 정부의 틸러슨 국무장관은 러시아의 푸틴과 친분도 두텁고 엑손모빌 CEO때 사할린 유전 프로젝트를 성공시킨 배경 등을 가지고 있음을 고려해 두만강 주변지역을 중심으로 남·북·러 합작 대규모 경제개발 프로젝트를 추진할 필요가 있다. 이 같은 한미 합작의 북한 변화전략은 한반도 평화통일의 핵심적 지렛대가 될 것이다.

한반도 정세가 대단히 민감하고 복잡하다. 보수우파와 진보좌파 공히 원칙적 주장이나 주관적 희망을 말할 것이 아니라 김정은 체제와 트럼프 정부에 대한 정확한 이해에 기초한 구체적 처방전(Prescription)을 내놓아야 할 때다.

미중 신냉전시대와
한반도 자유통일 국가 전략

08 북핵, 북한문제 해법으로서 베트남 모델

(「월간중앙」 [긴급제언] 게재 칼럼, 2017년 6월호)

　미국의 외교전문지 「포린 폴리시(Foreign Policy)」 3월 9일자 분석기사에 따르면 3월 6일 북한이 일본해를 향해 4발을 동시에 쏜 미사일은 단순한 테스트가 아니라 일본 내 미군기지를 핵 탑재 미사일로 타격하는 핵전쟁 가상 군사훈련이었다고 한다. 이는 같은 시기에 진행된 한미 연합 독수리훈련 중 선제타격(Preemptive Strike)과 소위 김정은 참수작전을 포함하는 작계5015로 알려진 전쟁연습에 대응하는 것이었다는 분석이다.

　북핵 문제는 지난해 1월부터 시작된 4, 5차의 연이은 핵실험과 SLBM(잠수함발사탄도미사일, submarine-launched ballistic missile)을 포함한 수십 차례의 미사일 발사로 확인되는 북한의 전례 없는 공격적 성향과 미국 트럼프 정부의 매티스 국방장관 등 군사작전에 주저함이 없는 강경 성향이 언제 충돌할지 모르는 상황으로 진입하고 있다. 특히 4월 6일 미·중 정상회담의 북핵합의 결렬과 미국의 독자행동 경고는 한반도의 전쟁 가능성까지 높이고 있다.

이 같은 한반도 정세 속에서 북한 핵문제의 근원을 북한 민족주의와 연관해 분석해보고, 미국 트럼프 정부의 대북 정책을 강성 대외정책의 뿌리인 경제민족주의(Economic Nationalism)와 연관해 분석하고자 한다. 현상적인 충돌 양상의 본질적 배경을 정확히 이해해야 그 해결책을 찾는 데 도움이 될 것이기 때문이다.

북핵은 북한민족주의의 핵심

먼저 북한이 왜 핵무기 개발에 집착하면서 2012년 개정헌법에서 핵무기 보유국가임을 천명했는지에 대한 정확한 이해가 필요하다. 북한의 국가 통치이념은 주체사상이다. 주체사상의 사상적 기초를 세우는 데 결정적 역할을 한 것은 1957년의 '반종파투쟁'이다. 북한의 조선노동당과 북한체제는 건국 과정에서 결정적 도움을 준 소련과 한국전쟁 시 체제 붕괴 위기를 구해준 중국이라는 두 강대국의 심대한 영향을 받았다. 이에 김일성은 1957년 반종파투쟁을 통해 친중파인 연안파와 친소련주의자들인 소련파를 숙청하고 유일적 독재 체제를 구축한다. 이 투쟁 과정을

미중 신냉전시대와
한반도 자유통일 국가 전략

통해 사상에서 주체, 정치와 외교에서 자주, 경제에서 자립, 국방에서 자위라는 원칙을 세우게 된다. 이는 좌파민족주의 국가의 성립 과정으로 평가된다.

북한의 『주체철학사전』은 민족주의에 대해 '전 민족적 이익을 내세우면서 자기 민족 내의 부르조아지의 이해관계를 합리화하는 사상'이라고 정의한다. 대신 '민족운동'에 대해서는 민족의 자주성을 옹호하기 위한 투쟁, 즉 민족해방운동으로 긍정적으로 평가한다. 이는 마르크스–레닌주의의 계급 투쟁론적 역사관에 기반한 민족주의에 대한 이해다. 20세기의 민족주의는 선진자본주의 국가를 중심으로 형성된 제국주의와 이에 대항한 제3세계 국가의 민족해방운동이라는 두 가지 큰 흐름으로 나뉜다. 그러나 21세기의 민족주의는 새로운 양상을 띤다.

1990년대 소련사회주의권의 붕괴와 함께 혼란을 겪던 러시아는 2000년 푸틴의 등장과 함께 새로운 대러시아 민족주의를 추구한다. 1000년 이상의 전통을 가지고 있고, 국민 75% 정도가 신도인 러시아정교와 결합해 강력한 러시아 건설을 내세웠다. 1978년 덩샤오핑(鄧小平)의 개혁·개방정책 이후 급속한 경제성장을 이룩한 중국은 2002년 후진타오(胡錦濤)의 등장과 함께 동북공정(東北工程) 등 패권적 민족주의 경향을 보이다 2012년 시진핑(習近平) 체제에서는 중화민족주의라는 좀 더 이론화되고 적극화된 공세적 민족주의 성향을 보이고 있다. 또한 1990년대 이후 소위 잃어버린 20년이라는 경제침체기를 겪은 일본은 2012년 아베의 등장과 함께 '보통국가 건설' 등 강경보수 민족주의적 정책을 앞세우고 있다.

이 같은 21세기 신민족주의 성향은 세계 곳곳에서 다양한 양상을 띠면서 분출되고 있다. 이는 중동지역 터키 에도르안의 투르크민족주의, 인도 모디 총리의 힌두민족주의의 득세를 통해서도 확인되고 있다. 최근에는 지난해의 브렉시트(Brexit, 영국의 EU 탈퇴) 사태를 통해 자유민주주의의 본고장 영국에서도 민족주의 성향이 성장하고 있음을 보여주었고, 급기야 미국에서 경제민족주의를 앞세운 트럼프 정부의 등장과 함께 21세기 신민족주의의 다양한 양상을 보여주고 있다.

경제민족주의와 중화민족주의

21세기 신민족주의의 특징은 첫째, 경제적 국익의 증대를 앞세우는 경우가 많다. 경제민족주의를 앞세운 미국 트럼프 정부가 대표적이다. 둘째, 20세기 종족적 정체성에 기반한 패권적 민족주의 및 저항적 민족주의와는 구별된다. 대부분 근대국가의 틀과 연관된 문화적 정체성과 애국주의와 결합된 운동 또는 정책으로 표출된다. 물론 신민족주의 흐름 속에는 종족민족주의·

인종주의 등의 부정적 요소가 섞여 있기도 하다.

북한의 경우 이론적으로는 민족주의를 마르크스-레닌주의의 계급이론적 관점에서 비판하면서 주체사상에 기초한 민족운동을 내세우지만, 본질적으로는 북한도 민족주의를 핵심 이념으로 한다. 김정일의 1986년 논문 '주체사상 교양에서 제기되는 몇 가지 문제에 대하여'에서 제기된 '조선민족제일주의'가 상징적이다. 김정일은 나아가 김일성 사후 주체사상을 선군사상으로 발전시켰다. 이를 1998년 개정헌법부터 적용하고 국방위원회를 국가 최고권력기관으로 정립시켰다.

그런데 김정일이 제기한 선군사상의 핵심은 북한이 '핵무기 보유국가'가 되는 것이라고 평가된다. 따라서 1990년대 말 북한은 국가 통치이념인 주체사상·선군사상에 기초한 '핵무기 보유국가'라는 목표를 달성하기 위해 100만 명 내외의 아사사태를 겪으면서도 핵무기 개발을 중단하지 않았던 것이다. 결국 북한민족주의의 핵심은 북핵이라고 할 수 있다.

지난 2016년 미국대선에서 트럼프는 공화당과 민주당의 기성 정치인들을 모두 기득권으로 공격하면서 승리를 이끌어냈다. 트럼프의 승리 배경에는 세계화 과정에서 소외된 백인 중산층과 노동자들의 분노를 조직한 경제민족주의가 있다. 트럼프의 핵심 참모 배넌은 자신을 경제민족주의자라고 주장했다. 트럼프는 취임사에서 "세계 각국이 자국 우선주의 정책을 취할 권리가 있다는 것을 이해한다(the understanding that it is the right of all nations to put their own interests first)"고 밝혔다. 이는 세계사적 흐름과 질서가 현실적으로 각국의 경제민족주의를 기반으로 바뀌어나갈 것이라는 인식을 바탕으로 한다. 급속한 세계화 과정에서 형성된 선진 자본주의 국가 내부의 양극화 문제, 중국의 부상 등 세계질서의 변동, 일부 실패 국가의 난민 문제와 테러 문제 등은 세계 곳곳에 민족주의 흐름을 확산시키고 있다.

이러한 변화 과정에서 중국은 공산당 주도 아래 권위주의적이고 패권주의적인 민족주의 양상을 띠고 있다. 이는 반도체·철강·조선산업 등에 대한 정부보조금의 대폭 지원, 구글·카카오 등 해외 첨단업체의 중국시장 진입 차단, 최근 한국의 안보 차원의 사드 체계 배치와 관련한 각종 경제보복조치 등에서 확인된다. 특히 2013년 시진핑 체제 등장 이후 군사적 차원의 공세로 확대되고 있다. 대표적으로 남중국해 인공섬 조성을 통해 태평양 지역 해양 헤게모니를 추구하는 것과 동북아시아에서 미국의 영향력을 약화하기 위한 반접근지역거부(Anti Access Area Denial) 전략으로 사드 한국 배치를 반대한다.

이에 대해 트럼프는 중국이 미국 무역적자의 주범이고, 북핵 문제에 대해서도 거의 행동을 취하지 않고 있다고 비판한다. 트럼프의 전략가 배넌은 향후 수년 내에 미국과 중국 간의 전쟁이 불가피하다고까지 말한 바 있다.

미중 신냉전시대와
한반도 자유통일 국가 전략

이러한 미국 트럼프 정부의 경제민족주의와 중국 시진핑 정권의 중화민족주의 간의 충돌 가능성은 한반도 정세를 심각한 위기국면으로 몰아가고 있다. 미국과 중국의 세계대전은 그 충격이 워낙 커 전면충돌이 아닌 국지전 가능성이 높다. 그리고 충돌 지역은 남중국해 또는 북핵문제를 세계적 핵심 이슈로 끌어올린 북한이 될 가능성이 높다.

　한반도는 역사적으로 주변 강대국의 세력변동 과정과 헤게모니 쟁탈전 과정에서 전쟁의 수렁으로 빠진 경우가 많았다. 16세기 일본의 부상과 임진왜란, 17세기 청나라의 부상과 병자호란, 19세기 일본과 청나라의 한반도 헤게모니 쟁탈을 위한 청일전쟁, 20세기 미·소 간의 새로운 세계질서 구축 과정에서 발생한 한국전쟁 등이 대표적이다. 이제 21세기에 중국의 부상과 함께 미·중 간의 새로운 세계질서 구축을 위한 치열한 경쟁이 한반도를 무대로 본격적으로 시작되고 있는 것이다. 현 단계에서 그 경쟁의 이념적 무기는 미국 트럼프 정부의 경제민족주의와 중국 시진핑 정권의 중화민족주의라고 할 수 있다.

이사야 벌린과 자유주의적 민족주의

20세기 최고의 자유주의 사상가 중 한 명으로 평가되는 이사야 벌린은 옥스퍼드 대학에서 마지막 박사학위 논문 지도를 야엘 타미르의 '자유주의적 민족주의'로 했다. 일반적으로 자유주의와 민족주의는 충돌할 수밖에 없다는 인식을 극복하고 함께 공존할 수 있다는 이론적 시도를 한 것이다. 그 배경은 이사야 벌린과 논문 작성자인 야엘 타미르가 같은 이스라엘 사람으로서 자유주의자이지만 이스라엘 민족의 역사적, 현실적 조건을 깊이 고민해온 덕분이다.

이 논문에서 자유주의적 민족주의(Liberal Nationalism)의 핵심은 첫째, 다른 국가들의 자결권·주권·자율성 또는 그 밖의 것에 대한 집합적 이익을 인정해야 한다는 것이다. 이는 이라크민족주의자들은 쿠르드족에 의해 시온주의자들은 팔레스타인 사람들에 의해 시험받는다고 분석한다. 둘째, 국가 구성원의 권리를 개별 국민 한 명 한 명의 권리로 인정해야 하고, 그 결과로 국가는 단 하나의 이익과 의지를 갖는 통합체로서 인식하지 않게 된다. 즉 다원성에 기반한 통합, 개인의 자유를 존중하는 민족공동체라 할 수 있다. 따라서 자유주의적 민족주의는 포용적 민족주의(Inclusive Nationalism)와 시민 민족주의(Civic Nationalism) 개념을 포괄한다.

미중 신냉전시대와
한반도 자유통일 국가 전략

현실에서는 자유주의적 민족주의와 함께 전체주의적 민족주의(Totalitarian Nationalism)와 권위주의적 민족주의(Authoritarian Nationalism)가 존재한다. 소련의 스탈린 체제와 북한의 민족주의는 다른 민족에 대한 배타성과 개인의 자유를 인정하지 않는 측면에서 전체주의적 민족주의라 할 수 있고, 시진핑의 중화민족주의와 푸틴의 대러시아 민족주의는 시장경제 등 일부 자유를 인정한다는 측면에서 권위주의적 민족주의라 할 수 있다. 특히 중국의 경우 티베트 문제, 동북공정 등에서 패권적 민족주의 성향을 나타내고 있다.

동북공정의 경우 1963년 중국의 저우언라이(周恩來) 당시 총리는 고구려사를 왜곡하려는 정치인과 학자들에 대해 대국쇼비니즘으로 직접 비판한 적도 있다. 현재는 미국과 함께 세계 최대강국(G2)으로 등장하면서 이 같은 내부비판은 자취를 감춘 상태다. 또한 중국 내에서 개인의 자유와 관련한 여러 가지 인권문제도 존재한다.

트럼프의 경제민족주의의 경우 기본적으로 자유민주주의에 기초하지만 인종주의적 요소, 이슬람교에 대한 배타적 태도 등을 고려할 때 권위주의적 민족주의와 자유주의적 민족주의의 중간쯤에 놓여있다고 평가된다. 아베의 국수주의 역시 자유민주주의에 기초하지만 재일동포에 대한 차별과 제국주의 역사에 대한 불철저한 반성 등을 고려할 때 권위주의적 민족주의와 자유주의적 민족주의의 중간쯤 있는 것으로 보인다. 역사적으로 독일의 나치 체제는 우파의 전체주의적 민족주의라 할 수 있다.

한국의 경우 마르크스-레닌주의와 주체사상 등에 영향을 받은 1980년대 운동권세대를 중심으로 하여 좌파민족주의적 성향은 존재하지만 자유주의적 민족주의에 대한 논의와 흐름은 대단히 취약한 상태다. 박정희가 내세웠던 한국적 민족주의는 우파에 기반한 권위주의적 민족주의로 평가된다. 일부 지식인의 탈민족주의적 주장은 역사와 현실을 무시하는 것이며, 한반도라는 지정학적 조건과 분단 상황에서 민족 국가적 대응과 통일이라는 역사적 과제를 희석시키는 잘못된 경향이다.

자유주의적 민족주의는 세계화(Globalization)에 대한 태도도 부정적이지 않다. 세계화는 인터넷과 정보화, 교통의 발달, 경제적 상호 의존성의 심화로 거스를 수 없는 시대적 추세다. 현실적으로 급속한 세계화에 따른 부작용이 나타났고, 이에 대해 경제민족주의 또는 권위주의적 민족주의 성향의 지식인이나 정치인들의 세계화에 대한 비판이 점증되고 있는데, 이는 과도적 현상이다. 자유주의적 민족주의는 민족적 정체성에 기반해 민족공동체의 발전을 추구하면서도 세계화의 흐름, 인류의 과제에도 긍정적으로 기여하는 입장에 서있다고 할 수 있다.

현재 동북아 지역에서는 북한의 전체주의적 민족주의와 그 핵심인 북핵을 매개로 북·미 간의 충돌 가능성이 증대되고 있다.

미중 신냉전시대와
한반도 자유통일 국가 전략

이에 더하여 트럼프의 경제민족주의와 시진핑의 중화민족주의 간 충돌은 동북아시아를 한국전쟁 이후 최대의 위기국면으로 몰아가고 있다. 이러한 한반도 위기를 극복해 나갈 출발점은 자유주의적 민족주의에 기초한 동맹전략·외교전략을 지혜롭게 세우고, 나아가 북한의 변화를 합리적으로 이끌어내는 것이다.

　세계에서 역사적으로 북한과 가장 비슷한 성향을 보여온 국가는 베트남이다. 북한은 일본제국주의와 투쟁했고, 20세기 최강대국 미국과 전쟁을 수행했으며, 사회주의 강대국들이었던 중국과 소련을 상대로 자주적 외교를 벌였다. 베트남은 프랑스제국주의 · 일본제국주의와 독립전쟁을 치렀고, 최 강대국 미국과 전쟁에서 승리했으며, 사회주의 대국 중국을 1979년 국지전 끝에 격퇴하기도 했다. 그 결과 두 국가 모두 고립의 길을 걷게 된다.

한미 합작으로 '베트남 모델' 적용해야

　그러나 베트남은 1980년대 후반 이후 '도이모이'로 표현되는 개혁개방정책을 추진해 1992년 개정헌법에 시장경제를 도입한다. 이후 1995년 미국과 국교정상화를 배경으로 베트남의 무역액은 경제제재 시기 이전보다 4배 이상 증가하게 된다. 세계무역기구(WTO)에 가입한 2007년 이후 대외무역 액은 1063억 달러로 미국의 경제제재 시기에 비교하면 19배로 증가했다. 이 과정은 미국과 베트남의 관계정상화 이후 베트남의 변화가 어떻게 이뤄졌는지를 잘 보여준다. 이 변화는 외적 강제에 의한 '체제전환(Regime Change)'이 아니라 시장의 확대와 점진적 변화에 의거한 '체제진화(Regime Evolution)'였다.

현재 베트남은 동남아에서 미국과 가장 협력적인 외교관계를 맺고 있는 나라로 손꼽힌다. 베트남은 공산당 일당이 독재하는 체제지만 시장경제의 자유 등이 보장되는 권위주의적 민족주의 국가라 할 수 있으며, 미국·한국 등 자유민주주의 국가들과 많은 우호적 관계를 형성하고 있다.

북한은 2002년 '7·1경제관리개선조치' 이후 2014년 '5·30조치'까지 우여곡절을 거치지만 시장의 허용이 조금씩 확대돼왔다. 식량난의 해결은 북한 노동당의 역할이나 한국 또는 중국의 지원이 아닌 시장을 통해 북한 주민 스스로 극복했다. 북한에서는 시장의 확대 과정에서 주민과 당 간부들 내에서 시장의 필요성, 개혁·개방의 필요성을 이해하고 이를 확대시키려는 세력들이 성장하고 있다고 평가된다. 따라서 북한은 전체주의적 민족주의 체제에서 시장의 부분적 확산과 함께 좌파의 권위주의적 민족주의 체제로 이행하는 과정이라고 할 수 있다.

한국과 미국은 위의 베트남 모델을 잘 연구해 북한의 개혁·개방에 기반한 선진화(Regime Evolution)를 어떻게 이루어낼지에 대

미중 신냉전시대와
한반도 자유통일 국가 전략

한 구체적 전략을 세워야 한다. 한미 간 협력으로 북한의 선진화(산업화와 부분적 민주화를 결합한 '베트남식 모델')를 이끌어내 북한의 전체주의적 민족주의 체제를 베트남식 권위주의적 민족주의 체제로 변화시켜야 한다.

이 정책이 실현된다면 베트남 사례에서 볼 수 있듯이 미·북 관계도 우호적으로 변화할 것이고, 북핵 문제도 평화적으로 해결할 수 있다. 이를 위해서는 북한 개혁개방의 핵심적 지렛대가 될 남북경제협력 사업이 대단히 중요하다. 그러나 이를 실현하기 위해서는 북핵과 연관된 유엔과 미국의 제재를 해결해야 한다. 따라서 남북경제협력 사업의 재개 및 확대를 위해서는 한국이 미국과 함께 공동의 전략으로 북핵·북한 문제를 해결해나간다는 합의를 이끌어내야 한다. 합의안을 만들 때 '베트남 모델'은 대단히 효과적인 방안이 될 것이다. 북한을 시장경제를 수용하는 권위주의적 민족주의 체제인 '베트남 모델'로 변화시킬 수 있다면 한반도의 평화통일 가능성은 대단히 높아질 것이다.

09 북한의 파키스탄 모델에서
신베트남 모델로 전환

(「신동아」 2018년 4월호)

5월 미·북 정상회담은 한반도 역사의 중대한 분수령이다. 미
·북 회담 성공을 위한 핵심적 필요조건은 북한의 진정한 의도와
전략을 정확히 파악하는 것이다. 북한이 왜 '핵무장 국가 전략'을
세웠고, 어떻게 변화·발전시켰으며 향후 자신들의 국가전략과
어떻게 조화시킬 것인지에 대한 정확한 분석이 이뤄져야 한국이
현명한 전략을 수립할 수 있다.

지난해 9월 북한의 6차 핵실험은 동북아 정세의 게임 체인저
(Game Changer)가 됐다. 허버트 맥매스터 백악관 국가안보보좌관
은 북한이 핵미사일을 지렛대로 한미 동맹을 균열시키고 북한
주도 한반도 통일을 추진할 것이라고 분석했다.

한반도는 현재 중대한 갈림길에 놓여 있다. 현시점에서 역사
적·구조적 맥락을 통해 북한의 '핵무장 국가 전략'을 이해하는

미중 신냉전시대와
한반도 자유통일 국가 전략

것은 향후 북핵·북한 문제 해법의 기초가 될 것이다.

김정일 '파키스탄 모델'에서 김정은 '베트남 모델'로

필자는 2003년 언론에 기고한 '구멍 난 북핵 정책'이라는 칼럼에서 북한의 전략에 대한 노무현 정부의 이해 부족을 지적한 후 2005년 언론 인터뷰에서 북한의 핵전략이 파키스탄 모델로 가고 있다고 분석했다. 2009년에는 2차 핵실험을 통해 파키스탄 모델로 진입했다고 평가한 바 있다.

파키스탄은 지정학적 경쟁자 인도가 1974년 핵실험을 한 것을 계기로 '핵무장 국가 전략'을 구체화한다. 1979년 옛 소련의 아프가니스탄 침공을 계기로 미국의 소련 남하 저지 정책에 협력하면서 1981년 우라늄 농축제재 유예 등의 조건을 확보한 후 핵 개발 프로그램을 진전시켰다. 파키스탄은 인도의 경쟁자인 중국의 지원을 받아 1982년 핵무기 제조를 시작했으며 1998년 핵실험에 성공해 핵무장 국가로 전환한다. 이후 미국의 제재를 받았으나 2001년 9·11테러 이후 반(反)테러전쟁 과정에서 미국에 협력하면서 제재에서 벗어나 실질적 핵무장 국가가 됐다.

북한은 '파키스탄 모델'을 학습하면서 김정일 체제 등장 이후 선군(先軍)사상을 앞세우고는 '핵무장 국가' 전략을 구체화한다. 1994년 김일성 사후 등장한 김정일 체제는 김일성 체제와 비교할 때 더욱 확고한 '핵무장 국가 전략'을 내세운다. 그 배경에 1980년대 말 1990년대 초 소련 및 동유럽 사회주의권이 붕괴되고 혈맹관계로 표현되던 중국마저 한중수교로 북한을 배신하는 역사적 경험이 있다.

김정일은 고립무원(孤立無援) 처지에서 체제 안전을 위한 생존 전략으로 '핵무장 국가 전략'을 내세운다. 이는 2002년 고농축 우라늄 사건을 매개로 한 2차 북핵위기로 이어진다. 2002년 2차 북핵위기는 2005년 9·19공동성명으로 봉합되나 합의는 결국 유명무실하게 됐으며, 북한은 2006~2017년 6차례에 걸친 핵실험을 통해 실질적인 핵무장 국가가 됐다.

역사적 맥락에서 북한의 '핵무장 국가 전략'을 살펴보면 김정일 체제하에서 체제 생존을 중심으로 한 '파키스탄 모델'을 실현하려고 노력하다가 김정은 체제에 접어든 후 한 단계 진화한 '베트남 모델'을 추구하는 것으로 평가된다. 2011년 김정일 사후 등장한 김정은 체제는 김정일 체제보다 더욱 적극적이고 강력한 의지로 핵무기와 ICBM 개발에 주력했다. 현재는 북·미 간 최종 담판(예컨대 미국과 핵 동결과 비확산에 합의하고 비핵화에도 합의하나 체제 보장 등 전제 조건에 따라 비핵화는 중장기적으로 진행하는 형태 등)을 이끌어냄으로써 북한 주도 한반도 통일에 다가서려는 목표까지 세운 것으로 보인다.

한미 동맹 주도의 '베트남 모델'로 이끌어야

북한과 베트남은 비슷한 역사적 경험을 공유한다. 북한은 일본 제국주의 식민지를 거쳤으며 20세기 최강대국 미국과 전쟁을 수행했다. 또한 사회주의 강대국이던 소련과 중국을 상대로 자주적 외교를 벌였다. 베트남은 프랑스 제국주의와 전쟁을 치렀고 최강대국 미국과의 전쟁에서 승리했으며 사회주의 대국 중국을 1979년 국지전 끝에 격퇴했다.

베트남은 1980년대 후반 '도이모이' 개혁·개방 정책을 추진했고, 1995년 미국과 국교정상화를 이뤄냈으며, 2007년 세계무역기구(WTO)에 가입했다. 이 같은 변화는 외적 강제에 의한 '체제전환(Regime Change)'이 아니라 시장의 확대와 점진적 변화에 의거한 '체제진화(Regime Evolution)'다.

베트남은 현재 동남아시아에서 미국과 가장 협력적인 외교관계를 맺고 있는 나라다. 3월 5일 미국의 항공모함 칼빈슨호 전단이 베트남전 종전 이후 43년 만에 미국 항모로는 처음으로 베트남 다낭 항구에 기항했고 베트남 공산당과 전 국민이 대대적으로 환영한 것은 미국-베트남 관계의 극적 변화를 상징하는 역사적 사건이다.

미국-베트남 관계에서 역사적 대변화의 핵심적인 지렛대는 미국의 대(對)중국 전략이다. 미국은 세계전략상 최대 경쟁자로 떠오른 중국을 견제하고자 베트남이 동남아시아의 핵심 파트너가 되기를 원했고, 베트남은 중국의 중화민족 패권주의를 견제하고자 미국의 지원과 협력이 필요했기 때문이다.

미국-베트남의 국가전략상 합치는 동북아시아에서 북한과 미국의 국가전략상 이해관계도 접목될 수 있음을 암시한다.

미국은 중국의 반접근지역거부(Anti-Acess/Area Denial) 전략의 핵심 대상인 한반도에서 북한이 친미비중 국가로 방향 전환을 해준다면 동북아시아에서 중요한 원군을 얻는다. 북한 역시 친미비중 국가가 되면 중국의 영향권에서 벗어나 새로운 발전을 도모할 수 있는 중대한 기회를 맞이할 수 있다.

북한이 중국을 불신하는 데는 세 가지 이유가 있다. 첫째, 소련 및 동유럽 사회주의가 붕괴한 1992년 한중수교를 통해 중국으로부터 큰 배신을 경험했다. 둘째, 1990년대 말 100만 명 내외의 아사(餓死) 사태를 겪을 때 중국으로부터 특별한 지원을 받지 못했다. 셋째, 중국이 김정일 사후 장성택을 통해 친중정권을 도모하려다 실패한 일이다.

시진핑 중국 국가주석이 중화민족주의를 내세운 큰 잔칫날이던 브릭스(BRICS) 정상회의 개막식 날(지난해 9월 3일) 북한은 6차 핵실험을 단행했다. 이는 북한이 중국의 영향권에 있지 않으며 국가전략의 대전환을 시도할 수 있다는 신호를 미국에 보낸 것이다.

미중 신냉전시대와
한반도 자유통일 국가 전략

한국은 비핵화를 매개로 한, 북·미 협상이 성공적으로 진행돼 북·미수교 및 북·일수교가 현실화되고 그 결과로서 북한을 한미 동맹이 주도하는 '베트남 모델'(시장경제 수용에 기반을 둔 산업화와 부분적 민주화를 결합한 '베트남 모델')로 나아가게 해야 한다. 또한 북한이 지향하는 '베트남 모델을 잘 연구해 개혁·개방에 기반을 둔 북한의 정권 선진화(Regime Evolution)에 대한 구체적 전략을 세워야 한다. 무엇보다도 한미 간 협력으로 북한의 선진화를 이끌어내야 한다. 북한이 '베트남 모델'로 갈 경우 이를 북한이 주도하느냐 한미 동맹이 주도하느냐에 따라 한반도의 운명이 달라진다.

현 정세는 북·미 협상의 진전에 기초해 북한이 베트남 모델로 전환할 가능성이 85% 내외, 북·미 협상 결렬로 전쟁이 일어날 가능성이 15% 내외인 중차대한 시기다. 한국은 전쟁 위기를 극복하면서 한미 동맹 강화와 자강을 병행하는 전략, 북한에 대한 개입 전략, 통일 전략, 새로운 동북아시아 전략을 수립해야만 한다.

10 북핵 넘어선 북한 문제 해법 필요하다

(「세계일보」 2018. 4. 28.)

2000년, 2007년에 이어 역사적인 3차 남북 정상회담이 열렸다. 남북 정상이 분단의 상징인 군사분계선을 넘나드는 장면은 한민족을 흥분시켰다. 남북 정상회담과 다가올 북·미 정상회담의 성공조건은 북한의 의도에 대한 정확한 이해다. 왜냐하면 1, 2차 정상회담이 한국정부가 주도한 햇볕정책이 주요 동력이었다면, 3차 정상회담의 경우 지난해 9월 동북아 정세의 게임 체인저(혁신 주도자)가 된 6차 핵실험과 올해 1월 한반도 통일에 대한 의지를 강력히 표출한 북한 신년사 이후 북한의 능동적인 전략이 주요하게 작용하고 있기 때문이다.

3차 남북 정상회담의 핵심의제는 북한의 '비핵화'이다. 북한은 김일성시대의 추상적인 핵무장 의지 수준에서 김정일시대에는 선군사상의 핵심내용으로 핵무장국가 전략을 구체화했다. 체제

미중 신냉전시대와
한반도 자유통일 국가 전략

안보 전략으로 '파키스탄 모델'을 추구했다고 평가된다. 김정은 시대에는 '파키스탄 모델'을 넘어서서 '베트남 모델'을 추구하고 있는 것으로 분석된다. 즉 베트남과 같은 '친미비중 국가'를 지향하면서 핵보유를 기반으로 북한 주도의 한반도 통일을 추구하고 있는 것이다. 이는 지난해 6차 핵실험 이후 구체화되고 있다. 북한의 수소폭탄과 결합된 대륙간탄도미사일 시험의 성공은 동북아 정세의 게임 체인저가 됐다. 북한은 이 같은 정세 변동과 자신감을 배경으로 올해 신년사에서 통일을 12번이나 언급하면서 북한의 변화된 대남전략, 대외전략을 예고했다.

이에 따라 평창올림픽 평화공세와 북·중 정상회담을 성공적으로 진행시키면서 국제사회에 화려하게 등장했다. 뒤이어 오늘의 역사적인 남북 정상회담을 성사시켰고, 향후 한반도 정세의 최대 변곡점이 될 북·미 정상회담을 한 달여 앞두고 있다. 지난해 9월 이후 이 같은 한반도 정세의 숨 가쁘고 역동적인 변화는 북한의 전략에 따라 진행되고 있다고 평가된다. 북한은 지난 4월20일 노동당 중앙위원회 제7기 3차회의 결정서를 통해 자신의 정리된 전략을 공표했다. '핵·경제 병진노선이 승리했다는 것' '향후 경제건설에 집중하겠다는 것' '핵무기의 동결과 비확산 선언' '핵, 대륙간탄도미사일 테스트의 중단' '완전한 비핵화는 핵 군축의 관점에서 진행할 것이라는 것' 등을 밝혔다.

이번 '남북정상의 판문점 선언'에서 표명된 '한반도 비핵화'는 북한의 비핵화와는 의미가 다르다. 중앙위 결정서의 핵군축 관점에서 한반도 비핵화를 추진하겠다는 입장과 다른 내용이 아니다. 따라서 과장도, 폄하도 아닌 균형적 평가가 필요하다.

북한 핵무장은 국가전략의 핵심이기에 북한체제가 변화되기 전의 비핵화는 주관적 바람일 뿐이다. 노동당 중앙위 결정서와 남북 정상의 판문점선언에도 핵국가 전략의 변화는 없었다. 단 동결과 비확산에 대한 분명한 의지 표명과 핵군축 관점에서 비핵화를 추구하겠다고 표명한 것은 부분적인 진전이다.

현 단계에서 북한의 비핵화를 실현시키기 위해서는 북한이 표명한 부분적 진전을 확고히 할 수 있는 장치를 구체화하고, 완전한 비핵화를 위해서는 한 차원 높은 전략적 사고가 필요하다. 이것이 3차 남북 정상회담의 핵심의제인 '비핵화'의 해법이 될 것이다. 완전한 비핵화는 선언이나 협정으로 이루어지지 못한다. 이는 비핵화 협상 역사가 증명한다.

북한의 완전한 비핵화는 북한정권의 선진화를 한미 동맹이 주도해 추진하는 것을 통해 해결하는 전략을 세울 필요가 있다. 이는 북한이 친미비중 국가인 '베트남 모델'을 수용하는 것과 연관된다. 그런데 북한이 '베트남 모델'로 변화되는 과정에서 북한이 주도하는가, 한미 동맹이 주도하는가에 따라 한반도의 운명이 달라진다. 향후 남북 간의 새로운 차원의 체제경쟁이 시작될 것이다. 이 전략이 현실화되기 위해서는 북핵 문제, 북한 문제 해

미중 신냉전시대와
한반도 자유통일 국가 전략

법에 대해 한미 간의 충분한 신뢰와 전략적 인식의 공유가 관건이다. 한미 간 협의가 부족한 채 남북정상의 판문점선언에 기초한 남북협력을 성급하게 진행할 경우에 한미 동맹의 균열은 확대될 것이다. 또한 북한 비핵화는 실패하고 한반도정세에서 북한 주도권은 더욱 확대, 강화될 것이다.

11 80년대 보수, 90년대 진보, 21세기 북한

「세계일보」 2018. 5. 18)

동북아 정세 대변동의 분수령이 될 북·미 정상회담을 목전에 두고 있다. 변화의 소용돌이는 각 개인과 집단의 실체를 분명하게 드러내게 하고 있다. 한국사회 대부분 보수는 1980년대 냉전시대의 안보관·대북관에서 벗어나지 못하고 있고, 진보는 90년대 탈냉전시대의 햇볕정책론·균형자론을 넘어서지 못하고 있다. 반면 북한은 지난해 9월 동북아 정세의 '게임 체인저'(혁신 주도자)가 된 6차 핵실험 이후 현 한반도 정세의 대변동을 주도하고 있다. 평창올림픽 참가, 남북 정상회담, 북·중 정상회담은 그들의 새로운 전략과 이미지를 선보이는 훌륭한 무대가 됐다.

21세기 세계 정세는 냉전시대와 탈냉전시대를 지나 민족국가 간의 무한적인 국익경쟁이 치열하게 전개되는 신민족주의 시대이다. 시진핑의 중화민족주의, 트럼프의 경제민족주의, 푸틴의

미중 신냉전시대와
한반도 자유통일 국가 전략

대러시아민족주의, 아베의 일본 보통국가론, 모디의 힌두민족주의, 에도르안의 터키민족주의 등이 대표적이다.

북한은 그 정체성이 주체사상에 기초한 민족주의국가이다. 북한은 냉전체제의 소멸과 소련, 동구 사회주의권 붕괴, 탈냉전시대 한·중수교 등 국제질서의 변화를 경험하면서 김정일 집권 이후 체제 생존전략으로 선군정치, 핵무장국가 전략을 본격화한다. 이는 김정은 체제에서 2013년 핵·경제 병진노선으로 진화했고, 실천적으로는 지난해 6차 핵실험과 대륙간탄도미사일 실험 성공으로 완성하게 된다.

북한의 신년사는 지난 24년간의 신년사와 비교할 수 없을 정도인 12번이나 통일을 언급했고, 중앙위 결의문은 핵·경제 병진노선의 승리를 선언하면서 향후 경제건설 집중을 천명했다. 핵무장국가가 된 자신감을 배경으로 북한 주도 연방제 통일을 추진하겠다는 의지를 드러내고 있고, 이를 위해 북·미 관계 등 국제관계의 개선을 추진할 것임을 선언한 것이다.

북한은 전체주의적 민족국가에서 부분적으로 시장경제를 수용하는 등 권위주의적 민족국가로 이행하는 과정에 있다고 평가된다. 이에 인권 문제 등 여러 가지 문제를 안고 있다. 그러나 국가전략의 차원에서 평가하자면 지난 수십년 동안 냉전시대와 탈냉전시대에 체제 붕괴의 위기를 경험하면서도 일관되게 핵무장국가전략을 추구해왔고, 이제 거의 완성단계에 진입하고 있다.

북·미 간의 비핵화 협상은 성공한 것으로 홍보되겠지만 북한의 완전한 비핵화는 현실적으로 불가능할 것이다. 현 단계에서는 동결, 비확산, 전쟁 억지, 북·미관계 개선도 진전임을 이해하고 다음 단계에 대한 전략적 사고가 필요한 때이다. 북한의 핵 국가, 전략국가화는 2002년 북한의 2차 핵 위기 이후 16년 동안의 진보·보수 정부 공동책임이라 할 수 있다.

한국의 보수는 이승만·박정희 대통령과 함께 근대 자유민주주의 국가의 수립과 산업화의 성취에는 기여했으나 80년대 이후 이념적·정책적 진화를 이루지 못한 채 냉전시대의 안보관·북한관에 사로잡혀 21세기 변화된 국제질서에 뒤처지는 낡은 세력이 되고 말았다. 한국의 진보는 김대중 대통령·민주화운동 세력과 함께 민주화의 성취에 기여했고, 2000년 남북 정상회담을 통해 탈냉전시대 남북화해 분위기 조성에 기여했다. 그러나 2002년 북핵 위기 이후 북핵 문제에 대한 해법은 제시하지 못했고, 21세기 민족국가 간의 새로운 무한 국익경쟁이 전개되는 세계 정세의 변화 속에서도 여전히 90년대 탈냉전시대의 남북화해론·균형자론에 머물러 있는 과거세력이 되고 말았다.

향후 한반도는 북·미 간 협상을 정점으로 대변동이 가속화될 것이다. 비핵화 외교는 성공하더라도 현 단계에서 북한의 완전한 비핵화는 현실적으로 불가능함을 직시하고 새로운 자강 전략과 한미 동맹을 중심으로 향후 중·장기 전략에 대한 깊은 고민

미중 신냉전시대와
한반도 자유통일 국가 전략

이 필요하다. 한반도 정세에서 핵을 가진 북한, 강력한 노동당을 앞세운 북한에 대한 대응은 창조적인 전략이 필요하다. 한국은 한반도 정세 변동과정에서 북한의 노동당을 극복하고 나아가 중국의 공산당, 일본의 자민당 등과 경쟁할 수 있는 새로운 자강과 통일전략, 동북아전략, 세계전략을 담대하게 세워야 한다. 이를 실천하기 위해서는 보수와 진보를 넘어선 국민통합적 의지와 실천이 중요할 것이다.

12 북의 '베트남 모델'화와 한미 동맹의 재편

(「세계일보」2018. 6. 29.)

지난 2018년 2·12 미·북 협상은 '절반의 성공'으로 평가된다. 필자는 이미 미·북 간의 비핵화 협상은 성공한 것으로 알려지겠지만 북한의 '완전한 비핵화'는 현실적으로 불가능하며, 현 단계에서는 동결, 비확산, 전쟁 억지, 미·북 관계 개선도 진전임을 이해하고 다음 단계에 대한 전략적 사고가 필요한 시기라고 밝힌 바 있다. 절반의 성공이라는 것은 한반도 전쟁억지, 한반도 평화프로세스 이행기반 구축, 북한에 대한 개입정책의 근거 마련 등이 성과인 반면 북한의 실질적인 핵국가, 전략국가로의 진입과 정치적으로 강력한 노동당을 앞세운 연방제 통일추진이라는 심각한 도전에 직면하게 될 것이기 때문이다.

이번 북·미 협상에서 도널드 트럼프 대통령은 북핵의 동결과 비확산, 대륙간탄도미사일 등 대미위협 제거, 세기적인 북·미

협상 성공이벤트, 미군유해 송환 등을 선물로 챙겼다. 김정은 국무위원장은 추상적인 한반도 비핵화론에 기초해 실질적인 핵국가, 전략국가로 가는 중요한 디딤돌을 마련했고, 국제사회의 리더로 연출되는 이벤트를 선물로 챙겼다.

미국이 '완전하고 검증 가능하며 되돌릴 수 없는 비핵화'(CVID)에서 후퇴해 북한과 추상적인 비핵화 협상 타결을 추진하게 된 핵심배경은 북한이 전략적으로 친미국가로 전환될 가능성을 보았기 때문이고, 트럼프 대통령의 독특한 캐릭터와 결합돼 극적 타결이 이루어진 것이다. 이는 북한의 '베트남 모델'화라고 평가할 수 있다. 북한과 베트남은 근본적으로는 강한 자주국가, 안보적으로는 친미비중(親美非中), 경제적으로는 중국과의 협력 확대, 노동당 또는 공산당 통제하의 개혁개방이라는 공통의 특징을 가지게 될 것이다.

이 같은 6·12 미·북 협상에 따른 북한의 '베트남 모델'화와 연관된 가장 근본적인 문제는 미국이 향후 한반도에서 남북을 분할·관리하는 전략을 취하게 될 것이라는 점이다. 6·12 미·북 협상타결 이후 한미연합군사훈련의 중단은 작은 시작에 불과하다. 주한미군 감축을 포함한 한미동맹의 약화와 재편이라는 심각한 충격이 닥치게 될 것이다.

또한 현 미·북간의 추상적인 비핵화 협상결과에 따라 북한의 완전한 비핵화가 실현될 것이라고 믿는 것은 북한에 대한 기본

이해 부족 또는 나이브(순진)한 인식에 다름 아니다. 북한은 약 30년 동안의 선군사상, 핵국가 전략노선의 총화의 성격을 지닌 지난 4월 노동당 7기 3차 전원회의에서 핵·경제 병진 노선의 종결이 아닌 승리선언을 했고, 핵군축의 관점에서 비핵화협상에 나설 것임을 선언한 바 있다. 중국은 이 같은 북한의 입장을 충분히 이해하고 있고, 6·12 미·북 협상결과 북한이 친미로 기우는 것에 대한 대응전략으로 6·19 북·중 정상회담을 통해 북한과의 전략전술적 협력을 선언했다. 이러한 동북아 정세의 변동은 한반도에서 북한의 입지를 강화시키는 반면 한국의 외교안보적 입지를 약화시킬 것이다.

이에 한국은 북한의 변화 즉 핵국가, 전략국가화로 야기되고 있는 동북아정세의 대변동과 21세기 민족국가 간의 무한적인 국익경쟁이 이루어지는 조건에서 새로운 국가외교안보전략 수립이 절실하게 요청된다. 새로운 국가전략의 수립을 위해서는 세계정세와 동북아정세가 냉전시대와 탈냉전시대를 지나 미국 트럼프 시대의 경제민족주의와 시진핑의 중화민족주의를 포함한 새로운 민족주의 경쟁시대임을 분명히 인식해야 한다. 또한 북한이 핵국가, 전략국가화를 성취해낸 기반 위에서 남북 간의 새로운 체제경쟁이 시작됐고 한국은 국가적 위기, 체제적 위기에 처해 있음을 인식해야 한다.

이를 기반으로 안보적·정보적·경제적 차원의 자강전략에 대한 구체적 비전과 정책을 세워야 한다. 또한 한·미동맹을 새로운 시대적 조건에 맞게 재정립·발전시킬 전략을 핵심내용으로 담아야 한다. 신 한미 동맹 전략은 냉전시대, 탈냉전시대의 내용과는 달라질 수밖에 없으며, 자유민주주의와 시장경제의 가치를 기초로 하면서도 미국의 경제민족주의적 흐름을 반영해야 한다. 미국의 인도태평양전략에 대한 이해에 기초해서 한·미·일 협력에 대한 구체적 정책도 필요할 것이다.

13 북한의 베트남 모델화 성공 조건

(「세계일보」 2018. 8. 3.)

얼마 전 베트남을 방문한 마이크 폼페이오 미 국무장관은 "도널드 트럼프 대통령이 북한이 베트남이 걸어온 길을 모방할 수 있다고 믿는다"고 언급했다. 또한 6·12 미·북 정상회담 합의에 따라 진행된 6·25전쟁 미군전사자 유해 55구의 송환식도 미국·베트남 수교 과정에서 베트남전 미군전사자 유해 송환이 중요한 역할을 했었다는 평가도 확산되고 있다.

북한과 베트남은 미국과 전쟁을 치른 공산주의 국가이지만 미국의 중국 패권주의 견제라는 이해관계를 공유하면서 미국과 안보적 측면에서 협력을 추구하는 특징을 가지고 있다. 다른 한편으로 중국과 경제적 협력을 확대하면서 미·중 사이에서 등거리 외교전략을 구사하기도 한다. 북한은 2018년 6·12 미·북 정상회담을 계기로 본격적으로 노동당 통제하의 개혁개방을 모색하고 있다고 평가된다. 그런데 이 같은 북한의 베트남 모델화가 성공하기 위해서는 몇 가지 조건이 필요하다.

먼저, 미국 정치권과 전문가그룹에서 베트남모델의 의미에 대한 충분한 인식의 공유가 필요하다. 현재 미국 대부분의 정치권과 전문가그룹은 6·12 북·미 협상 결과에 대한 비판적·회의적 태도를 보이고 있다. 이러한 조건에서는 북·미수교로 가기 위한 첫번째 관문인 미국의회에서 제재문제의 해결부터 불가능할 것이다. 이에 현 북핵과 대륙간탄도미사일의 발전단계를 고려할 때 군사적 옵션을 통한 일괄적 북한의 비핵화는 통제 불가능한 전쟁으로 귀결될 비현실적 옵션이기에 북핵의 해결은 현 단계 동결과 비확산 협상과 북한체제의 진화를 병행해서 추구하는 것이 현실적이라는 인식을 공유해야 한다. 이는 결국 북한의 베트남 모델화를 성공시키는 것이 북핵과 북한문제의 해법이라는 전략에 대한 공유로 발전시켜야 할 것이다.

다음으로, 문재인정부의 현 비핵화 협상 결과물에 대한 객관적 접근과 설득이 중요하다. 현재와 같이 북한의 '완전한 비핵화'가 실현될 것처럼 이야기하는 것은 북한의 입장과도 어긋나는 과장홍보에 불과하다. 북한은 4·27 남북 정상의 판문점선언, 6·12 미·북 정상회담 합의문 등에서 북한의 완전한 비핵화가 아닌 한반도의 비핵화에 대한 추상적 선언을 했을 뿐이다. 한국정부의 북한의 비핵화문제에 대한 과장홍보는 결과적으로 문재인

정부에 대한 불신을 확대·증폭시키는 중요한 원인이 될 것이다. 이에 북한의 비핵화협상 전략에 대해 객관적으로 정확히 인식하고, 단계적 비핵화의 불가피성에 대해 설득하면서 한국의 새로운 안보통일정책에 대한 재정립이 필요한 상황이다.

이어, 문재인정부의 파벌주의적 대북정책을 극복해야 한다. 4·27 남북 정상의 판문점선언 행사와 관련해서 보여준 문재인정부의 태도는 대표적인 파벌주의적 대북정책의 모습이다. 향후 동북아정세의 대변동은 여야를 넘어서 국민통합적인 정책을 요구할 것이다. 이 같은 상황을 고려할 때 파벌주의적 대북정책은 국민적 지지를 모으는 데 많은 문제점을 야기할 것이다.

또한, 현 단계 미·북 비핵화 협상에 기초한 북한의 베트남 모델화를 촉진시키기 위해서는 한미 합작의 북한투자가 중요하다. 이는 북한의 베트남 모델화를 한미동맹이 주도해 통일된 한반도를 자유민주주의에 기초한 시장경제로 이끌어내는 데 중요한 요소이다.

끝으로, 미·북 간 비핵화 협상의 결과는 남북 간 안보역학관계의 역전과 불균형을 초래하고 있음을 냉철히 인식하고 한국의 안보전략을 새롭게 세우는 것이 필요하다. 현 미·북협상은 트럼프 정부의 미국우선주의, 경제민족주의에 기초해 미국에 대한 ICBM과 결합된 핵의 위협 제거, 비확산 문제 해결에 중점을 둔 것이다. 그 결과 북한의 완전한 비핵화는 거의 불가능하게 됐으

미중 신냉전시대와
한반도 자유통일 국가 전략

며, 한국은 핵을 가진 북한에 대응해야 할 심각한 안보문제가 발생했음을 이해해야 한다.

이에 대한 새로운 차원의 안보통일전략이 필요하며, 이에 기초해 새로운 차원에서 전개될 남북 간의 체제경쟁 속에서 북한의 베트남 모델화를 자유민주주의와 한미 동맹의 가치와 전략에 기초해 현실화해야 할 것이다.

14 김정일 체제와 김정은 체제의 차이

(「세계일보」 2018. 10. 19.)

　지난 2018년 9월 문재인정부의 3차 남북 정상회담의 결과물인 남북공동선언에 대한 평가와 해석을 놓고 보수와 진보 간의 논쟁이 치열하다. 지난 7일 마이크 폼페이오 미 국무장관의 4차 방북 이후 비핵화 논란에 대한 논쟁도 세계적으로 뜨거워지고 있다. 문재인정부와 진보세력은 "새로운 한반도 평화시대가 도래했다. 북한이 완전한 비핵화에 동의했다. 북한 사람들의 태도·생활 등이 많이 변화했다"고 평가하고 있다. 그런데 북한의 변화를 정확히 평가하지 못하고 주관적으로 해석하게 되면 향후 우리의 외교 안보전략과 대북정책에 심각한 혼란과 후유증을 낳게 될 것이다.

　북한의 변화를 객관적으로 분석하기 위해서는 김정일 체제와 김정은 체제의 차이에 대한 이해가 필요하다. 김정일 체제의 공

미중 신냉전시대와
한반도 자유통일 국가 전략

포정치, 최악 경제난, 선군정치, 어두운 이미지와는 대조적으로 김정은 체제는 김여정, 리설주의 등장 등으로 상징되는 소프트 파워정치, 400만 명 가까운 휴대전화 사용자로 상징되는 북한 사회경제 생활상의 변화, 핵·경제 병진노선의 승리선언과 경제건설 집중노선의 선포, 남북 정상회담 북·미 정상회담 북·중 정상회담을 통해 과시된 김정은 국무위원장의 개방형 지도자의 이미지 등은 북한의 변화를 극적으로 보여주고 있다.

문 대통령은 12일 BBC와의 인터뷰에서 "김 위원장은 예의 바르고 솔직 담백하면서 겸손한 리더십을 가지고 있었다"고 평가했고, 이미 보유 중인 60여 개의 핵탄두의 처리방안에 대한 질문에는 "북한은 완전한 비핵화를 약속했고 경제 발전을 위해서 핵을 포기하겠다고 말했다"고 전했다.

그런데 이 같은 평가는 북한에 대한 정확하지 못한 이해와 분석에 기초하고 있다고 보인다. 현 한반도 정세에서 가장 중요한 문제는 핵 국가 북한의 등장이다. 지난해 가을 북한의 6차 핵실험과 ICBM 실험 성공은 동북아 정세의 '게임 체인저'(판도나 흐름을 바꿔 놓는 사람이나 현상)가 됐고, 그 이후 동북아정세는 북한 주도로 대변동이 이뤄지고 있는 국면이다. 북한의 지난 약 30년 동안의 핵 국가전략을 총결산·총화한 문서인 4월 20일 노동당 7기 3차 중앙위 결정서는 핵·경제 병진노선의 승리, 핵무장국가의 완성, 이에 따라 더 이상 필요 없는 핵·미사일 실험의 모라토

리엄 선언, 책임 있는 핵 국가 입장에서 핵 군축 차원의 비핵화 협상을 추진할 것임을 선언했다. 문 대통령의 북한의 완전한 비핵화에 대한 입장은 북한의 공식적 주장과도 괴리되는 것이다.

다음으로 중요한 것은 북한이 핵 국가의 지위를 지렛대로 북한주도의 한반도 통일을 추진하고 있다는 것이다. 이는 북한의 올해 신년사에서 통일을 열 두 번이나 언급한 것으로부터 출발한다. 이후 세 차례의 남북 정상회담 등을 통해 새로운 대남 개입전략을 보여주면서 한반도정세를 주도하고 있다.

결국 김정일 체제와 김정은 체제의 핵심적인 차이점을 현상적으로 보이는 사회경제 생활상의 변화와 소프트파워 정치의 부상 등을 중심으로 해석하게 되면 본질적 문제점을 놓치게 될 것이다. 김정일 체제와 김정은 체제의 본질적인 차이점은 김정일 체제가 최악의 고립과 경제난 속에서 체제수호를 위한 핵무장국가 전략, 즉 '파키스탄 모델'을 추구했다면, 김정은 체제는 핵보유와 친미비중 국가로의 전환을 지렛대로 북한주도 한반도 통일을 추진하는 '신베트남 모델'을 추구하고 있다는 것이다.

따라서 문재인정부가 북한의 비핵화 입장을 과장·홍보해주고 있는 것은 현 한반도 정세에 대한 나이브한 인식, 북한의 국가전략에 대한 인식의 빈곤을 드러내고 있는 것에 다름 아니다. 미국은 '미국 우선주의 원칙'에 따라 ICBM과 그와 연관된 핵위협의 우선적 제거, 북한의 친미비중 국가화 등에 이해관계를 가지

미중 신냉전시대와
한반도 자유통일 국가 전략

고 움직이고 있다. 북한은 핵 국가, 전략국가의 지위를 확보하고 나아가 북한주도 한반도 통일이라는 자신의 전략을 추진하고 있다. 이에 한국은 우리 자신의 국익이 무엇이고, 국가전략과 통일전략이 무엇인지에 대해 근본적으로 고민하고 준비해야 할 때이다.

15 남북경협과 미국의 역할

「세계일보」 2018. 11. 23)

문재인정부는 남북경협을 한반도 평화를 위한 핵심 지렛대로 보고 있다. 이에 따라 비핵화협상이 더디게 진행되더라도 남북 간 철도, 도로 연결 착공식을 연내 시행하고, 금강산 관광과 개성공단 재개도 추진하는 것으로 보인다. 북한에 스마트시티를 건설하는 프로젝트에 대한 논의도 있다. 반면 마이크 폼페이오 미국 국무장관은 "한미 워킹그룹이 상대방과 상의 없는 단독 행동을 하지 않게 할 것"이라며 한국 측에 경고성 발언을 했다.

필자는 2002년 남북통신 분야 협상 등을 통해 북한과 '이동통신진출에 관한 사전양해각서'와 최근의 스마트시티와 비슷한 개념의 '평양 사이언스파크' 건설 등에 대한 협의를 한 바 있다. 이 프로젝트는 결국 무산됐다. 몇 가지 이유가 있지만 핵심 원인은 미국의 전략물자 및 기술에 대한 통제정책 때문이었다. 근본적

미중 신냉전시대와
한반도 자유통일 국가 전략

으로는 당시 미국 부시 정부의 한국 김대중정부, 노무현정부의 대북정책에 대한 불신과 이에 따른 정책조정 실패와 연관된다.

그런데 얼마 전 정부 산하 연구기관인 대외경제정책연구원 (KIEP)은 미국의 독자적인 '세컨더리 보이콧'(제3자 제재)의 국내 영향에 대해 "국가 경제에 영향을 미칠 정도는 아니다"라고 발표했다. 정부의 남북경협 관련 대북정책을 지원하기 위한 발언으로 해석된다.

미국의 세컨더리 보이콧과 관련한 교훈은 2005년 방코델타아시아(BDA) 제재에서 찾을 수 있다. 2005년 9·19 비핵화에 관한 공동성명 다음날 미국 재무부가 동결한 북한자금은 2007년 미·북 간의 2·13 합의 이후 북한에 송금해주기로 했다.

그런데 애초 송금 진행에 협력하기로 한 중국과 중국은행이 협조를 거부함에 따라 러시아의 은행을 거쳐 송금이 이루어진 바 있다. 중국과 중국은행이 협조를 거부한 이유는 세컨더리 보이콧에 대한 우려 때문이었다. 미국의 세컨더리 보이콧은 G2라는 중국에도 두려움의 대상인 것이다. 한국 정부는 이에 대해 나이브한 상황인식을 하는 것으로 보인다. 이에 앞으로 진행될 성급한 남북경협 추진은 경우에 따라 한국경제, 기업, 금융기관에 심대한 타격을 주게 될 것이다.

남북경협은 한반도의 평화와 통일을 위한 중요한 지렛대가 될 수 있다. 그런데 그렇게 만들기 위해서는 몇 가지 조건이 필요하다. 먼저 한미 간의 신뢰와 긴밀한 협의가 우선돼야 한다. 부시 정부 백악관 비서관이었던 빅터 차의 지적처럼 남북이 합의하기 직전에 70% 정도 알려주는 수준의 협의를 하고서 한미 신뢰를 기대하기는 힘들 것이다. 한미 간의 신뢰와 협의가 없는 남북경협은 성공할 수 없다. 대규모 남북경협은 더욱 그렇다. 특히 현 시기 비핵화협상과 대북제재, 남북경협이 맞물려 있는 조건에서 성급한 남북경협 추진은 제재와 관련한 불똥이 한국경제에 심각한 타격을 줄 수도 있다. 이어, 한미가 남북경협의 목표와 전략에 대한 인식을 공유해야 성과적으로 추진될 수 있다. 미국이 남북경협에 대해 남한의 친북세력이 북한에 퍼주기 하려는 수단이라는 의심을 가지고 있으면 남북경협은 성공할 수 없다. 한미가 남북경협이 북한에 시장경제를 확산시키고, 개혁개방을 유도할 수 있다는 전략을 공유한다면 성공 가능성이 커질 것이다.

다음으로, 남북경협의 추진과 함께 한국의 안보전략을 튼튼히 세우고, 자유민주주의와 시장경제의 가치를 분명히 하는 것을 병행해야 한다. 이러한 원칙에 기초해 남북경협을 추진한다면 미국 정부도 보수와 진보를 넘어서 지지를 하게 될 것이며 국제사회도 지지할 것이다. 국내적으로도 안보에 대한 불안감, 자유민주주의 가치의 훼손에 대한 의구심이 있는 다수 국민도 지지를 보낼 것이다.

대북정책은 70% 내외 국민의 지지를 얻지 못하면 남남갈등의

미중 신냉전시대와
한반도 자유통일 국가 전략

원인이 될 뿐만 아니라 정책의 지속가능성도 힘들어지게 된다. 남북경협을 30% 내외 자신들의 정파적 기반만을 고려한 정책으로 추진하고, 한미 동맹의 원칙, 안보의 기초, 자유민주주의와 시장경제의 가치를 훼손하면서 추진한다면 심각한 문제를 야기할 것이다. 정파적 이해를 넘어선 나라의 미래를 생각해야 할 때이다.

제3부

김정은의 통일전쟁도발 가능성과 대응전략

01 한미 동맹 균열 노리는 북의 전략

「세계일보」2018. 3. 19.

2018년 북한 신년사가 발표된 지 두 달여가 지났다. 이 신년사는 지난 수십년간 발표됐던 신년사 중에서 가장 중요한 내용을 담고 있다. 그런데 그 의미에 대해 문재인정부와 한국의 보수·진보진영은 제대로 이해하고 있을까. 아마도 그 내용의 본질적 의미에 대해 잘 이해하고 있는 인물 중의 한 사람은 미국 백악관 허버트 맥매스터 국가안보 보좌관으로 보인다.

맥매스터는 1월 2일 미국의소리(VOA)방송 인터뷰에서 "북한 신년사는 한국과 미국을 멀어지게 만들려는 단순한 접근에 분명한 목적이 있다고 본다. 또한 김정은이 이번 신년사에서 통일이라는 단어를 얼마나 많이 외쳤느냐"고 지적했다.

필자는 지난해 9월, 북한의 6차 핵실험은 '동북아정세의 게임 체인저(판도를 완전히 바꾸는 결정적 요소)'가 됐으며, 북한은 한미

미중 신냉전시대와
한반도 자유통일 국가 전략

동맹의 균열에 기초해 북한 주도의 한반도 통일을 추진할 것이라고 분석, 예측한 바 있다.

북한의 신년사는 이 같은 북한의 전략이 공개적으로 시작됐음을 알린 것이다. 그 내용에는 통일에 대해 1994년 김일성 사후 시작된 김정일 체제 이래로 이전과는 비교할 수 없을 정도로 많은 12번이나 언급됐다. 90년대 이래로 대다수 전문가들과 국민들은 남북 간의 체제경쟁은 끝났다고 생각했다. 90년대 말 북한의 100만 명 내외 아사사태, 북한의 수십 배에 달하는 한국의 경제력이 대표적 근거로 주장됐다. 그러나 북한의 핵무기와 ICBM이라는 전략무기의 확보는 남북 간의 체제경쟁과 동북아정세의 판도를 근본적으로 뒤흔들고 있다.

맥매스터의 지적대로 이미 올해부터 핵과 미사일을 지렛대로 한미 간을 이간시켜 북한 주도 한반도 통일을 추진하고 있는 것이다. 평창 동계올림픽을 활용한 북한의 대남 평화공세는 그 출발점이고, 대북 특사단의 남북 정상회담 합의 등은 그 핵심 내용이라 할 수 있다. 남북 정상회담 추진 등 남북 협력 과정에서 핵심적인 문제는 한미 간의 북한의 전략에 대한 인식의 차이다. 진단이 다르면 처방이 다를 수밖에 없다. 북한의 핵국가 전략에 대한 이해가 다르면 그에 대응하는 전략과 정책이 다를 수 밖에 없다. 이는 현 국면에서 한미 동맹을 균열시키는 핵심적 원인이라고 할 수 있다.

문재인정부의 외교·안보·통일 분야 참모와 그 주변의 대다수 전문가들은 북핵을 북한의 체제안보를 위한 수단으로 이해하고 있다. 그런데 미국 트럼프 정부의 안보책임자인 맥매스터와 주요 정보기관의 수장들은 대부분 북핵이 북한의 체제안보를 위한 수단을 넘어선다고 평가하고 있다. 북핵과 ICBM은 한미 동맹을 균열시키고 북한 주도 한반도 통일을 추진하는 지렛대가 되며, 미국의 아시아 최우선순위 동맹인 일본과 미국 본토까지도 위협하는 무기로 인식한다.

이러한 한국 문재인정부와 미국 트럼프 정부 간의 북한의 북핵 전략에 대한 인식의 차이는 필연적으로 전략과 정책의 차이를 불러올 수밖에 없다. 나아가 한미 동맹의 균열을 초래할 것이다. 이에 한국 정부가 향후 북핵과 북한문제를 해결하기 위해서는 이에 대한 정확한 이해가 필요하다.

그리고 대북 특사단 방북 시 북한의 비핵화원칙과 대화 중 핵과 미사일실험 중단 천명은 북한의 핵과 ICBM이 이미 완성단계에 진입했음을 반영한 것으로 분석된다. 또한 대남 평화공세를 통해 한반도정세를 주도하고 비핵화를 매개로 북·미 간 최종협상을 추진할 것이다.

북핵문제 해결을 주관적 의지만으로 해결하려고 달려든다면 의도와는 전혀 다른 결과를 초래할 것이다. 맥매스터의 지적대로 현재 북한은 한미 간에 쐐기를 박아서 한미 동맹을 균열시키려 하고 있는데, 그 의도를 실현시켜 주게 될 것이다. 나아가 북한은 친미비중전략에 기초한 '베트남 모델'로 북한 주도 한반도 통일을 추진할 것이다. 또 다른 측면에서는 트럼프 대통령의 불가측성, 김정은 체제의 공격성 등과 맞물려 현재 15% 내외로 평가되는 한반도 전쟁가능성을 높일 수도 있다. 한반도의 평화와 통일은 주관적 바람으로 이루어지는 것이 아니고, 냉철하고 정확한 상황인식과 창의적이고 지혜로운 전략이 관건이다.

02 한반도 정세의 판이 바뀌었다.

(「중앙일보」 2018. 7. 2.)

북한 핵보유국 전략 성공의 의미

보수 세력의 6·13 지방선거 참패 이후 '보수 폭망론(暴亡論)'과 '보수 폐족론(廢族論)'이 들끓으면서 보수 생존을 위한 사회적 담론이 뜨겁다. 그러나 현재의 담론 수준으로 보수의 위기를 극복하기에는 지금의 위기가 너무나 근본적이고 구조적이다. 현 정세는 보수의 위기 이전에 대한민국 국가의 위기이자, 체제의 위기다.

한국 보수는 박근혜 전 대통령 탄핵 사태, 대선 패배, 지방선거 참패보다 북한의 변화와 이에 따른 동북아 정세 대변동이 야기하고 있는 국가안보의 위기, 체제위기가 더 근본적인 문제임을 인식해야 한다. 국내 정치 실패의 후과(後果)는 몇 년 안 갈 수 있겠지만, 외교·안보 실패는 수백 년 동안 국가와 민족의 운

미중 신냉전시대와
한반도 자유통일 국가 전략

명을 좌우할 수 있다. 그것은 한반도의 지정학적 운명이 가르쳐 준 뼈아픈 역사의 교훈이다.

1990년대 초 소련과 동유럽 사회주의권의 붕괴는 남북 간 체제 경쟁에서 대한민국의 승리로 여겨졌다. 그러나 지난 6·12 북·미 정상회담과 6·19 북·중 정상회담은 남북 간의 체제경쟁이 새로운 국면으로 진입했음을 상징적으로 보여줬다.

북·미 정상회담은 북한의 핵보유국 전략이 마지막 단계에 진입했음을 웅변하듯 보여줬다. 북한은 90년대 초 사회주의권 붕괴와 한·중 수교라는 최악의 위기 상황에 직면하자 체제 생존전략으로 선군(先軍) 사상에 기초한 '핵 국가 전략'을 일관되게 추진해왔다. 이에 따라 2016년 1월의 4차 핵실험 성공 직후 무려 36년 만에 열린 노동당 7차 당 대회에서 핵보유국을 선언했다. 2017년 9월의 6차 핵실험과 11월의 ICBM 발사시험 성공으로 동북아 정세의 '게임 체인저' 역할을 위한 발판을 마련했다.

결국 김정은은 역사적인 북·미 정상회담을 유리하게 성공시켰다. 미국의 도널드 트럼프 대통령은 북한의 완전한 비핵화에 대해서는 추상적 선언으로 남기고, 북한의 친미 국가화에 대한 기대를 깔고 동결·비확산·대미 위협 제거를 중심으로 한 협상을 타결했다.

이러한 북·미 간의 역사적 대전환에 대응해 중국은 전략가 왕후닝(王滬寧) 정치국 상무위원 주도로 6·19 북·중 정상회담을 개최했다. 중국의 대미 전략에서 핵심 주자로 부상한 북한을 중국 편으로 견인하기 위한 외교전이다. 이는 92년 한·중 수교 이후 중국의 북한에 대한 상대적 경시 전략이 근본적으로 전환될 것임을 선언하는 중요한 의미를 갖는다.

연이은 북·미 및 북·중 정상회담은 북한이 동북아에서 실질적인 핵보유국이자 전략 국가로 진입하고 있음을 보여준 중대 사건이다. 90년대 초 남북 체제경쟁은 한국의 승리로 여겨졌으나 이제 새로운 수정 국면, 즉 제2의 남북 체제경쟁 국면으로 전환했다고 봐야 한다.

한국 보수 혁신의 조건

북한발 동북아 정세 대변동과 북·미 및 북·중 정상회담을 거치면서 한반도 정세에 변화의 태풍이 몰아치고 있다. 그런데 한국의 보수는 80년대식 냉전 시대의 안보관과 대북관 수준에서 종북몰이에 집착하고, 남북 및 북·미 협상의 발목잡기 행태를 보임으로써 국민에게 시대에 뒤처진 과거 세력으로 낙인찍히게 됐다. 보수·진보 차원을 넘어서 낡은 과거 세력으로 인식된 것이 보수 참패의 핵심 원인이다.

보수가 새로운 길을 정립하려면 무엇보다도 세 가지를 특히

미중 신냉전시대와
한반도 자유통일 국가 전략

유념해야 한다. 첫째, 북한의 변화로부터 시작된 동북아 정세의 대변동에 대한 정확한 인식에 기초해 새로운 국가전략을 수립해야 한다. 북한의 핵보유국 및 전략국가화의 의미, 김정일 시대와 김정은시대의 차이, 핵·경제 병진 노선 승리와 경제건설 집중노선의 의미 등을 정확히 파악해야 한다. 이에 대해 냉전 시대적 관념이 아니라 21세기 민족국가 간의 무한 국익 경쟁이 이루어지는 국제질서 조건에서 냉철하게 이성적으로 이해해야 한다. 이를 기초로 외교·안보·통일 전략에 대한 새로운 처방전을 내놓아야 한다.

둘째, 민족국가 공동체에 대한 무한 책임감이 요청된다. 이승만과 함께 김구를 존중하는 자세, 박정희와 함께 김대중의 역할을 평가하는 자세, 북한의 미래를 진정으로 함께 책임지겠다는 자세가 필요하다. 역사의 섭리 및 신의 섭리를 존중하는 보수주의자의 태도가 있어야 새로운 남북 체제경쟁 국면에서 국민의 마음을 얻을 수 있을 것이다.

셋째, 보수의 가치를 세우기 위한 투쟁이 필요하다. 핵을 가진 북한, 정치적으로 강력한 노동당을 앞세운 북한과 경쟁하기 위해서는 자유민주주의와 시장경제를 핵심으로 하는 가치에 대한 깊은 이해와 실천이 필요하다. 책임 있는 변화(Prudent Change)의 관점에서 보수의 안보관을 정교하게 대수술해야 할 때다.

03 북한이 주도한 '불안한 평화'의 본질

(「신동아」 2018년 11월호)

- 北 '핵국가 지위' 획득…제2의 체제 경쟁 시작
- 현재 협상은 '북한 비핵화' 아닌 '對美 위협' 제거
- 남북경협 빌미로 친중세력 재부상할 수도

3차 남북 정상회담과 '평양선언'은 문재인 정부 전반기 외교·안보·통일 정책의 상징이자 중간결산이다. '9월 평양선언'이 가진 특징은 3차 남북 정상회담 핵심 이슈인 비핵화 문제에 대해 추상적 선언 수준에서 합의하고 핵심 쟁점은 북·미 협상에 넘긴 점이다. 북·미 협상 과정에 문재인 대통령의 중재자 역할을 최대화하겠다는 의지도 나타냈다. 이는 9월 말 유엔 총회 기간 중 뉴욕에서 열린 한미 정상회담을 통해 구체화됐다. 그 주요 내용은 문 대통령이 「폭스뉴스」와 한 인터뷰에서 확인된다.

미중 신냉전시대와
한반도 자유통일 국가 전략

신뢰 문제 일으킬 것

문재인 대통령은 「폭스뉴스」와의 대담에서 김정은 위원장을 핵을 버리는 대신 경제 발전을 추진하겠다는 전략적 마인드를 가진 인물로 평가했으며 북한의 비핵화 의지는 미국이 주장해온 CVID(완전하고 검증 가능하며 되돌릴 수 없는 비핵화)와 다르지 않은 것으로 표현했다. 그런데 이는 북한의 본래 주장과도 거리가 있는 언급으로서 향후 미국과 국제사회에서 심각한 신뢰 문제를 일으킬 것이다. 이러한 주관적 북·미 중재는 현재의 불안한 평화를 더욱 위험한 상황으로 몰아넣을 것이다.

북한은 4월 20일 열린 노동당 중앙위 7기 3차 전원회의 결정서에서 △핵·경제 병진노선의 승리 △핵·미사일 개발 완성에 따른 핵·미사일 실험의 모라토리엄 선언 △책임 있는 핵국가 입장에서 핵 군축 차원의 비핵화 협상을 추진할 것이라고 밝혔다. 이 결정서는 30년 동안 진행한 핵무기 보유국가 전략을 총결산 및 총화한 역사적 문서다.

그런데 문재인 대통령은 김정은 체제가 핵을 버리고 경제 발전 노선을 추구하며 비핵화에 대한 CVID에 동의한다고 주장한다. 이는 노동당 중앙위 결정서와도 다른 내용일 뿐만 아니라 4·27 판문점선언, 6·12 북·미 정상회담 합의문, 9월 평양 공동선언의 어디에도 없는 내용이다. 북한은 지금껏 한반도의 비핵화에 대한 추상적 선언만 해왔을 뿐이다.

"핵무기 없는 조선반도를 만들고 싶다"는 김정은 위원장의 발언도 한반도 비핵화론의 또 다른 표현일 뿐이다. 이는 '북한의 비핵화'와는 다른 '한반도 비핵화'에 기초한 것으로 노동당 중앙위 결정서의 "책임 있는 핵국가 입장에서 핵 군축 차원의 비핵화 협상을 하겠다는 것"과 동일한 내용이다.

결국 문재인 대통령이 밝힌 북한의 입장은 평양이 내놓은 본래의 주장과도 거리가 있고 나아가 북한의 비핵화 의지를 과장해 홍보한 것이다. 「폭스뉴스」의 안보 평론가 고든 창은 "문재인 대통령의 참모들 일부는 친북적이고 북한이 한국을 흡수·통합하는 것을 바라는 것으로 보인다"고 주장한 바 있다. 북한의 비핵화 입장과 관련해 사실에 정확히 기초하지 않은 내용을 한국이 과장해 홍보하는 것은 한미 간 신뢰 문제를 일으키고 친북 논란을 증폭시킬 것이다.

투 트랙으로 대응해야

북·미 협상은 도널드 트럼프 미국 대통령의 정치적 이해관계에 대한 판단과 결합돼 겉으로 보기에 긍정적 방향으로 진행될 가능성이 높다.

미중 신냉전시대와
한반도 자유통일 국가 전략

트럼프 대통령은 비핵화 협상에서 북핵의 동결과 비확산, 미국에 위협이 될 대륙간탄도미사일과 그것에 탑재될 핵무기 제거에 초점을 맞추고 있으며, 북한도 이에 대해서는 전향적 조치를 취하겠다는 태도다. 나아가 북한이 친미비중 국가인 베트남처럼 국가 전략의 대전환을 추진하겠다는 의사 표시를 하는 것도 미국에 중요한 유인 요소로 작용하고 있다.

그러나 이 같은 북·미 간 비핵화 협상은 완전한 비핵화와 중장거리 미사일 문제를 해결해주지 못한다. 미국은 국익 우선주의에 따라 북한과 대화하며 북한 또한 자신들의 전략에 따라 협상한다.

한국 또한 우리의 국익에 부합하는 전략을 세워야 한다. 투트랙 대북 전략이 요구된다. 북한의 비핵화를 두 단계로 나눠 추진하는 전략을 취하면서 다른 한편으로 핵을 가진 북한에 대한 종합적 대응 전략을 수립해야 한다.

1단계는 동결과 비확산 및 대미 위협인 ICBM과 그와 결합된 핵무기의 제거, 즉 현재 진행되는 북·미 협상의 내용과 관련해 평양의 비핵화 태도에 대한 과장 홍보가 아닌 사실에 기초한 객관적 협상 지원과 중재를 하면서 그 한계를 인정하는 것이다. 2단계인 북한의 완전한 비핵화는 개혁·개방과 시장경제 확산에 기초한 북한 체제의 선진화(Regime Evolution)를 통해 실현하는 것으로, 이 역시 한미 간 전략적 인식의 공유에 기초해 공동으로 추진해야 한다.

예컨대 핵을 가진 북한을 상당 기간 상대해야 하는 현실을 냉철히 인식하고 이에 대한 종합 대응 전략을 마련해야 한다. 북한의 완전한 비핵화 때까지 독일과 같은 수준으로 미국과의 핵 공유제를 추진하는 것, 역전된 남북 간 안보 역학 관계를 보완할 자강적 안보 전략 실행 및 새로운 한미 동맹 전략 수립이 필요하다.

9월 평양선언까지 드러난 문재인 정부의 외교·안보 정책에서 정권 초기 우려된 친중 문제는 잠복한 것으로 평가된다. 친중 문제는 보수인 박근혜 정부와 진보인 문재인 정부에서 공통적으로 우려가 제기된 사안이다. 그 배경은 북핵 및 북한 문제 해결 과정에서 중국의 역할이 대단히 중요하다는 인식, 2008년 세계 금융위기 이후 중국이 G2로 떠올랐으며, 세계 패권 구도에서 미국을 추월할 가능성이 있다는 인식과 연관된다. 이러한 인식은 역사적·이념적·정서적 차원에서의 반미친중(反美親中)과도 관련이 있다.

잠복한 친중세력 재부상 가능성

박근혜정부는 2016년 1월 4차 핵실험 이전까지 사드에 대한 전

미중 신냉전시대와
한반도 자유통일 국가 전략

략적 모호성 정책을 취했으며 박근혜 대통령은 중국 전승절 기념행사 때 톈안먼 광장 망루에 오르는 등 친중 행보를 보였다. 4차 핵실험 후 사드 배치를 결정하면서 박근혜정부 친중정책은 좌초한다. 문재인 정부는 초기 노영민 주중대사의 친중 사대적 '만절필동(萬折必東)' 발언, 이해찬 중국특사의 조공외교 논란 등을 통해 우려감이 컸으나 현재 친중 문제는 잠복해 있는 것으로 평가된다.

친중정책이 표출되지 않는 핵심 배경은 트럼프 행정부가 진행하는 대(對)중국 무역전쟁과 패권경쟁 과정에서 중국에 대한 공격이 심화했기 때문이다. 이 과정에서 중국 경제의 문제점과 세계 질서에서 중국이 가진 힘의 한계가 드러나면서 한국 사회의 친중 문제가 약화 혹은 잠복한 것으로 분석된다. 트럼프 행정부는 중국의 국가주의 자본 통제와 공정한 자유주의 무역 질서와 관련해 중국 손보기에 나선 상태다. 미국의 중국에 대한 포위 및 고립 작전이 본격화하고 있다.

한 가지 변수는 문재인 정부의 남북경협 추진이다. 문재인 정부가 대북제재와 관련해 한미 동맹의 균열을 감수하고 남북경협을 추진하면서 한중 협력을 추구할 경우 문재인 정부의 친중세력과 친중정책이 다시 수면으로 부상할 것이다.

문재인 대통령은 「폭스뉴스」 인터뷰에서 통일보다 평화를 우선 순위에 두고 있다는 취지로 말하면서 "평화가 먼저 이뤄지면 남북 간 자유로운 왕래와 경제협력으로 이어질 것이며 통일도 자연스럽게 찾아오게 될 것이다. 그 평화의 선결 조건이 비핵화다"라고 밝혔다. 이 같은 발언은 진보 진영 다수의 인식을 반영한 것이다.

전례 없는 자신감 바탕으로 평화 무드 조성한 평양

한반도의 전쟁 위험은 상당 부분 해소된 것으로 평가된다. 2017년 9월 6차 핵실험 전후로 미·북 갈등이 최고조에 이르렀을 때 전쟁 발발 가능성은 15% 내외였다. 그러나 현재는 세 차례의 남북 정상회담, 6·12 미·북 정상회담, 6·19 북·중 정상회담 등을 통해 전쟁 가능성은 현저히 줄어든 상태다.

미·북 관계가 다시 악화돼 최대 수준의 제재 또는 대북 선제 타격을 고려할 경우에도 한반도 정세의 조건은 그 실행이 훨씬 힘들고 리스크가 감당하기 힘들 정도로 커졌다.

9월 유엔 안전보장이사회 회의에서 러시아와 중국은 대북제재 완화를 공식적으로 요청했다. 전쟁 문제에 대해서는 중국과 러시아의 강력한 반발을 초래할 가능성이 높아진 것이다. 한국은 지난해까지 대북제재에 협조하는 동시에 북한 폭격론 등에 방관자적 입장을 취했다면, 수차례 남북 정상회담을 거친 현재

미중 신냉전시대와
한반도 자유통일 국가 전략

는 추가 제재에 동조하지 않을 것이고, 북폭론의 경우에도 적극적 반대의 입장에 설 것이다. 이 같은 한반도 정세의 변화는 북폭의 가능성을 거의 소멸시키면서 평화 분위기를 조성하는 상황이다.

현재 한반도 평화의 본질은 '북한이 주도하는 불안한 평화'라는 근본적 문제점과 한계를 안고 있다. 지난해 가을의 6차 핵실험과 ICBM 발사 성공은 '게임 체인저'였다. 이후 북한이 동북아 정세의 대변동을 주도하고 있다. 올해 신년사에서 남북 관계의 전향적 개선을 선언한 후 평창올림픽 참가, 남북 정상회담 등을 이끌어냈다. 4월 20일 노동당 중앙위에서 핵·경제 병진노선의 승리를 선언한 후 북한은 연쇄 정상회담을 통해 실질적인 핵국가, 전략국가의 지위를 확보해나가고 있다. 평양은 남북 관계에서도 전례 없는 자신감을 가지고 평화 무드를 조성한다.

김정은이 올해 신년사에서 대단히 이례적으로 '통일'을 12번이나 언급한 것도 주목할 만하다. 2016년 36년 만에 개최한 노동당 당대회의 내용과 올해 신년사의 내용은 김정일 체제와 김정은 체제의 차이를 보여준다. 김정일 체제가 체제 수호 중심의 핵국가 전략인 '파키스탄 모델'을 추구했다면, 김정은 체제는 핵 보유를 기반으로 한 친미비중의 '신(新)베트남 모델'을 추구하며 나아가 북한 주도 한반도 통일을 추진하고 있음을 드러내는 것이다.

30년 간고분투(艱苦奮鬪) 끝에 획득한 '핵국가 지위'

　1980년대 말, 1990년대 초 소련 및 동유럽 사회주의권 붕괴와 한중 수교 이후 체제 경쟁은 한국의 승리로 끝난 것으로 평가됐다. 그러나 북한이 30년 동안 간고분투(艱苦奮鬪)하면서 획득한 핵국가 지위가 한반도 정세를 근본적으로 변동시키고 있다. 경제적으로는 한국이 많이 앞서 있지만 안보적 역학 관계에서는 북한 우위로 역전된 것이다. 한반도 정세가 근본적으로 변화했으며 판이 바뀌었음을 정확히 인지해야 한다.

　북한은 36년 만에 열린 2016년 당대회와 4월 중앙위 전원회의 등에서 사상강국, 정치강국, 군사강국을 실현했기에 경제강국을 성취해 사회주의 강국의 목표를 완성하자고 목소리를 높였다. 올해 신년사에서는 한반도 통일을 주도하겠다는 의지까지 표명했다.

　김정일 체제와 다른 김정은 체제가 핵국가 지위를 지렛대로 한반도 통일에 대한 적극적 의지를 표출한다는 점에 주목해야 한다. 한반도 정세에서 가장 중요한 문제는 불안한 평화의 본질을 정확히 파악하는 것이다. 핵국가 북한이 주도하는, 북한의 의지에 의존한 평화라는 점을 명심해야 한다. 통일 역시 자유민주주의에 기초한 통일인지 사회주의에 기초한 통일인지 본격적 경쟁 국면에 진입했다.

미중 신냉전시대와
한반도 자유통일 국가 전략

문재인 정부와 한국의 다수 진보 진영 전문가의 평화와 통일에 대한 견해는 주관적 바람(Wishful Thinking)일 뿐이다. 보수 일부의 북폭론도 마찬가지로 주관적 바람이다. 무엇보다도 한반도 정세를 주도하는 북한 노동당의 전략을 정확히 이해해야 한다. 한반도 정세의 본질은 제2의 남북 간 체제 경쟁이다. 자유민주주의를 지지하고 헌법적 가치를 지키고자 하는 세력은 한반도 정세의 위중함을 인식하고 건국, 산업화, 민주화 과정에서 장점을 증명해온 자유민주주의와 시장경제의 가치를 실현하기 위해 분투해야 한다.

04 김정은시대, 대북전략의 대전환이 필요하다

(2019. 1 「신동아」 칼럼)

2019년 새해를 맞이해 되돌아보면 2018년은 한반도의 역사적 전환점이었다. 남북관계의 극적 변화와 동북아 정세 변동은 6·25 전쟁 이후 최대 규모였다. 2017년 10월 북한의 6차 핵실험은 동북아 정세의 게임 체인저(Game Changer)였으며, 한반도는 2018년을 기점으로 평화 시대에 진입한 것이 아니라 제2의 체제경쟁 시대에 들어선 것이다.

북한은 2018년 신년사에서 통일에 대한 의지마저 드러냈다. 1945년 분단 이후 지하당 건설과 통일전선전술 등의 대남전략으로 한반도 통일을 추구해온 북한은 1980년대 말 1990년대 초 옛 소련 및 동유럽 사회주의 붕괴에 따른 체제 위기와 1990년 중후반 아사(餓死) 사태 등을 거치는 과정에서는 핵 개발에 집중하면서 체제 수호라는 수세적 자세를 취한 바 있다.

미중 신냉전시대와
한반도 자유통일 국가 전략

북한은 2016년 4차 핵실험 성공 이후 노동당 당대회를 36년 만에 개최하고 체제 안정에 대한 자신감을 바탕으로 새롭게 공세적 대남전략을 추진하고 있다. 2016년 노동당 당대회를 통해 그간의 비정상적 국가 및 당 운영을 정상화했으며 당대회 총화 결의문에 나타난 조국통일과 관련한 대목에서 확인되듯 당대회를 통해 공세적 대남전략, 통일전략을 예고한 바 있다.

탈냉전 시대 이후 한국의 보수 및 진보 정부는 강경정책과 포용정책의 틀에 갇혀 있었다. 이 같은 대북정책은 북한이 체제 위기 속에서 수세적 대남 전략을 운용하던 2016년까지는 큰 문제가 없었다. 그러나 북한이 2016~2018년을 거치면서 핵국가, 전략국가로 진입했으며 공세적 대남전략, 통일전략을 운용하는 상황에서 앞서의 대북정책을 되풀이하는 것은 한계가 자명하다. 따라서 그간 대북정책의 한계를 넘어서는 새로운 대북 및 통일 전략이 요구된다.

지난 1년은 김정은과 북한이 한국 정치에 직·간접적으로 영향을 끼치는 정도가 날이 갈수록 확대된 새로운 한반도 정치 시대의 원년이라고 할 수 있다. 따라서 한국은 대북전략의 대담한 전환에 나서야 한다.

'북한이 주도한' 한반도 정세

　진단이 잘못되면 처방과 치료가 실패할 수밖에 없듯 정세 인식이 잘못되면 정책 역시 실패할 수밖에 없다. 문재인 정부의 '한반도 운전자'론은 잘못된 상황 인식에 기초한 주관적 바람일 뿐이다. 2018년 내내 이어진 남북관계 및 한반도 정세 변화는 북한의 결정과 주도에 의해 이뤄졌으며 문재인 정부는 이 같은 흐름에 보조를 맞췄다고 보는 게 객관적 평가다.

　2017년만 해도 문재인 정부는 한반도 문제에서 아무런 진전도 이뤄내지 못했으나 2018년 북한의 신년사가 나온 후 1년간 남북관계가 극적으로 전환되면서 북한의 평창동계올림픽 참가, 남북정상회담, 4·27 판문점선언 등이 이어졌다. 남북이 정상회담에서 합의한 내용도 북한의 비핵화가 아닌 1990년대 이후 평양이 정치적으로 주장해온 한반도 비핵화론에 담긴 내용에 따른 것이다.

　또한 북한은 6·12 미·북 정상회담, 6·19 북·중 정상회담을 성공적으로 치르면서 실질적으로 핵국가, 전략국가에 진입했음을 과시했다. 미국과의 협상에서도 북한의 비핵화가 아닌 한반도 비핵화론에 기초한 합의를 이끌어내는 데 성공했다.

　한미 정상회담과 한중 정상회담 때 도널드 트럼프 미국 대통령과 시진핑 중국 국가주석이 문재인 대통령을 대하는 장면과 북·미, 북·중 정상회담 때 김정은 위원장을 대하는 장면은 현 국

미중 신냉전시대와
한반도 자유통일 국가 전략

면의 한반도에서 한국, 북한의 위상을 상징적으로 보여줬다. 세계 최강대국 미국, 중국 정상과 대등하게 외교전을 펼친 김정은의 모습은 북한 주민에게 커다란 자신감을 안겨주기에 충분했다.

소련 및 동유럽 사회주의 붕괴 이후 남북 간 체제경쟁에서 한국이 우위에 선 것으로 여겨져왔으나 2018년 북·미 정상회담, 북·중 정상회담을 통해 북한이 핵국가, 전략국가로 진입하면서 체제경쟁에서 남북 자리가 재역전됐다고 봐야 한다.

체제경쟁 역사를 돌이켜보면 6·25전쟁 이후 1988년까지는 북한 우위였다고 평가된다. 최근 공개된 1979년 박정희 대통령과 지미 카터 미국 대통령의 회담 내용에서 확인되듯 1970년대 중반을 거치면서 경제력에서는 한국이 북한을 추월했지만 군사적으로는 여전히 북한에 열세인 데다 주한미군 의존도가 높았다. 박정희 시대 산업화 혁명의 성과가 1986~1988년 3저 호황기에 꽃을 피우고 1988년 서울올림픽을 성공적으로 치르면서 종합국력에서 한국이 북한에 대해 우위에 섰다고 볼 수 있다.

이후 소련 및 동유럽 사회주의 붕괴는 북한에 심각한 체제 위협 요인으로 작용했고, 이에 더한 1990년대 말의 경제난은 100만 명 내외의 아사자를 발생시켰다. 이 같은 심각한 체제 붕괴 위험 속에서 북한은 체제 수호 전략으로 핵무기 개발을 추진했고 간고분투의 과정을 거쳐 핵국가로 나아간 것이다.

남북 간 체제경쟁 상황을 평가해보면 한국은 경제적으로 우위에 서 있고, 북한은 군사적·외교적으로 우위에 서 있으며, 정치·사회적으로는 경쟁 상황에 있다고 할 수 있다. 종합적으로 볼 때 1988년부터 2018년까지 30년간 계속된 한국의 우위가 '게임 체인저'인 6차 핵실험을 거치면서 북한의 상대적 우위로 역전됐다고 평가된다.

김정일 체제 때 북한의 핵국가 전략은 파키스탄 모델, 즉 체제 수호 목적이 강했다면 김정은 체제에서는 신(新)베트남 모델, 즉 핵을 보유한 상태에서 '친미비중 국가전략'과 '북한 주도 한반도 통일'을 추진하는 공세적 성격으로 전환됐다고 평가된다. 이 같은 김정은시대의 변화된 핵국가전략, 통일전략에 대응하려면 앞서 강조했듯 새로운 차원의 대담한 대북전략이 필요하다.

'민족해방(NL) 운동론적' 민족주의

문재인 정부 대북정책의 근원에는 '낡은 민족주의'가 있다. 현 정부와 여당의 중심 세력은 1980년대 전대협 세대라고 할 수 있다. 이들의 남북한 인식과 대북정책의 근저에는 1980년대 민족해방(NL)운동론적 민족주의가 버티고 서 있다. 이는 낡은 민족주의다. 21세기 민족주의는 진화가 필요하다.

미중 신냉전시대와
한반도 자유통일 국가 전략

얼마 전 트럼프 대통령이 자신을 민족주의자라고 칭한 직후 에마뉘엘 마크롱 프랑스 대통령이 "민족주의는 애국주의에 대한 배신"이라고 비판했다. CNN, 「뉴욕타임스」 등도 트럼프를 향해 대대적 비판을 가했다. 그런데 이에 대해 미국의 권위 있는 전략가이며 「월스트리트저널」 칼럼니스트인 월터 러셀 미드는 미국과 서유럽 주류 지식인의 민족주의에 대한 비판은 자기중심적 (egotistical) 견해에 불과하다고 비판했다. 21세기 세계는 중국, 러시아, 인도, 터키 등에서 확인되듯 민족주의가 강력하게 작용하고 있으며 탈민족주의는 미국과 서유럽 주류 지식인이 가진 환상일 뿐이라는 것이다. 또한 미국과 서유럽 주류 리더들의 민족주의에 대한 몰이해가 길어질수록 더욱 혼란스러운 세계가 다가올 것이라고 경고했다.

한국 지식인들은 보수와 진보를 막론하고 대부분 미국과 서유럽 주류 지식인의 영향과 세례를 받은 탓에 민족주의에 대해 터부시하거나 폄하하는 것이 대세다. 이 같은 조건에서 1980년대 학생운동 세대의 민족해방운동론적 민족주의는 밑바닥 민심과 결합해 한국 정치의 기저에서 에너지로 작용해왔다. 한미FTA 반대, 광우병 촛불시위, 사드 배치 반대 시위 등이 대표적이다. 특히 문재인 정부는 6·25전쟁 종전 이후 가장 강력하게 민족해방운동론적 민족주의 정서에 기대어 있는 정권이다. 외세에 의해 수없이 짓밟혀온 한민족의 역사는 민족해방운동론적 민족주의를 강력한 포퓰리즘으로서 작동하게 만든다. 이에 따라 북한은 주체사상에 기초한 국가 운영을 해왔고, 이제는 한국에서도 민족해방운동론적 민족주의를 기반으로 한 정권이 창출됐다.

이 같은 흐름에 대응하려면 민족문제에 대한 정확한 이해와 대안적 국가발전 전략이 요구된다. 21세기는 20세기의 패권적 민족주의 또는 민족해방운동론적 민족주의를 극복하고 자유민주주의에 기초한 민족주의를 지향해야 한다.

즉 개인의 자유와 인권을 존중하고, 핏줄 중심의 배타적 민족주의가 아닌 문화 중심의 포용적 민족주의로 나아가야 하며, 20세기 민족주의가 보인 공격성을 지양하고 자유민주주의라는 가치에 기초한 애국주의로 나아가야 한다. 역사학자 유발 하라리의 지적처럼 민족국가 차원을 넘어 세계적 차원에서 다뤄야 할 환경문제, 인공지능 이슈 등에 대한 열린 협력의 자세가 필요하다. 이는 자유주의적 민족주의 또는 자유주의적 애국주의로 칭할 수 있다.

요컨대 주체사상에 기초한 민족제일주의, 민족해방론에 기초한 민족주의를 극복하기 위해서는 진화된 민족주의인 자유주의적 민족주의 또는 자유주의적 애국주의를 앞세워야 한다. 현재 한반도의 난국을 극복하려면 그 어느 때보다 확고한 이념이 필요하며 핵심은 자유주의적 애국주의다.

미중 신냉전시대와
한반도 자유통일 국가 전략

국가주의적 '통제경제'로의 역주행

통일과 미래를 준비하려면 이념적으로 자유주의적 애국주의에 기초한 국가발전 노선이 필요하다. 역사적, 구조적으로 볼 때는 신(新)중도보수 노선이 적합하다. 새로운 이념을 정립해야 하는 이유는 냉전시대와 탈냉전 및 미국 중심의 일극시대를 지나 국가 간 무한적 국익경쟁이 전개되는 변화된 세계에 대응해야 하기 때문이다. 무엇보다도 냉전시대 벌어진 이념 대결 수준의 사고를 넘어서야 한다.

국민 통합에 대한 지향을 분명히 하지 못하면 어떤 정책이든 실패할 가능성이 높기에 중도가 요구된다. 보수적 입장에 기초하면서도 국민통합적 목표를 가져야 한다. 현재 보수의 존재 이유는 대한민국과 역사에 대한 무한한 책임감에 기초해 헌법적 가치를 확고히 지키는 데 있다. 특히 현 난국을 극복할 출발점을 헌법적 가치로 삼아야 다수의 국민을 결집할 수 있을 것이다. 헌법적 가치의 3가지 기둥은 △자유민주주의 △시장경제 △한미동맹이다.

자유민주주의 원칙은 헌법 전문의 '자유민주적 기본질서를 확고히 하여'와 제4조 '자유민주적 기본질서에 입각한 평화적 통일정책을 수립하고' 등에서 확인된다. 문재인 정부가 교과서에서 자유민주주의 문구를 민주주의로 수정하기로 했다. 자유를 뺀

민주주의로 헌법 조문을 바꾸려는 시도는 한반도에서 북한 주도 통일에 빗장을 열어주는 출발점이 될 것이다.

법 앞의 평등이 무시된 채 자기편에게는 무한히 관대하고 상대편에게는 무자비한 검찰 권력을 들이대는 게 현재의 모습이다. 법치주의의 마지막 보루인 사법부마저 정파 논리에 휩쓸려 가는 현상이 지속되면 자유민주주의의 근간은 서서히 무너질 것이다. 이를 막아낼 구체적 노력이 필요하다.

시장경제의 원칙은 헌법 제119조 2항 이른바 '경제민주화 조항'에 앞서 있는 1항 '경제질서는 개인과 기업의 경제상의 자유와 창의를 존중함을 기본으로 한다' 등에서 확인된다. 건국헌법에서는 초안자인 사회민주주의자 유진오의 영향으로 경제민주화 조항이 1항이고 시장경제 원칙이 2항이던 것이 산업화와 세계경제 편입이 시작된 1960년대 이후 시장경제 원칙이 1항이 됐다. 현재 한국 사회는 기업가 정신과 개인의 자유와 창의를 억누른 채 국가주의적 통제경제로 나아가는 역주행을 하는 상황이다. 시장경제 원칙의 재정립이 필요하다.

한미 동맹의 원칙은 헌법 제6조 '헌법에 의하여 체결, 공포된 조약은 국내법과 같은 효력을 가진다'에 기초해 헌법에 의거한 유일한 동맹조약으로 1954년부터 발효된 '한미상호방위조약'에 대한 존중 등에서 확인된다. 안보는 자유민주주의 체제 수호의 첨병이다. 그런데 지난 9월 남북 정상이 합의한 평양공동선언의

미중 신냉전시대와
한반도 자유통일 국가 전략

핵심 내용인 군사 분야 합의는 정찰능력 약화, 한미연합훈련 축소 등으로 인해 국민적 불안을 증폭하고 있다. 이 내용이 만약 한미상호방위조약 원칙에 근거한 한미 간의 충분한 협의 없이 합의된 것이라면 위헌 여부에 대한 조사가 필요할 것이다.

이와 같은 헌법적 가치의 세 가지 기둥인 자유민주주의, 시장경제, 한미 동맹을 튼튼히 해야 북한 주도 한반도 통일 전략을 극복하고 자유민주주의에 기초한 통일을 추진할 기본 동력을 마련할 수 있다.

친미비중 국가로서 개혁·개방에 나서는 형태의 북한의 베트남 모델화는 역사의 진보지만 북한 주도 통일을 의미하는 한반도 전체의 베트남 모델화는 역사의 퇴보이다. 문재인 정부는 '북한 비핵화'와 '한반도 비핵화'의 차이에 대해 인식의 혼란을 갖고 있으며 의도하든, 의도하지 않든 '북한의 베트남 모델화'가 아닌 '한반도 전체의 베트남 모델화'를 도와주고 있는 것으로 평가된다.

한국 주도 독일식 통일인가, 북한 주도 베트남식 통일인가

한국은 자유민주주의와 시장경제의 가치와 장점을 확장하는 차원에서 북한의 친미비중 국가화와 개혁·개방을 전략적으로 지원할 필요가 있다. 이는 자유민주주의에 기초한 통일을 위한 강력한 동력이며, 한반도를 한국 주도의 독일식 통일 모델로 이끌 것이다. 이 같은 방향에서 통일이 이뤄져야 21세기 발전된 문명을 포괄하는 역사의 진보를 이뤄낼 수 있다. 반면 한반도의 통일이 핵국가로 진입한 북한 노동당 주도로 실현돼 한반도 전체가 베트남식 통일 모델화가 된다면 이는 역사의 후퇴다. 이는 통일된 한반도가 대략 1990년대 후반 베트남 정도의 수준이 된다는 의미이기 때문이다.

냉전시대 방식의 반공·반북 선동, 빨갱이 척결 등의 주장은 60대 이하 국민에게 더는 설득력이 없음을 이해해야 한다. 대신 1980년대 민족해방운동론적 낡은 민족주의의 문제점과 현 정부 대북정책의 문제점, 현재 북한 사회의 문제점 등을 구체적으로 집어내 비판해야 한다.

또한 자유민주주의, 시장경제, 한미 동맹의 가치를 기반으로 해 성취한 산업화, 민주화의 장점을 홍보해야 한다. 나아가 한반도의 통일이 북한 주도로 이뤄질 경우 한국이 1990년대 후반의 베트남 수준으로 퇴보할 것임을 경고해야 한다. 베트남식 통일 모델이 아니라 자유민주주의에 기초한 독일식 통일 모델로 가야 통일선진국이 될 수 있다.

현재 가장 심각한 문제는 핵국가로 진입한 북한의 위협이다.

미중 신냉전시대와
한반도 자유통일 국가 전략

북한이 주장하는 비핵화는 2018년 4월 20일 노동당 중앙위 7기 3차 전원회의에서 30년에 걸친 핵무장국가 전략을 총화하면서 밝힌 바와 같이 핵국가 지위에서 핵 군축 차원의 이야기일 뿐이다. 문재인 정부가 이를 북한의 완전한 비핵화가 가능할 것처럼 과장해 홍보하고 있을 뿐이다. 또한 미국 트럼프 행정부가 주목하는 사안은 북한 핵 문제의 완전한 해결이라기보다 대미(對美) 위협 제거다.

결국 북한은 명실상부한 핵국가로 진입하려 할 것이며 이를 지렛대로 삼아 북한 주도 한반도 통일을 추진할 것이다. 북한은 통일 방법을 약화된 한국의 안보 상황을 이용해 전격적 남침으로 한국에 종북 정권을 수립한 후 빠른 속도로 북한 주도 통일을 추진하는 방식, 직·간접적으로 한국에서 친북 정권의 장기집권을 도모하고 이에 기초해 북한의 강성국가 추진과 연방제 통일을 병행하다가 완전한 통일로 나가는 단계적 방식 중에서 선택할 것으로 분석된다.

中 패권주의적 위협에도 대응해야

우리의 대응전략을 살펴보자. 우선 미국과 핵공유 협정을 체결해야 한다. 미국이 핵공유에 동의하지 않을 경우 조건부 핵무장론에 입각해 대응해야 한다. 이와 함께 북한의 위협, 아시아에서 중국의 패권주의적 위협에 대한 대응전략으로 아시아판 북대서양조약기구를 한국, 미국, 일본, 호주, 몽골 등을 중심으로 구축해야 한다. 이들 국가는 자유민주주의의 가치를 지키고 북한의 핵 위협, 중국의 패권주의적 위협에 대한 공동 대응을 목적으로 공동의 안보조직을 만들 필요성이 있다. 핵공유제와 조건부 핵무장론도 이 안보조직 결성 과정에서 함께 논의할 수 있을 것이다. 이와 같이 북핵 위협에 대응하는 안보 대안을 확고히 구축한 토대 위에서 '독일식 통일 모델'로 나가야 한다.

05 2차 북·미 정상회담과 북한의 군사옵션

(「세계일보」 2019. 2. 8.)

2차 미·북 정상회담이 오는 27~28일 베트남에서 개최된다. 필자는 2017년 초부터 북한이 핵을 가진 친미비중 국가 개혁·개방 모델인 '신 베트남 모델'로 변화될 가능성을 분석하고 이에 대한 정책적 대응의 필요성을 제기했다. 이번 베트남에서 개최될 2차 북·미 정상회담은 북한이 베트남 모델로 변화하는 데 중요한 전기가 될 것이다. 그런데 한국의 입장에서 북한이 친미비중 국가 개혁·개방체제로 전환하는 '북한의 베트남 모델화'는 역사의 진보이고, 남북 모두에 좋은 일이지만 핵을 가진 북한이 개혁·개방을 추진하면서 북한주도의 한반도 통일을 실현하는 '한반도 전체의 베트남 모델화'는 역사의 퇴보이고, 한국 입장에서는 자유민주주의 체제의 위기라고 할 수 있다.

중국의 시진핑 주석은 1월 2일 신년연설에서 '대만과의 평화통일에 최선을 다할 것이지만 무력 사용을 포함한 모든 필요한 옵션을 유지할 것'임을 천명해 논란이 됐다. 북한의 신년사에서는 '새로운 길'이 언급돼 논란이 많다. 북한의 새 길에 대해서는 '북한이 남한과 함께 친중의 길'을 선택할 수 있다고 분석한 견해가 설득력이 있었다. 이 견해는 기본적으로 타당하나, 북한이 말한 '새로운 길'에는 또 다른 선택이 있을 수 있다. 이는 시 주석의 대만 통일관련 군사옵션과 비슷한 맥락에서 이해할 수 있다. 북한과 중국은 '한반도 통일' '대만과의 통일'을 국가의 최고이익으로 설정하고 있다. 과거 베트남 공산당이 통일을 최고 목표로 한 것과 마찬가지다. 북한의 '새로운 길' 언급과 관련해 '국가의 최고 이익을 수호' '통일의 앞길을 가로막는 외부 세력의 간섭과 개입을 절대로 허용하지 않을 것' '조국 통일 수호'라는 표현에 주목할 필요가 있다.

중국의 옌쉐퉁 칭화대 교수는 "북한 비핵화는 미국도 할 수 없는 일이며 이미 끝난 것"으로 주장했다. 북한은 이제 핵을 가진 채 개혁·개방, 친미비중 국가가 되고 나아가 북한주도의 한반도통일을 실현하는 '신 베트남 모델'을 추진하고 있다. 이 같은 전략은 베트남 2차 북·미 정상회담에서 확인될 것이다. 미국은 북한이 친미국가가 되고, ICBM과 그와 결합된 핵위협제거 목표가 달성된다면 적정한 수준의 타협을 할 가능성이 크다. 남북 간의 체제경쟁 관점에서 보면 북한은 1988년 이후 약 30년 동안 지

미중 신냉전시대와
한반도 자유통일 국가 전략

속한 한국의 체제 우위를 지난해를 분수령으로 북한의 상대적 우위로 바꾸었다고 평가된다. 한국은 경제적으로 우세할 뿐 군사적·외교적으로는 이미 북한에 추월당한 것이다.

현재 남과 북은 배부른 돼지와 굶주린 늑대로 비유할 수 있다. 북한의 노동당은 남한흡수 통일전략의 리스크에 대해서도 잘 이해하고 있다고 생각된다. 이에 북한주도 한반도 통일 전략의 기본은 한국에 친북 좌파정권을 지속시키면서 북한 노동당이 남북을 분할 관리하는 소위 연방제통일과정을 거치는 단계적 통일전략이다. 그러나 이 방안에 문제가 있다고 판단할 경우 다른 길을 선택할 수 있다. 올해 이후 정세에서는 북한이 군사옵션과 공작을 통해 한국에 종북정권 수립을 통한 통일전략을 실행할 가능성이 15% 내외라고 분석된다.

지피지기면 백전불퇴이다. 그런데 한국의 진보와 보수는 공히 북한과 북한노동당에 대한 이해는 부족한 채 자신들이 보고 싶은 것만 보고 정파적 이해관계에 따라 한반도 정세를 해석하고 있다. 반면 북한은 냉철한 전략·전술에 따라 북한주도 한반도 통일을 실현하기 위해 단계적으로 장애물을 제거해나가고 있다. 대표적인 사례가 한국의 정찰능력을 현저히 약화시키고 한미연합훈련을 축소한 지난해 9월의 '남북 군사분야 합의서'이다. 또한 한국 자유민주주의의 강력한 지원군이었던 미국은 자신의 국익문제, 국내 문제 해결에 바쁜 상황이다. 나아가 미국은 북한이 친미비중 국가인 '신 베트남 모델'을 지향할 경우 전쟁을 치렀던 베트남과 화해했듯이 적당히 타협할 가능성이 큰 상태이다. 대한민국이 고군분투하지 못하면 베트남공산당 주도의 베트남 통일이 실현됐듯이 북한 노동당주도 한반도 통일은 머지않아 현실화될 것이다.

미중 신냉전시대와
한반도 자유통일 국가 전략

06 햇볕정책 도그마, 봉쇄정책 도그마

(「세계일보」 2019. 7. 19.)

지난달 30일 판문점 북·미회동 이후 북한의 비핵화 문제에 대한 논란이 크다. 문재인 대통령은 새로운 평화시대의 본격적인 시작을 선언한 반면 제프리 루이스 미국 미들버리국제연구소 비확산연구센터 소장은 지난 8일 「워싱턴포스트」 기고문에서 '미국 정부가 판문점 북·미회동에서 북한이 핵보유국인 것처럼 대한 것'으로 평가했다. 미국의 다수전문가들은 트럼프정부가 핵동결 및 비확산과 중장기 비핵화라는 단계적 비핵화론에 기초한 협상으로 전환할 가능성이 높다고 평가하고 있다. 북한은 협상이 불발된 하노이 회담 때 부각됐던 친미비중 국가인 베트남 모델로 화답할 가능성이 높다.

북한은 지난 4월 개정헌법에서 북한이 핵보유국으로 변화됐음을 다시 확인하기도 했다. 이 같은 상황은 북한이 현실적으로 핵국가로 진입하고 있음을 보여주고 있다.

그런데 한국의 진보진영은 '햇볕정책 도그마', 보수진영은 '봉쇄정책 도그마'라는 수렁에 빠져 변화하는 현실을 직시하지 못하면서 북한의 핵국가전략에 대응할 제대로 된 전략을 내놓지 못하고 있다. 진보진영은 2006년 북한의 1차 핵실험 이후 대북정책 차원에서 근본적 한계를 드러낸 햇볕정책을 아직도 신성시하고 있다. 나아가 햇볕정책 주장론자를 파벌화하고 기득권화해 자신들의 이해관계를 관철시키는 수단으로 전락시키고 있다.

이에 따라 지난해 9·19 남북군사합의가 얼마나 한국의 안보상황을 위태롭게 하는지, 지난 5월 초 북한이 발사한 북한판 이스칸다르 미사일이 한국에 어떤 위협이 되는지에는 눈을 감은 채 한반도 평화시대가 도래했다고 주관적인 주문을 외우고 있는 상황이다. 이들은 현재 한반도에서 평화인가, 전쟁인가를 결정하는 칼자루를 북한이 쥐고 있는 것에 대해 무지하거나 눈을 감고 있다.

반면 보수진영은 북핵대응에 그 한계가 분명히 드러난 봉쇄정책이라는 도그마에 빠져 있다. 최근 수년 동안에는 미국의 북폭을 통한 해결론, 김정은 국무위원장 건강문제 등 김정은체제 이상설, 제재국면이 연말까지 진행될 경우 김정은체제 붕괴 또는 항복설 등으로 표현되고 있다. 북폭론은 2017년 9월 6차 핵실험 이후 검토돼 한때 전쟁 가능성이 15%내외 정도로 높아졌으나

미중 신냉전시대와
한반도 자유통일 국가 전략

심각한 핵전쟁 리스크 때문에 현실화되지 못했고, 결국 지난해 6·12 싱가포르 북·미 정상회담 이후 소멸됐음에도 돌출되곤 한다. 김정은 체제 이상설은 설사 김 위원장이 사망하더라도 2011년 김정일 사후 김정은 체제 등장과정을 통해 확인된 것처럼 체제정비의 매뉴얼도 잘 정비돼 있는 것으로 보인다. 제재를 통한 경제위기 또는 북한 항복설은 2009년 2차 핵실험 이후, 2016년 4차 핵실험 이후 중국이 세새에 적극 동참하면서 확산됐던 북한 경제 위기설, 항복설의 반복에 다름 아니다. 중국은 지난해 6·19 북·중 정상회담 이후 대북제재를 조금씩 이완시키고 있는 것이 냉엄한 현실이기도 하다. 현재의 대북제재는 필요한 것이고, 북한에 고통을 주고 있는 것도 사실이지만, 제재만을 통해 북핵문제, 북한문제를 해결할 수 있다고 생각하는 것은 북한체제 특성에 대한 무지다.

현재 우리가 심각하게 생각해야 할 것은 미국의 도널드 트럼프 대통령 전 안보보좌관 허버트 맥매스터의 경고이다. 그는 "북한의 핵은 체제수호를 위한 수단을 넘어서서 핵무기를 활용한 적화통일 가능성을 배제해선 안 된다"고 했다. 한국의 진보와 보수가 햇볕정책 도그마와 봉쇄정책 도그마라는 수렁에 빠져 있을 때 북한은 핵무장을 기반으로 체제수호를 중심으로 생각했던 파키스탄 모델에서 2016년 7차 당대회를 계기로 핵을 가진 친미비중 국가 전략으로 한반도통일을 추진하는 신베트남 모델을 추진하고 있는 것이다.

　한국은 현재의 국가적 위기상황을 제대로 인식하고 봉쇄정책 도그마, 햇볕정책 도그마와 파벌주의를 넘어 북한의 핵무기를 이용한 북한주도 한반도 통일전략에 대해 자유민주주의, 시장경제, 한미 동맹의 가치에 기초한 종합적 대응전략이 절실히 요구된다.

미중 신냉전시대와
한반도 자유통일 국가 전략

07 반일 경쟁과 북한의 대남전략

「세계일보」 2019. 8. 16)

어제는 광복 74주년 기념일이었다. 최근 일제 징용공 배상문제 대법원 판결을 계기로 불거진 한일 간의 갈등은 최악으로 치닫고 있다. 그런데 현재의 한일 갈등 및 친일 논란과 관련한 문제의 본질을 정확히 인식하지 못하면 한국은 세계질서의 중대한 변동 국면에서 미국 중심의 자유민주주의 진영에서 이탈하게 돼 6·25전쟁 이후 최대의 국가적 위기에 빠지게 될 것이다.

2008년 세계금융위기 이후 세계는 점차 미국 중심의 자유민주주의 진영과 중국 중심의 권위주의국가 진영으로 나뉘고 있다. 특히 중화민족패권주의가 가장 중요한 문제로 부각되고 있는 아시아에서는 미·중 패권전쟁과 연관된 편 가르기가 심화돼 왔다. 더욱이 경제민족주의를 내세운 미국 트럼프정부는 중국과의 무역전쟁 등을 통해 중국의 패권도전을 확실히 제압하겠다는 의지를 강력히 표출시키고 있다. 이 과정에서 일본은 강력한 미·일 동맹에 기초한 중국견제라는 전략을 분명히 내세웠고, 미국 트럼프 정부와 일본 아베정부는 인도태평양전략으로 구체화했다.

그리고 일본은 한국이 대중국 견제에 소극적일 뿐만 아니라 친중 국가화될 수 있음을 미국에 선전해 왔다. 이 시기에 한국의 박근혜정부는 중국 주도의 아시아인프라투자은행(AIIB)에 참여하고, 한·중자유무역협정(FTA)을 추진하면서 일본과 미국 중심의 환태평양경제동반자협정(TPP)에는 참여하지 않았고, 중국공산당이 주최한 제2차 세계대전 전승절 천안문 기념식에 자유민주주의국가 지도자로서는 유일하게 참석하기도 했다. 이 사건들은 미국 중심의 자유민주주의 진영에 한국이 친중 국가화 되는 것이 아닌가 하는 우려를 낳게 했다가 2016년 1월 북한의 4차 핵실험 직후 사드 배치를 결정하면서 부분적으로 진정됐다.

그런데 한국의 진보정권 문재인정부의 등장은 보수정권 박근혜정부보다 더욱 친중적, 반일적 행보를 강화함으로써 결국 한국을 미국 중심의 자유민주주의 진영으로부터 갈수록 이탈하게 하고 있는 것으로 분석된다. 구체적으로는 한일 간 위안부 합의의 파기, 정부 여당 인사의 연이은 친중 발언, 미국이 반대하는 화웨이의 5G 네트워크 참여 허용과 징용공 배상문제 대법원 판결에 이은 한일 간의 최악의 외교적 갈등 등이다.

그런데 여당과 야당은 서로 정략적 판단에 따라 현재 한일 갈

미중 신냉전시대와
한반도 자유통일 국가 전략

등국면에서 반일투쟁의 선명성 경쟁을 벌이고 있다. 최근의 세계정세 대변동과정에서 반일투쟁이 가져올 비극적 결과, 즉 미국 중심의 자유민주주의 진영에서 이탈하게 될 수 있다는 문제의식은 찾아보기 힘들다.

특히 현재 대한민국의 국가적 위기가 증폭되고 있는 중요한 원인은 진보세력은 물론 보수세력까지도 자유민주주의, 시장경제, 한미 동맹의 가치에 대한 깊은 이해가 부족하고, 미국 중심의 자유주의 진영과 중국 중심의 권위주의 진영이라는 신냉전질서의 구축에 대한 인식이 결핍돼 있다는 데 있다.

다른 한편 북한은 6·25전쟁 이후 대남전략의 핵심내용으로 한미 동맹을 와해시키기 위한 전술로 한·미·일 삼각협력의 가장 약한 고리인 한일관계를 집중적으로 공격해 왔다. 한미 동맹을 직접 공격하면 국민적 지지를 받기가 힘들기 때문이다. 위안부 문제, 징용공 문제는 중요한 고리 역할을 해왔다. 이 같은 북한의 대남전략은 다양한 경로와 방법을 통해 실현돼 왔다. 특히 1980년대 주사파 학생운동의 급속한 확산을 기반으로 그 이후 한국사회 각계각층으로 진출한 진보세력의 반미반일 친북친중적 사고는 한국사회 대부분의 영역으로 확장돼 왔다. 그 결과가 현재의 최악의 한일 관계이다.

따라서 현재의 한일 갈등문제는 현상적인 몇 가지 문제에 집착해서는 국가적 위기의 본질을 제대로 해석할 수도 없고 해답

을 찾을 수도 없다. 세계질서의 변동, 자유민주주의, 북한의 대
남전략에 대한 깊은 이해가 출발점이라 할 수 있다. 그렇지 못하
면 현재의 한일 갈등은 단순한 경제적 타격을 넘어서 한국이 미
국 중심의 자유민주주의 진영에서 이탈되는 최악의 국가적 위기
상황으로 치닫게 될 것이다.

미중 신냉전시대와
한반도 자유통일 국가 전략

08 북한의 신 '통미봉남'과 새로운 길

(「세계일보」 2019. 9. 6.)

지난 6·30 판문점 북·미 회동 이후 북한의 '통미봉남'(通美封南: 미국과 대화하면서 남한을 배제하는 것) 정책이 한반도 정세의 중요한 이슈 중 하나가 되고 있다. 이 판문점 회동 당시에도 한국 정부는 남·북·미 3자회동을 원했지만, 북한과 미국 양측에서 협조를 얻어내지 못한 것으로 알려졌다.

이 6·30 판문점 미·북 회동 이후 북한은 '통미봉남' 정책을 다양하게 표출시키고 있는데, 북한의 신'통미봉남' 정책은 두 가지 측면에서 과거와 다른 특징을 가지고 있다고 분석된다. 하나는 북한의 문재인정부에 대한 불신 수준이 높다는 것이고, 또 다른 하나는 북·미 간 직접 협상이 진행되고 있는 것과 대조적으로 한미 간의 신뢰는 그 어느 때보다 균열돼 있다는 것이다. 즉 한국 정부가 북한과 미국 양측으로부터 신뢰를 잃고 있다는 중요한 특징을 가지고 있다.

과거에도 북한은 '통미봉남' 정책을 남북 협상에서 경제적 이득 등을 위해 한국 정부에 대한 압박수단으로 가끔씩 이용해왔다. 그러나 대부분 '통미봉남' 정책은 한미 동맹의 기본적인 신뢰에 기초해 오래 지속되지 못했고, 심각한 문제를 야기하지는 않았다. 이번의 경우에는 북한이 외무성 국장 담화 등을 통해 노골적으로 '통미봉남' 정책을 표출하고 있는데, 그 내용은 "필요하면 북·미 간 협상은 직접 할 것이고, 남조선 당국을 통하는 일은 없을 것이다. 남조선 당국자들이 지금 북남 사이에도 그 무슨 교류와 물밑대화가 진행되고 있는 것처럼 광고하는데 그런 것은 없으며, 남조선 당국은 제 집일이나 똑바로 챙기는 것이 좋을 것이다"라는 등이다.

북한은 이외에도 문재인정부에 대해 "말만 번드르르하게 한다" 등의 비난을 수시로 하고 있다. 이러한 상황을 종합해볼 때 문재인정부에 대한 불신 수준이 대단히 높다고 분석된다. 내용적으로 보면 북한은 평창올림픽 참가, 남북 정상의 판문점 회동, 평양 남북 정상회담 등을 통해 문재인정부에 많은 선물을 주었다고 스스로 평가하면서 반면 문재인정부는 말로만 남북협력을 외치고 있을 뿐 실질적으로 자신들에게 경제적 과실 등이 없다시피 한 상황에 대한 불만 표출이라고 분석된다.

또한 북한은 신'통미봉남' 정책을 북·미 간 직접 협상을 진행

미중 신냉전시대와
한반도 자유통일 국가 전략

해 가는 것과 결합시켜서 궁극적으로 한반도 정치의 주인은 자신들이고, 나아가 북한 주도 한반도 통일을 추진하는 중요한 외교적 수단으로 만들어 나갈 것이라고 보여진다. 특히 문재인정부 들어서 미국의 노력이 적지 않게 작용해 만들어진 '한일 위안부 합의' 파기, 미국이 동북아 안보협력에서 대단히 중시해온 한일 군사정보교류협정(GSOMIA·지소미아) 파기, 특히 이 과정에서 미국이 양해했다는 식의 거짓말 논란 등으로 인해 한미 간의 신뢰는 과거 박정희정부와 카터정부 간 주한미군 철수 등을 매개로 한 갈등 이래로 최악의 수준으로 떨어지고 있다.

필자는 북한 올해 신년사의 '새로운 길'을 분석하면서 그것은 기본적으로 북·중·러 연대의 강화를 의미하는 것이지만, 군사 옵션을 사용할 가능성 15% 내외도 간과해서는 안 된다고 평가한 바 있다. 그런데 미국이 강력히 반대한 한일 지소미아의 파기 등으로 인한 한·미·일 안보협력 체계의 와해와 한미 동맹의 균열은 김정은 국무위원장의 통일전쟁 도발에 대한 오판 가능성을 높여주고 있다. 더군다나 북한은 전략무기인 핵과 ICBM 무장에 이어 올해에는 한국을 대상으로 한 준전략형 무기인 북한판 이스칸데르 미사일, 북한판 에이태킴스 미사일, 초대구경 방사포 등의 무장까지 고도화하고 있다.

미국을 중심으로 한 자유민주주의 진영과 중국을 중심으로 한 권위주의 진영 간의 세계패권 전쟁은 갈수록 심화되고 있다. 지소미아 폐기는 단순한 반일 문제가 아니며, 한국이 미국편에 설 것인가 중국편에 설 것인가와 깊숙이 연관돼 있다. 그리고 한·미·일 안보협력 체계의 와해는 김 위원장의 '새로운 길' 중에서 통일전쟁 오판 가능성을 높여주고 있음을 분명히 이해해야 할 것이다.

미중 신냉전시대와
한반도 자유통일 국가 전략

09 남북체제경쟁에서 한국이 우위인 것

「세계일보」 2019. 10. 11.)

지난 5일 스웨덴에서 있었던 북·미 간의 북핵 실무협상이 결렬됐다. 그런데 본질적으로 중요한 것은 북·미 간의 북핵 실무협상이 최종적으로 결렬되든 포괄적·단계적 해결로 타결이 되든 북한은 핵 국가전략을 포기하지 않을 것이며 핵을 지렛대로 북한주도 한반도 통일을 추진할 것이라는 점이다. 이에 우리는 새로운 남북체제경쟁의 관점에서 새 대북전략을 고민해야 할 시점이다.

탈냉전시대 이후 남北 체제경쟁은 신냉전시대의 개막으로부터 새롭게 시작됐다. 동북아시아에서 신냉전시대의 시작은 2002년 2차 북핵 위기로부터 확인된 북한의 핵무장국가화의 본격적 추진과 2003년 중국의 폭발적 경제성장에 기초한 중화민족패권주의의 첫 표출이었던 '동북공정'(東北工程)으로부터 비롯됐다.

이후 2008년 세계금융위기 이후 미국과 중국 중심의 주요 2개국 (G2)체제의 등장, 2016년 경제민족주의를 앞세운 트럼프정부의 등장과 새로운 세계질서의 구축시도, 2017년 동북아정세의 판세를 뒤바꿀 '게임 체인저'가 된 북한의 6차 핵실험과 대륙간탄도미사일 실험의 성공 등을 거치면서 동북아시아에서 신냉전시대는 새롭게 구축됐다.

동북아 신냉전구도에서 가장 중요한 문제는 한국과 한반도가 향후 미국 중심의 자유주의적 애국주의 진영에 속하게 될 것인지, 중국 중심의 권위주의적 민족주의 진영에 속하게 될 것인지이다. 그런데 북한은 2017년 6차 핵실험과 ICBM 실험의 성공을 지렛대로 한국을 군사적·외교적 측면에서는 심각한 안보위기로 몰아넣고 있다. 지난해 6·12 북·미 정상회담, 6·19 북·중 정상회담 등을 거치면서 북한이 현실적인 핵 국가로 진입하고 있는 반면 한국은 북한과 9·19 군사합의를 통해 안보적인 큰 구멍을 낸것 등에서 확인된다.

이 같은 안보위기를 극복하고 자유민주주의에 기초한 한반도통일을 이루기 위해서는 새 대북전략이 요청된다. 새 한미 동맹전략과 자강적 안보전략의 동시 병행적 추진과 함께 종합적인 체제경쟁전략이 필요하며, 특히 한국이 북한에 대해 우위에 서있는 장점을 최대한 활용해야 할 것이다.

먼저, 자유민주주의의 장점에 대한 공세적 이념전을 전개할

미중 신냉전시대와
한반도 자유통일 국가 전략

필요가 있다. 이념적 확신이 없는 경제적 부(富)는 배부른 돼지에 불과하다. 이에 헌법적 가치의 세 가지 기둥인 자유민주주의, 시장경제, 한미 동맹의 중요성에 대해 국민이 깊이 이해할 수 있는 다양한 노력이 필요하다.

다음으로, 한국이 북한에 대해 우위에 서 있는 시장경제의 가치를 최대한 활용해야 한다. 한국이 성취한 한강의 기적, 산업화 혁명의 성과 속에 존재해온 장점을 북한에 투사시켜야 한다. 북한의 경우에도 식량난 사태 이후 장마당이 지속적으로 확산돼 왔다. 특히 북한 주민 사이에 회자되는 노동당보다 장마당이 중요하다는 말에 주목해야 한다. 한국이 주도해 자유민주주의와 시장경제에 기초한 한반도 통일을 성취하기 위해서는 종합적 차원의 북한의 시장확대전략, 개혁개방전략을 수립하고 실행해야 한다.

끝으로, 남북체제경쟁에서 한국의 문화적 우위, 특히 한류를 최대한 활용해야 한다. 현재 방탄소년단(BTS)의 사례에서 확인되듯 한류는 세계적 수준의 경쟁력을 가지고 있다. 1990년대 말 2000년대의 경우 식량난에 따른 탈북이 다수를 차지했다면, 2010년대의 경우 한류 등의 영향을 받아 더 많은 자유, 더 많은 기회를 찾아 탈북하는 경우가 많아지고 있다.

이 같은 흐름을 지렛대로 자유민주주의와 시장경제에 기초한 한반도 통일을 촉진시켜야 할 것이다. 2018년은 남북체제경쟁의 역사에서 중요한 전환점이 된 해이다. 북한은 지난 30여 년 동안 지속돼온 체제경쟁상의 열세를 핵과 미사일 무장을 지렛대로 군사적·외교적 측면에서 우세로 전환시키고 있다.

따라서 우리는 남북한의 체제경쟁에 대한 종합적 전략과 튼튼한 안보에 기초하면서도 시장경제, 한류 등 우리의 장점을 적극 활용한 새 대북전략이 요청되고 있다.

미중 신냉전시대와
한반도 자유통일 국가 전략

10 미중 신냉전시대와 국정원의 역할

(「세계일보」 2019. 10. 22.)

9월 25일 서훈 국정원 원장은 국회 정보위원회 전체회의에서 "북한의 김정은 국무위원장이 한·아세안 특별정상회의에 오지 않겠나"라고 언급했다. 오는 25일 '2019 한·아세안 특별정상회의' 가 부산에서 개최된다. 이제 김 위원장의 부산방문 예측이 현실화 될 것인지는 조만간 판명이 날 것이다. 북한체제의 특성, 김정은 체제의 의사결정 행태, 북·미협상 등 현 한반도정세와 남북관계 상황을 종합해볼 때 김 위원장의 부산방문의 현실성은 거의 없다고 보여진다.

그런데 왜 국정원은 김 위원장 방남설을 띄운 것인가. 그 이유는 국정원 즉, 정보기관의 정치화와 연관돼 있다. 한국은 지난 1997년 수평적 정권교체가 이루어진 이후 보수정권, 진보정권이 수차례 교차하면서 권력교체가 이루어지고 있다. 이 과정에서 국정원은 정권이 교체될 때마다 보복성 인사 등 심각한 몸살을 앓아왔다. 진보정권의 경우 국정원이 햇볕정책을 지원하는 기관으로 복무하기를 바라면서 그것과 다른 성향의 인사는 많은 불이익을 주었고, 심지어 감옥행도 적지 않았다. 반면 보수정권의 경우 국정원이 대북봉쇄정책 등을 지원하는 기관으로 복무하기를 바라면서 역시 다른 성향의 인사는 인사상의 불이익 등을 당하는 경우가 적지 않았다.

이에 따라 국정원 직원은 대부분 정권교체기 마다 민감한 반응을 보여 왔고, 정보기관의 정치화 문제를 누적시키고 표출시켜 왔다. 이는 필연적으로 정보에 대한 객관적이고 심층적인 수집·분석·종합과 이에 기초한 공작이라는 본연의 임무와 역량을 약화시키게 된다. 이번 '김정은 방남설'도 이 같은 문제를 반영하고 있다고 생각된다.

세계는 미국과 중국의 패권전쟁을 중심으로 각 민족국가 간의 무한적인 국익경쟁이 이루어지고 있는 신냉전시대가 형성되고 있다. 2008년 세계금융위기 이후 미국과 중국 중심의 G2체제의 구축, 미국 오바마정부의 대중국 견제를 위한 아시아로의 재균형 정책, 2012년 중국 시진핑 체제 등장 이후 중화민족패권주의의 본격화, 2016년 경제민족주의를 앞세운 미국 트럼프정부 등장과 함께 미·중 패권경쟁의 신냉전시대는 본격화 됐다. 민족국가 간의 무한적 국익경쟁, 2017년 동북아정세의 게임 체인저(판

미중 신냉전시대와
한반도 자유통일 국가 전략

도를 바꾸는 데 결정적 역할을 한 자)가 된 북한의 6차 핵실험과 대륙간탄도미사일 실험의 성공에 기초한 한반도 정세의 근본적 전환 등이 대한민국과 민족의 향후 운명에 어떤 충격파를 던질지도 정확히 분석해야 할 것이다.

신냉전시대 한반도정세의 변화는 그 어느 때보다 정보기관 즉, 국정원의 역할을 중차대하게 요구하고 있다. 이에 정치권력의 눈치를 봐가면서 햇볕정책 봉사기관, 봉쇄정책 봉사기관을 왔다 갔다 하는 수준으로 일을 한다면 실패의 반복이 있을 뿐이다. 강경파, 온건파가 중요한 것이 아니라 정확한 분석과 정확한 대응전략이 생명이다. 국정원은 미·중 신냉전시대와 북한의 핵무장국가화라는 조건에서 대한민국의 정보기관으로서 우선적으로 북한의 대남전략과 북한의 정치·외교·군사·경제·사회 상황 등에 대해 철저한 정보수집, 분석, 대응전략에 충실해야 한다. 그리고 미·중 패권전쟁의 상황과 변화추이를 면밀히 분석하고 대응전략을 세워야 한다. 나아가 미국, 일본, 중국, 러시아 등의 동향 및 대 한반도 전략 등에 대해 정보수집, 분석, 대응전략의 수준을 높여야 한다. 또한 4차 산업혁명시대와 연관해 중요한 이슈로 제기되고 있는 디지털레닌이즘(정보기술을 활용해 공산당 통치를 강화하는 것)과 이와 연관된 화웨이 이슈 등에 대한 대응전략도 수립해야 할 것이다.

현 정세는 대한민국과 민족의 생존과 운명이 심각한 도전에 처해 있는 상황이다. 현실적으로 핵무장국가로 인정받고 있는 북한의 도전과 사드 보복 등으로 확인된 중국의 중화민족 패권주의는 가장 강력한 위협이 되고 있다. 정확한 정세분석과 대응전략이 갈수록 중요해지고 있다.

11 지소미아 파기 문제점과 신대북전략'

(「신동아」2019년 10월호)

북한은 올해 신년사에서 북·미 협상이 제대로 진행되지 않으면 '새로운 길'을 선택할 것이라고 언급했다. 필자는 당시 '새로운 길'은 북·중·러 연대 전략을 가리키는 것이라고 할 수 있으나 그 안에는 북한이 군사 옵션과 공작을 통해 통일 전략을 실행할 가능성도 15% 내외로 존재한다고 분석한 바 있다.

북한은 동북아 정세의 게임 체인저(Game Changer)가 된 2017년 6차 핵실험과 ICBM 시험 발사 성공을 기반으로 지난해 6·12 미·북 정상회담, 6·19 북·중 정상회담을 거치면서 현실적으로 핵국가, 전략국가 지위를 인정받고 있다. 올해부터는 북한판 이스칸데르 미사일, 북한판 에이태킴스 미사일을 비롯해 군사적으로 더욱 정교하게 핵무장을 강화하고 있다.

심각한 우려와 실망

사정이 이런데도 문재인 정부는 안보 강화와 반대되는 방향으로 움직이고 있다. 특히 최근 단행된 한일 군사정보보호협정(지소미아) 연장 종료는 한·미·일 삼각안보 협력체계와 한미 동맹을 심각하게 균열시킴으로써 김정은이 통일전쟁 도발이라는 오판을 할 가능성을 30% 내외로 높인 것으로 분석된다.

한반도 전쟁 발발 가능성은 북한 6차 핵실험과 ICBM 발사 성공 직후 미국 트럼프 정부가 북한 폭격을 검토하면서 15% 내외로 존재하다가 지난해 6·12 북·미 정상회담이 개최되면서 소멸된 바 있다. 그런데 문재인 정부의 안보 역주행으로 전쟁 발발 가능성이 다시 높아진 것이다.

트럼프 정부는 한국의 지소미아 파기를 두고 '심각한 우려와 실망'이라는 표현을 썼다. 파기 자체도 문제지만 파기 결정을 발표하면서 "미국이 양해했다"고 한 설명도 거짓말 논란이 일고 있다. 외교관, 군인 등의 의사를 무시한 채 집권 세력의 정략적 판단에 따라 최종적인 순간에 정책이 뒤집혔다는 분석이 나온다.

미첼 리스 전 국무부 정책기획실장은 "국익보다 국내 정치를 우선한 나쁜 사례가 될 것"이라고 VOA(미국의소리) 인터뷰에서

미중 신냉전시대와
한반도 자유통일 국가 전략

밝혔다. 마이크 폼페이오 국무장관이 "미국이 양해했다"는 한국의 발표를 공식 부인하면서 문재인 정부는 외교적 신뢰에도 손상을 입었다. 빈센트 브룩스 전 주한미군 사령관은 "지소미아 종료가 북한보다 중국의 이익에 더 부합할 것"이라며 "매우 불행한 일"이라고 지적했다. 에반스 리비어 전 국무부 수석차관보는 "한미 간 70년 공조 체제를 위협한 동시에 한국이 한·미·일 삼각공조를 탈피했다는 의미를 갖는 사건"이라면서 "북·중·러의(한·미·일 군사공조) 분열 전략이 심화될 것"이라고 전례 없이 강한 비판을 쏟아냈다.

요컨대, 지난해 9·19 남북군사합의에 이어 지소미아를 파기한 것은 안보의 안전핀을 뽑아버린 것이다.

미중패권 전쟁과 통일대전

시진핑(習近平) 중국 국가주석은 1월 2일 신년연설에서 "대만과 평화통일에 최선을 다할 것"이라면서도 "무력 사용을 포함한 모든 필요한 옵션을 유지할 것"이라고 밝혔다.

북한은 '조선반도 통일', 중국은 '대만과의 통일'을 국가 최고 이익으로 설정하고 있다. 베트남 공산당도 통일을 최고 목표로 삼은 바 있다.

미국과 중국이 무역전쟁을 신호탄으로 패권전쟁에 돌입하면서 신냉전 구도가 형성되고 있다.

전선(戰線)은 대만, 홍콩, 신장위구르, 티베트, 남중국해, 디지털 권위주의(중국의 디지털 통제)와 연관된 화웨이 문제 등 다방면에서 형성됐다. 동북아도 패권전쟁으로부터 결코 자유롭지 못하다.

2013년 시진핑 체제 등장 이후 중국은 동아시아에서 A2/AD (Anti Access Area Denia, 반접근 지역 거부) 전략을 실행해왔다. 한반도 사드 배치 반대가 A2/AD에 따른 대표적인 정책이다. 중국은 동북아에서 반접근지역거부에 성공하고자 한일을 이간(離間)하는 전술을 적극적으로 추진했다. 중국이 하얼빈(哈爾濱)에 안중근 의사 기념시설을 건설하기로 한 것도 이간계의 하나다. 한국의 친북친중 좌파 세력은 위안부 문제를 매개로 한, 반일투쟁, 한일 지소미아 반대 등으로 중국의 전술에 호응했다.

박근혜정부는 집권 전반기 친중 정책을 가동해 혼란을 겪다가 미국의 설득과 2016년 1월 북한 4차 핵실험 등을 계기로 한·미·일 공조를 다시금 강조하게 됐다. 그 결과가 사드 배치 결정, 2015년 말, 한일 간 위안부 합의, 2016년 말 한일 지소미아 체결이다. 이 같은 조치를 통해 중국의 대(對)한반도 A2/AD 전략을 좌절시키게 된다. 반면 문재인 정부의 위안부 합의와 한일 지소미아 파기는 중국의 이간 전술에 호응해준 꼴이라고 하겠다.

미중 신냉전시대와
한반도 자유통일 국가 전략

사드 배치보다 더 큰 갈등의 불씨가 등장했다. 패권전쟁 국면에서 한국에 미국의 중거리미사일을 배치하는 문제가 그것이다. 중국이 주한미군에 중거리미사일이 배치될 경우 한국과 단교까지 고려하겠다고 밝혔을 만큼 폭발성이 큰 사안이다. 중거리미사일 배치는 패권전쟁 및 신냉전 구도에서 북한, 대만, 홍콩 문제와도 얽혀 있다. 시진핑이 대만 문제와 관련해 무력 사용 옵션을 언급한 것도 이러한 동아시아 정세에서 비롯한 것이다.

시진핑이 신년연설에서 무력 사용 옵션을 언급했다면 김정은은 신년사에서 '새로운 길'이라는 수사를 내놓았다. 북한은 '새로운 길'과 관련해 '국가 최고이익 수호' '통일의 앞길을 가로막는 외부 세력의 간섭과 개입을 절대로 허용하지 않을 것' '조국 통일 수호' 등의 표현을 내놓았다.

김정은 체제 통일전략 변화와 구체적 시나리오

현재는 미·중 간 패권전쟁이 다양한 전선에서 전개되는 국면에서 중국의 무력 사용 옵션과 김정일의 통일전쟁 도발이 어떤 불씨에 의해 촉발될 수도 있는 불안정한 상황인 것으로 분석된다. 어느 국가든 전쟁 리스크는 막대하다. 군사 옵션 실행과 전쟁 도발을 선택하기 어려운 이유다. 그래서 21세기 세계 질서 변동 과정에서 현실화한 2014년 러시아의 크림반도 합병은 주목할 만한 사례다. 우크라이나에 속한 크림반도에서 반정부시위 확대, 러시아의 무장병력 투입과 주요 시설 장악, 러시아와 크림반도 의회의 승인, 주민투표 등의 절차를 거쳐 모스크바는 크림반도 합병을 관철했다. 우크라이나와 미국을 중심으로 한 국제사회의 강력한 반대와 제재는 이를 저지하지 못했다.

북한은 2016년 5월 6일 36년 만에 노동당 7차 당대회를 열었다. 7차 당대회 보고서의 조국통일에 관한 장 등에서 북한은 핵국가를 기정사실화하고 연방제 통일에 대한 의지를 다시금 천명했다. 7차 당대회 결과를 종합해볼 때 중요한 전략적 변화는 1990년대 이후 체제 생존의 핵심 수단으로 삼아온 핵무기 개발 성공에 기초해 북한 주도 통일에 대한 의지를 표출한 것이다.

김정일 시대 북한의 핵전략은 체제 수호에 방점을 찍은 '파키스탄 모델'이었다. 반면 김정은시대에는 핵 보유를 기반으로 북한 주도 통일을 추진하면서 개혁·개방과 친미비중 외교를 펼친 '베트남 모델'을 차용하는 전략을 구사했다. 핵을 가진 '베트남 모델'이라는 측면에서 '신베트남 모델'이라고 평가할 수 있다. 이러한 김정일, 김정은 체제의 핵국가전략의 차이를 이해하지 못하면 대북정책에서 중대한 과오를 낳게 될 것이다.

북한의 '신베트남 모델' 추진은 동북아 정세의 게임 체인지가 된 6차 핵실험과 ICBM 시험 발사 성공을 기반으로 본격적으로

미중 신냉전시대와
한반도 자유통일 국가 전략

시작됐다. 북한은 현란한 외교를 통해 정세를 주도했다. 3차례의 남북 정상회담과 북·미 정상회담, 수시로 열린 북·중 정상회담과 블라디보스토크 북·러 정상회담은 김정은이 한반도 정치의 중심이 된 것처럼 세계 언론에 비치게 만들었다. 경제제재로 겪어온 고통도 2018년 6·19 북·중 정상회담 이후 중국의 점차적 지원 확대와 관광산업을 중심으로 한 북·중 경제협력 등으로 완화되고 있다. 이를 두고 북한은 6·12 북·미 정상회담, 6·19 북·중 정상회담 등을 계기로 핵국가, 전략국가의 지위를 확보한 덕분이라고 자찬하고 있다.

반미·반일·친중·친북적 사고가 안보 정책에 영향 끼쳐

북한은 한반도 정세를 주도했다는 자신감을 밑바탕으로 올해 신년사에서 '새로운 길'까지 언급했다. 허버트 맥매스터 전 트럼프 대통령 안보보좌관은 "핵무기를 활용한 적화통일 가능성을 배제해선 안 된다"고 경고하고 있다.

체제 경쟁에서 북한이 한국을 2018년을 기점으로 앞선 것으로 평가된다. 최근 30여 년 동안 한국이 체제 경쟁에서 앞서 있었으나 이제는 경제적으로만 앞서 있을 뿐 군사적·외교적으로는 현실적인 핵국가 북한에 추월당했다는 얘기다. 현재 국면은 배부른 돼지와 굶주린 늑대의 경쟁으로 비유할 수 있다.

특히 1980년대 10만 명의 주사파 운동권이 사회 각 분야에 진출한 것과 전교조의 의식화 교육의 영향을 받은 세대의 사회 진출이 한국 사회의 이념적·정치적 지형을 근본적으로 바꾸어놓았다는 점을 유념해야 한다. 해산된 통합진보당의 이석기 그룹과 같은 주사파라고 할 수는 없으나 운동권 시절 이들에게 깊숙이 박힌 반미·반일·친중·친북적 사고는 현재의 정치 흐름에 중대한 영향을 끼치고 있다. 이들 세력은 한미 자유무역협정(FTA)과 광우병 반대 촛불시위, 박근혜 탄핵 촛불시위 등을 통해 정치적 힘을 과시했다. 위안부와 징용공 문제 등을 매개로 한, 반일투쟁과 최근의 지소미아 파기에도 상당한 영향력을 행사했다.

이념적·정치적 차원의 반미·반일·친중·친북적 사고는 9·19 남북군사합의에 따른 정찰 능력의 대폭 약화, 한미연합훈련의 축소, 지소미아 파기에 따른 한·미·일 안보협력 체계의 와해와 한미 동맹의 균열 등과 결합돼 6·25전쟁 정전 이후 최악의 안보 상황을 만들고 있다.

반면 북한은 핵과 미사일을 중심으로 한 비대칭전력에서 확실한 우위 확보, 각종 신형 미사일과 대구경 방사포 등 준(準)전략형 무기 고도화를 달성했다. 북·중·러 연대의 강화와 함께 미국과의 전략적 소통도 제고하고 있다.

미중 신냉전시대와
한반도 자유통일 국가 전략

6·25전쟁 이후 최악 안보 상황

6·30 판문점 북·미 회동 성사 과정에서 트럼프 대통령의 트윗 이후 10분 만에 김정은-트럼프 전화통화가 이뤄진 것은 북한 처지에서 볼 때 전략적 차원의 성취였다. 김정은이 통일대전을 도발할 경우 가장 큰 리스크는 미군 개입인데, 전략적 소통 채널을 통해 주한미군을 공격하지 않을 것, 북한이 베트남처럼 친미비중 국가가 될 수 있다는 것 등을 두고 협상할 수 있기 때문이다.

물론 북한 노동당은 군사 옵션 가동이나 통일전략의 리스크에 대해 잘 이해하고 있는 것으로 보인다. 따라서 북한 주도 한반도 통일 전략의 기본은 한국에 친북 좌파 정권을 지속시키면서 이른바 연방제 통일 과정을 거치는 형태다.

지피지기면 백전불태라고 했으나 한국의 진보와 보수는 북한과 '조선노동당'에 대한 심층적 이해 없이 자신들이 보고 싶은 것만 보면서 정파적 이해관계에 따라 한반도 정세를 해석한다.

진보좌파 진영에서는 '민족해방민족주의론'에 기초한 백낙청의 '민족통일론'과 '한국민주주의론'에 천착해온 최장집의 두 개의 국가에 기초한 평화체제 관리론이 논쟁을 벌이고 있다. 두 이론은 지식인들의 탁상공론에 가깝다. 민족통일, 평화체제 공히 핵과 미사일로 무장한 북한이 칼자루를 쥐고 있기 때문이다.

보수 진영은 독자적 고민은 부족한 채 미국의 폭격의 의한 해결, 김정은 사망, 제재를 통한 김정은 체제 붕괴 등에 매달려왔다. 북한 폭격 가능성은 6·12 북·미 정상회담으로 소멸됐다. 김정일 사망 이후 북한 체제가 재정비되는 과정을 분석해보면 북한은 수령 유고 시 체제 정비 매뉴얼을 갖춘 것으로 보인다. 제재가 북한에 고통을 주는 것은 사실이지만 역사가 증명하듯 북한의 지정학적 조건과 체제적 특성 탓에 한계가 분명하다.

예컨대 보수는 1980년대 냉전시대의 봉쇄정책 아류에 머물러 있고, 진보는 1990년대 말의 햇볕정책 아류에 갇혀 있는 가운데 북한이 핵국가, 전략국가를 선언하고 북한 주도 통일을 추진하는 게 현 정세의 본질이다. 그렇다면 대한민국의 생존전략, 대응전략은 무엇인가.

자강적 안보전략 실행해야

첫째, 한미 동맹을 최우선에 둬야 한다. 한국이 독자적으로 안보 위기를 극복하는 것은 비대칭전력의 격차 때문에 불가능할 것으로 보인다. 따라서 한미 동맹을 최고 가치로 내세우고 이를 기반으로 북한의 통일전쟁 도발에 대비해야 한다.

이를 현실화하려면 그동안 주저해왔던 미국 중심의 미사일방어(MD) 체계에 참여하고, 미국의 대(對)중국 견제의 핵심으로 떠

미중 신냉전시대와
한반도 자유통일 국가 전략

오른 중거리미사일을 평택 미군기지에 배치해야 한다. 또한 수도권 방어를 위한 사드의 추가 도입, 디지털 권위주의 문제의 핵심 이슈가 된 화웨이 5G 통신 장비의 배제에도 나서야 한다.

한국, 미국, 일본, 호주, 몽골 등을 중심으로 한 아시아판 'NATO(북대서양조약기구) 체제'를 구축하고 유럽의 독일처럼 한미 간 핵공유제를 도입하는 등 특단의 조치가 필요한 상황이다.

둘째, 자강적 안보전략을 입안해 실행해야 한다. 한미 동맹 전략에 우선해 실행했어야 한 자강적 안보전략을 늦지만 지금부터라도 실행해야 한다.

국가 간 무한적 국익 경쟁의 시대에 더 중요해진 국가정보 역량의 제고를 위해 국정원의 개혁과 강화, 한미 간 핵공유제 도입 실패 시 자체 핵무장 검토, 변화된 안보 환경에 대응하는 육해공군의 혁신 및 전략군 설치, 국방 예산 대폭 증액과 무기 체계의 혁신이 필요하다.

셋째, 자유민주주의와 시장경제의 가치와 관련한 사상적 무장이 필요하다. 현재처럼 반미·반일·친중·친북적 사고가 광범위하게 작동되면 대한민국 헌법의 기초인 자유민주주의 체제와 한미 동맹은 와해될 수밖에 없다.

민족해방민족주의, 반미·반일·친중·친북적 사고를 극복할 자유주의적 민족주의 또는 자유주의적 애국주의가 요구된다. 디지털 권위주의를 거부하고 디지털 자유민주주의를 실천하는 것도

중요하다. 이 같은 무장은 관념이나 구호에 그치는 게 아니라 이
슈와 정책으로 구체화돼야 한다.

미중 신냉전시대와
한반도 자유통일 국가 전략

미중 신냉전시대와 한반도 자유통일국가 전략

미중 패권전쟁과
문재인의 운명

지은이 | 구해우
만든이 | 히경숙
만든곳 | 글마당
편집 디자인 | 정다희
(등록 제02-1-253호, 1995. 6. 23)

1 쇄 | 2019년 12월 3일
2 쇄 | 2019년 12월 17일

주소 | 서울시 송파구 송파대로 28길 32
전화 | 02. 451. 1227
팩스 | 02. 6280. 9000

ISBN 979-11-90244-06-0(03300) (값 17,000원)
CIP2019046888

홈페이지 | www.gulmadang.com
이메일 | vincent@gulmadang.com